孙东民 著

镜头中的日本

五洲传播出版社

图书在版编目（CIP）数据

镜头中的日本 / 孙东民著.—北京：五洲传播出版社，2007.9
ISBN 978-7-5085-1176-4

I. 镜... II. 孙... III. 日本—概况 IV. K931.3
中国版本图书馆 CIP 数据核字（2007）第 143213 号

镜头中的日本

著　　者　孙东民
责任编辑　邓锦辉
编辑助理　宋坚之
装帧设计　张　颖
出版发行　五洲传播出版社（北京市海淀区莲花池东路北小马厂 6 号　邮编：100038）
承 印 者　北京利丰雅高印刷有限公司
开　　本　787 × 1092mm 1/16
印　　张　18.5
字　　数　180 千
版　　次　2007 年 9 月第 1 版第 1 次印刷
定　　价　148.00 元

寄语

这是一本介绍日本的图文集。作者孙东民先生是长期从事国际新闻报道的资深记者。他热爱新闻事业,撰写过大量的新闻报道与评论。多年常驻日本的经历,使他能从一个新闻记者的角度近距离观察日本社会。他怀着促进两国人民相互理解的愿望编写了《镜头中的日本》,这本采写记录于纪念中日恢复邦交35周年之际奉献给读者, 内容真实客观,生动活泼,可读可信。

日本与中国隔海守望,有数千年友好的交往史。两国建交以来在各个领域里进行着广泛合作。2006年10月,安倍首相的“破冰之旅”打开了中日关系的僵局;温家宝总理2007年4月的“融冰之旅”中,两国就建立战略互惠关系的内涵和框架达成重要共识,恢复了中日友好合作关系的发展势头。全面落实两国领导人达成的各项共识,认真培育政治互信,构筑战略互惠关系,使中日睦邻友好关系得到健康稳定发展,是在新形势下两国面临的共同课题。

中日友好是功在当代、利在千秋的事业。发展中日世代睦邻是一个硬道理。中国和日本的经济规模现在已分别居于世界的第四位和第二位,在国际社会中承担着重大的责任。随着经济全球化的进展,需要以全球的视野,站在战略高度审视两国关系的重要性。《中日联合声明》等发展中日关系的三个重要文件是保证两国关系健康发展的指针。今天,健康向上的中日关系是两国人民数十年共同努力的结果, 凝结着众多仁人志士的良知和心血。中日友好是两国人民间的根本利益和长远利益所在。一切关心人民福祉和后代命运的人们都会珍惜并维护来之不易的中日睦邻关系, 进一步共同奋斗,开辟未来,实现两国人民永远兼爱互利、世代友善的崇高理念。

信息化时代,图文并茂的图文集越来越受欢迎。以文释图,以图壮文,相得益彰。《镜头中的日本》就是图与文的结合。感谢孙东民先生付出的辛勤劳动,使读者从一幅幅真实照片和一篇篇背景文字中,可以领略岛国日本的美丽自然、社会风情、悠久历史与文化传统,感受到数千年的中日交流中发生的桩桩动人故事,深切理解两国人民追求睦邻友好的真情。

睦邻友好的基础是人民间的共同利益和相互了解。实现相互理解的途径是持续不断的交流。我深信,诚相交,善待人,兼相爱,交相利,相互理解,取长补短是构建和谐中日关系的保证。

中日友好协会会长 **宋 健**

宋 健

寄语

历经曲折起伏的中日关系，在中日两国政府和人民的共同努力下出现转机。继去年10月安倍晋三首相应邀访华，开启“破冰之旅”之后，温家宝总理在今年4月应邀访问日本，做了“融冰之旅”，中日关系在各个领域都出现了可喜变化。

孙东民先生是人民日报的资深记者，也是本届中日友好21世纪委员会的中方委员。他怀着促进中日间的相互理解以及友好睦邻的真诚愿望，出版了《镜头中的日本》。他希望通过镜头介绍一个实际的、等身大的日本，还以较多的篇幅记录了中日两国交流的历史与现状。此书的独特价值就在于，通过孙东民先生的采写记录，生动地反映了像他这样一位长期从事日本报道的中国记者对日本社会的观察和理解。

2007年正值中日邦交正常化35周年、中日文化·体育友好交流年。理解始于交流，交流萌生友情。促进相互理解，客观、友善地看待对方是发展友好睦邻关系的不可或缺的条件。相信从《镜头中的日本》中，读者将会了解到日本的传统文化，日本人民的日常生活，以及两国人民希望中日友好睦邻的真情。

新一届中日友好21世纪委员会

中方首席委员　**郑必坚**

寄语

这几年被说成是“政冷经热”的日中关系，近来在两国政治层面出现修复的动向，这是令人十分高兴的。

我感到，要进一步推动转圜，不仅需要在政治、经济方面加强交流，更有必要在更高层次的文化方面大力推进。由于相互对于等身大的对方的实际直接接触的机会有限，在国民层面稍有偏差，有时会在错误信息的基础上相互形成偏见。在我作为日方首席委员参加的新日中友好21世纪委员会上，这一看法成为双方委员的共识。

孙东民先生作为新闻记者有在日本长期驻在的经历，他作为知日派参加了这一委员会，正是他以新闻记者的目光观察到日本的各个方面，使他得到了评价。

这次孙东民先生决定出版他的有关日本的图文集。作为中国的新闻人士，他对日本社会和日本人的生活在哪些方面有如何高见，作为日本人十分感兴趣。

通过这本图文集，我恳切希望中国的诸位将会进一步加深对日本的关注，并以此为契机，促进日中间在草根层面的文化交流与相互理解。

富士施乐株式会社相谈役最高顾问、

新日中友好21世纪委员会

日方首席委员　**小林阳太郎**

小林陽太郎

目录

文化传承篇

文化传承之源流

文化传承之传统

文化传承之万象

百业竞技篇

睦邻春秋篇

睦邻春秋之追忆

睦邻春秋之情怀

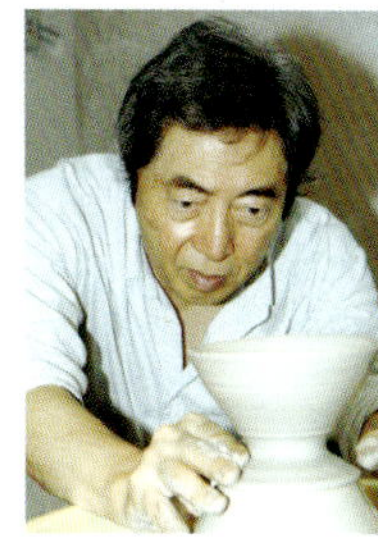

名人专访篇

写在前面

初夏季节，新一届中日友好21世纪委员会举行第六次会议，这次轮到在日本秋田县举行。中方委员在郑必坚先生的率领下前往与会。因飞机有些误点，走出机舱就赶忙坐上快速列车前往东京，又马不停蹄转乘新干线“疾风号”的北上列车。

日方委员在东京车站上了同一列车，小林先生等微笑着向大家打招呼。都是老朋友了，在迄今三年多的时间里，双方都敞开胸襟坦诚相对，共同为维护与发展中日关系大局建言献策。

“疾风号”一路北上，两旁的田畴村舍不停地跑向后方。列车到达盛冈后，我们接着又在暮色中转乘大巴在山地林野中西行，途中在一处临时休息，闻到清澄空气中的阵阵木香。地处小坂町的十和田饭店紧靠十和田湖畔，山紫水明，绿树参天。秋田、青森、岩手东北三县昔日属不发达地区，是与东京、京都等景观完全不同的“另一个日本”。世间的事情往往福祸相依，这里经济起步晚却避免了污染，后发优势下保住了近乎原生态的环境，给后人留下一方净土。

秋田会议形式上有创新，既开会在厅堂，也走出去与市民交流。小坂町是工业及观光城镇，委员们出席了当地市民组织的友好交流会，小坂町民的民谣见证了北国的风情。

推进环境合作是双方的一致共识。会议期间，委员们参观了这里一家金属资源再利用制炼所，每年可从废弃的手机、电脑、电路板中提取出15吨黄金、800吨白银、7万吨铜等17种金属元素。令人感兴趣的是这里的技术人员提及的“城市矿山”的概念，就是说，与自然矿山相比，家电、手机、电脑、汽车等工业废弃物组成的“城市矿山”是富矿，不但有更大的开采价值，通过对不燃物残渣、残灰的掩埋处理净化了环境。小坂町通过治理恢复了青山绿水，通过开发“城市矿山”回收了贵金属。“圆同太虚，无欠无余”，大自然如同完美的圆，资源的循环再生又回到了圆，与自然相亲相近才是大智慧。

秋田会议的成果已公之于众。会议高度评价两国总理的成功互访、双方就建立战略互惠关系的内涵和框架达成的共识，认为通过高层互访，中日关系站到了新起点。发展中日关系是硬道理，只能前进，不能后退；只能增强，不能减弱。鉴于目前的中日关系还比较脆弱，政治上互信度不足，共同利益有待拓展，重大敏感问题有待深入讨论，国民感情需要进一步改善，全面落实两国达成的共识，扎实推进战略互惠关系，发展民众层面的多层次交流，成为中日关系中的重大课题。

中日友好21世纪委员会是两国政府的咨询机构，半官半民，任务是对中日关系的中长期发展方向提出政策建议。新一届委员会在2003年底成立后，经历了中日关系陷于僵局的困难时期，也见证了中日关系的转圜。双方以高度使命感与责任感，提出了诸如实现首脑互访、建立中日战略互惠关系、加强青少年交流、推动人文交流、启动历史研究、实施中日文化·体育交流年等有益倡议。双方委员中，日方以小林阳太郎先生为首，有资深新闻人园田矢，防卫大学校长五百旗头真，著名学者松井孝典、伊藤元重、国分良成，作家石川好，宇航员向井千秋女士。至于中方委员，按宋飞的描述，郑必坚首席委员是"塔台型"，国际政治学者和经济学者阎学通、张蕴岭、陆忠伟属"显微镜型"，企业家蒋晓松属"事业型"，搞新闻的白岩松和我被列入"探照灯型"，而宋飞自己则是"声情型"了。在两国关系经历大起大落的情况下，委员们始终以和而不同的君子之风相交，各自阐述真知灼见，实为幸事。

2006年10月，温家宝总理会见了双方委员，高度评价了委员会的工作。这次会议前后，外交部副部长武大伟、日本驻中国大使宫本雄二、驻日本大使王毅分别与委员们会面恳谈。外交部亚洲司副司长邱国洪、驻日本公使孔铉佑等自始至终出席了会议。安倍首相和麻生外相在东京会见了双方委员，显示了两国政府对委员会的重视。

会议结束后在东京逛了几家书店，"新刊话题"的书架上有不少介绍中国的书，正反两方主张都有。负面的评论无非是"中国威胁论"，认为中国的发展打破了原有的秩序均衡，对如何与中国打交道"感到不安"，令人痛感两国虽属近邻却依然了解不足。

沧海桑田，世事兴衰。中日两国有战前50年的剧烈对抗、战后27年的交往冷淡、建交后35年间的阴晴与风雨。历史上恩怨相交的两个国家，长期以复杂的心态看对方，既感到亲切又很讨厌，心怀敬意又时感陌生，调整心态都需要时间。日本究竟是什么样的国家？他们的政治制度、社会基础、民族性格、文化习俗、思维习惯如何？是什么因素使日本搞扩张与搞经济都能爆发出可怕的能量？有尚武传统的民族对文化有怎样的传承？为什么一个务实的民族却在科技发达的同时，又不妨碍举行神道仪式？是什么使性急的日本人有搞花道与茶道的从容？其实，许多国人对日本的印象真实而又模糊。

中日两国彼此守望，文化互润，利害相交。目前，两国的经济规模已分别居世界的第四位和第二位，两国互为重要贸易伙伴，2006年日中贸易额达2113亿美元，日本企业对华投资金额累计达580亿美元，在华日企超过3万家。中日之间每年四百多万的人员往来，在日本就学的在日本就学的外国留学生中，中国留学生人数最多。中日间的经济、文化交流越来越变得你中有我、我中有你。

世界是多元的，文化是多彩的。睦邻始于友善，相交需要真情。和谐的中日关系要在相互交流中发展，在相互尊重对方文化的积累中深化。尺有所短，寸有所长，各个民族各有其长处，学习借鉴才能壮大自我。发现对方的魅力、欣赏对方的优点、宽容对方的短处并帮助对方克服是一种境界。睦邻、善邻，快速发展的中国正变得更加大度与可亲。

（2007年7月）

風物風情篇

风景映心象

日本列岛山清水秀。从地理位置看,由本州、九州、四国、北海道与上千个小岛组成的日本列岛从东北向西南延伸。面向亚洲大陆,峥嵘的山岳和曲折的海岸线连成一条2000公里的弧。这个37万平公里的岛国如一件饰物挂在欧亚大陆的东端。日本没有大河,所有河川短小且水流湍急。它的80%以上是山地丘陵,两千米以上的高山有500多座。平原仅占总面积的百分之十几,可供耕种的农田不多。其漫长的海岸线造就不少良港,海产丰富,是捕捞大国。受海洋与大陆的影响,这里气候温和、四季分明,丰沛的雨量造就一片翠色。

日本四海围绕,从任何一处出发,到海岸的距离都在100公里以下。变幻起伏的丘陵,险峻的溪谷,积雪的山峦,绿色的森林,雄壮的瀑布,清澄的湖泊,构成多姿多彩的自然景观。日本有多副面孔:火山之国、地震之国、温泉之国、森林之国、樱花之国。

火山之国日本集中了世界火山的10%。日本列岛处在欧亚大陆与北美、太平洋、菲律宾板块相互挤压的位置。太平洋与菲律宾板块的下沉引起火山运动,火山在列岛呈带状分布,著名的富士山便是其中之一。日本有86座活火山,九州地区的阿苏山是仍在喷烟的最壮观的活火山。中国的《隋书》中,有“阿苏山,其石无故火起接天者,俗以为异,因行祷祭。”等记载。1990年的九州云仙普贤岳火山的爆发,在1995年造就了1482米的“平成新山”。

日本处在火山地震带上,太平洋与菲律宾板块的下沉推动造山运动,同时也引发地震,平均每天发生4次左右的有感地震。有历史记载的破坏性较大的地震发生过数百次。大地震容易引发海啸,以及泥石流、滑坡等灾害。历史上,1498年的东海地震海啸中有4万多人死亡;1923年的关东大地震造成10万多人死伤、40万栋房屋倒塌。1995年造成6000多人伤亡的神户·阪神大地震,人们至今记忆犹新。

日本又是温泉之国。火山活动不只是带来灾害,也给了人们肥沃的耕地、秀美的景致、丰富的水资源。温泉与地热带来恩惠,日本人自古就喜洗温泉,形成了独特的温泉文化。据统计,至2003年,日本有3000多处温泉地,1.5万处温泉住宿设施,每年有1亿多人次利用,相当于日本全国每年每人利用一次。随着休闲生活的普及,在快节奏的社会里,去人烟稀少的静谧山中

寻求“秘汤”是休闲的一大乐事。

日本的山地都有茂密的林木，国土的约67%由林木覆盖，也是一个森林之国。如果在天气晴好之日乘飞机从高空俯瞰，你见到的是一个绿色的列岛。日本的绿色得益于战后长期不懈地大规模植树造林，人工林占到森林总面积的40%。历史上，日本有两次森林危机，一次是战国时代出现的建筑热，另一次是毁于二战。大力植树、保护林木的结果，如今日本的森林覆盖率在世界上仅低于芬兰和瑞典。从文化角度看，日本自古有“树木信仰”，日本文化的特征之一是崇尚木文化，木建住宅至今仍占半数以上，即便是外表看去是钢筋混凝土建筑，日本人也喜欢在起居间或什么地方用木材装饰。现存最古的木建筑法隆寺、每二十年迁宫重建的伊势神宫就是其木文化的代表。

“一方水土养一方人”。四面环海及紧靠大陆的地理位置、国土相对狭小以及自然资源的缺乏，日本有种天然的集团意识，容易孕育出尚武的国民性。生怕落后的忧患意识，使日本人既热衷向外学习，又可能产生强烈的扩张与外向发展的欲望。日本民族有乐天的性格和无常的观念，火山、地震、台风、海啸等无法预测的自然灾害给日本带来灾难，也磨练了日本人沉着应对，处变不惊，与大自然抗争与忍从精神，以及随机应变等务实的习性。日本俗话中有“地震、雷鸣、火事、老爷子”之说，突然发起脾气的老爷子如同火山爆发与大地震般地可怕，反过来老爷子的脾气也许能代表“忍从与爆发”的双重性。

风景是心灵之镜，山林和田园能映照出生活者的心象。

日本的山川无大陆山河的阳刚之气，有的是阴柔之美；无大陆的磅礴，有的岛国的玲珑，涵养了日本人的做事精巧细腻的美学意识。如同茶道讲究“一期一会”，日本人的无常观视瞬间为永恒、纤细的感性，从对风景的感悟中得到体现。中国人很难理解一只青蛙跳入枯井时的一声“扑通”传达出的孤寂，也很难欣赏看到细细的暗藏吧茅草上附着的露珠而顿发出生命的感叹。樱花是日本的国之花，暮春四月绯色尽染之时，日本列岛人人钟情于樱花。风景画巨匠东山魁夷说，“花是通过散落显示其生命的光耀，心底的绚丽之花，必定是在无意识中相互感悟到天赐的生命在大地上短暂生存时相逢的喜悦。”（东山魁夷《寻求日本之美》）

风物风情之

风物

1

富士山表情

“仙客来游云外巅，神龙栖老洞中渊，雪如纨素烟如柄，白扇倒悬东海天”，这首诗是江户时期的武士醉心于中国文化的诗人石川丈山所作。“白扇倒悬”，形象地写出了富士山的美，是日本人中描写富士山的佳句。

富士山海拔3776米，是日本最高的山。富士山是由爱东西与南北交错的大地裂带产生的成层火山。它是一种象征，日本人提到山，首先会提富士。中国人称颂中日友谊，也常用“长城明月富士雪”、“珠穆峰连富士山”之类作比。

富士山表情丰富，不同季节登山、不同角度看富士都有不同美感。远观富士，圆椎状的山体雄伟高耸，不管是“海中富士”，还是“雪富士”、“云富士”，或者画家笔下的“赤富士”，都是展示它的壮美，江户时代的浮世绘中描绘的富士是其经典之作。富士山方圆数十公里，五合目(半山腰)之上无树木，堆满了火山石，山下面则是茫茫林海。一般人游富士，开车可达五合目)，再向上登山只能步行。

1 机上看富士。(1984 年)
2 高空看富士。(2004 年)
3 “戴笠”富士。(2003 年)

日本人自古有富士情结，每年有30多万人登山。日本人把登上富士山顶作为一生的心愿。日本人有登山朝拜的“富士山信仰”，至今还有一身白装束，拄着金刚杖，喊着“六根清净，大山晴天”的咒语，结队登富士山的修验道者。另外还有种传说，秦人徐福当年东渡日本时到过富士山，至今山脚下村落有徐福寻仙药的流传，认为“富士”(Fuji)的发音即有长生“不死”之意。

富士山是日本众多火山中的一座，是座活火山。富士山虽美，但一旦愤怒即怒不可遏。文书记载，1707年的宝永年间，富士山的东南部发生里氏8.4级大地震，强烈的地震与巨大海啸袭击了从静冈到四国的广大地区。大震49天后，在余震未息中富士山发威喷火，12月16日上午10时，岩浆自东南方的山腰中喷发，风卷火山石砂顷刻间吞没发山脚下的村落，火山口东侧的须走村整个埋在厚3米的山石之下，火山灰直达80公里以外的江户町(东京)，当年形成的直径千米的火口至今可见。日本人说，富士山从“宝永喷火”至今虽然保持了300年的平静，但对火山来说只是“瞬间的休息”。

2

火山活动带来灾害的同时也惠及人类，需要的是与火山巧妙共生的睿智。日本的国家公园几乎都在火山地带。火山活动带来了肥沃的耕地以及温泉、地热等自然资源，火山活动形成的凹地产生的湖泊，为日本增添了新景观。富士山是自然宝库，给人们提供了大量的水源，森林与湖泊。火与水，体现了富士的双重性格。(2005年)

3

樱落缤纷时

时在暮春，东京新绿，樱花如云。几番风雨过后，樱花飘落，绯色将尽。虽说新宿御苑里的八重樱、染井吉野等名品仍花团锦簇，但住地附近惠比寿花园小区旁的丘上公园里亦有几株山樱红白点点，但已弱不禁风，眼看春风吹拂下花瓣悠然飘落，也有如唐人雍陶诗中“春风堪赏还堪恨，才见开花又落花”的感叹。

樱为日本国花，每当“春一番”——立春后第一次刮起的强南风造访列岛，人们便想到樱花时节的来临，电视、报章报告着“花讯”，街头与车站的布告栏里也贴出不少“樱花节气图”。关东地区得开花之先的是静冈县河津町，那里的“河津樱”从2月上旬便陆续开花，每年引得数百万人专事前往赏花。3月下旬前后，以“染井吉野”樱为标志的“樱花前沿”，形成约20公里宽的开花带，每天以百公里的速度从南向北次第推进，进九州、过本州，越津轻海峡入北海道，任春神抡动巨笔挥洒。

1

1 京都多寺院，来自各地的游人观光赏景，亦不忘探访名刹。京都龙安寺入口处的艳丽的枝垂樱，使人文景观与自然景物相得益彰。

2 吉野山赏樱。

2

当或淡雅或浓郁的樱花绽满枝头，列岛不分南北、人无论老幼，着了魔似的筹划“花事”。春城飞花之时，情侣们相聚花前，老年人漫步花道，团体、企业的职员们箪食壶浆，席地围坐开怀畅饮。隅田川、目黑川等沿岸的樱花是东京的赏樱胜景，上野公园、井之头公园、千鸟渊等地亦令行人眼花缭乱。上野公园每年此时有上百万游客光临，人满为患之下，有精力的公司先下手为强，派员昼夜值班铺席占地。北之丸公园位于市中，樱树遍植河畔，花技伸展其下。游人流连于明丽的“染井吉野”与妩媚的“枝垂樱”交织的花间通道，享受透着的淡淡幽香春光，在布景灯衬托下的煌煌花明，其幽玄景色更有一番韵味。年年岁岁，日本人对樱花的热情几近痴迷，赏樱是日本春天里的风物诗。

樱树属蔷薇科落叶乔木，一般是先开花后吐叶，花开五瓣，颜色多样，略放清香，经长期悉心改良，至今有400余种，俳寒樱、彼岸樱、垂枝樱、牡丹樱……还有种淡紫色、称为“杨贵妃”的樱，十分名贵。樱原生山岭，因其美后被移至田间、村落，农人尊为“谷之灵”，祭花神以祈丰收。进入中世纪武士社会后，赏樱由古朴的农耕仪式演变成风流花会，现今成了人们怡情养性、联络感情的习俗。福岛县三春町有株“瀑布樱”，岁岁生发，已历千年，绚丽非凡，观者如潮。樱树在日本不只种在田畔、校园，也植于墓地。民俗学者视其为送迎死灵的“出入口”和供养塔，赏樱则是与死者一年一度的“对话”。花开时节青年男女游乐于东京青山墓地观樱，好像不觉有何异常。

“若问大和心，朝阳底下山樱花”，江户时代学者本居宣长把朝阳下的山樱比做“大和心”。樱花年年飘落年年发，是日本人眼中生命复苏再生的象征。“山樱倩影萦怀梦，无限深情属此花”，日本人寄情于樱花，还因为它具有花开在万物生发之季的象征意义，春天是日本的学期之始，是年轻人步入社会的人生紧要时刻。樱花刹那间灿烂怒放，一压群芳；转眼间落尽芳菲，是它的无怨无悔。“山樱开又落，告我世无常”，文人墨客见此伤感，叹人生之短暂，羡宇宙之无穷。樱花的品性体现了日本人崇敬“侘、雅、寂、物之哀（自然伤感）”的美意识。

为体验“物之哀”的意境，我曾在日丽风和时登小船游于东京千鸟渊下见识花的飞落。环视濠内，两岸夹樱，游船如织，有老幼男女同船游乐。“落花似有意，来去逐船流”，被风雨吹落的花瓣漂浮水上，船在条条花路中恣意往还，别有情趣。日本教育家新渡户稻造在他的名著《武士道》中，赞扬樱花的雅而不艳，略放清香，开时相偎，榭时齐落的品格，又对其易于凋落，一道香气随风消逝而声声咏叹。

京都御所古是天皇的居所，每到樱花时节，由政府管理的御所免费向游人开放数日。经过千年熏陶，培植出不少名品，印象最深的是那里的“枝垂樱”，高雅中透着贵族气。与之相比，有“日本第一”之誉的吉野樱更显清纯。奈良县吉野山的樱花自从被修验道的修行者敬为“神木”后，因许多信徒不断来这里捐献樱树而逐渐形成规模。“下千株”、“中千株”和“奥千株”，粉白色的樱花从山下到山顶漫山遍野次第绽放。远眺如油画家笔下的风景，那是流动中凝固的时空。

(2005年4月)

1

2

3

4

1 福岛县三春町的千年"瀑布樱"。

2 花落归根。日本人视落樱为美,图为奈良明日香村橘寺内古树下的落樱。

3 "若问大和心,朝阳底下山樱花",体现日本人心魂的吉野山樱。

4 东京哲学堂公园里的赏樱人。

1

初夏富良野

富良野市是位于北海道中心处的市镇，以其自然美景吸引成千上万的游人。从冈本聪导演的长达 20 年的电视连续剧《在北国》放映之后，造访的旅客络绎不绝。

富良野盆地，是由火山爆发冲积而成的平原与丘陵。周围有雪山群峰，树海和河流。阿依努语的“臭气熏天的炎焰”，原因是流经富良野的河流从上游流下来，水含硫磺臭气。经过百年的开发，当地人起名“富良”，喻为丰饶的大地，气候四季分明，农业牧业发达，也是观光旅游名胜。在这里，冬季滑雪，夏季登山，可以住宿农家，品尝新鲜香醇的葡萄酒、牛奶，观赏薰衣草田和花田。

与富良野相邻的美瑛町是个农业乡，在阿依努语中意为“混沌的河”，后来改为潇洒如王者的“美瑛”。在在摄影爱好者眼中，美瑛町是日本北国风光的胜地，生产小麦、甜菜、豆类等农作物的丘陵田，与山林交织成绚美的画卷景观，是“日本最美的乡镇”联盟的成员。

这个爱美的民族，以其纤细的感觉营造出“日本最美的乡镇”。

（拍于 2005 年 6 月）

2

3

4

1 中富良野的彩田。

2 雨后彩虹(富良野)。

3 富良野的薰衣草田。

4 美瑛町的“四季彩”丘陵田。

1

又是霜叶红

京都是日本传统文化味道十足的古都，春天的樱花，秋天的红叶，精美的庭园，还有宫殿、寺院等文化景观，令人百去不厌。

2004年的深秋，我应稻盛和夫先生邀请，出席了第20届“京都奖”授奖仪式。稻盛先生本着“人类的最高行为是为人、为世界做贡献”的理念，投入巨额私财设立了稻盛财团，每年重奖那些为增进国际间相互理解与人类和平与繁荣做出贡献的杰出人士，令人高山仰止。因时值京都霜叶正红，仪式结束后，我决定偷浮生半日之闲，浏览几座寺院观赏红叶。

京都有上千座寺院，是日本藏宝于民间、文化品味极强的所在。我首先选择了没去过的大原。大原位于京都的东北部，离比睿山不远，远离闹市毗邻田园。此地的三千院、胜林院是弘扬“声明之学”的圣地，一方文化净土。“声明学”是音律之学，大原传承的“鱼山声明”是慈觉大师圆仁留唐时带到日本、经良忍法师加以系统化的梵呗(佛教音乐)。“鱼山”之名源自三国曹魏陈思王曹植游鱼山(山东省东阿)时，闻空中响起“岩岫诵经，清婉道亮，远谷流响”的妙音而做呗赞的故事。“鱼山声明研究会”每年都在大原的胜林院举办研习会，对所传梵呗进行研习。

2

3

4

去大原的时候正下着蒙蒙细雨，游人不多。通往寺院的道路两旁树木都已染红，树干也被细雨淋成黑色，石铺的参道上落下片片树叶。三千院、胜林院、宝光院、宝泉院、来迎院等都是大原著名的佛寺。三千院初为留学大唐的传教大师最澄创建。三千院旁有两条溪流，一为"吕川"，一为"律川"，溪上架有小桥，一名"吕桥"，一名"律桥"。"律吕"来自古汉语，原指用来校正乐音的器具，现代日语中衍化为"音律"、"语调"。通向三千院的"律桥"是一红色木桥，数枝枫叶伸展桥上，溪边有房屋悬挂着大红灯笼，与周围气氛很是协调。日本的名刹都建有庭园，三千院内的往生极乐院、青苔铺就的琉璃光庭园等都极有名。"等持定理青苔地，圆觉观前红叶林"，传教大师最澄把寺院庭园视为修身养性宝地。观红叶，接青苔，当有一片散落的红叶落在青苔之上，修行者的心境亦会受到感化。漫步在飘落着红叶的参道上雨中行走，隐约中似乎听到了悠扬的天籁之声。

大原的枫叶美，其它寺院的红叶也美。京都的寺院不仅保存有建筑、绘画、书法、雕刻、工艺等世代承袭的高品位"文化财"，其庭园也为人称道。东福寺是临济宗禅院，开山圣一国师于1235年来大宋，在杭州径山随无准禅师习学六年，回国时带回的宋刊本的《义楚六帖》、宋版的《太平御览》以及所授的印可状都被定为国宝。京都真如堂的全称是真正极乐寺，供阿弥陀如来，有千年历史。深秋时节，真如堂的红叶极有人气。正殿本堂前有株枫树先从树梢红起，渐次由上而下，呈红黄绿三色，天天变化。至12月，落叶铺成一层厚厚的的"红地毯"，颇为壮观。

古都的红叶娇美，原野中的红叶更自然有趣。日光也有红叶名胜，日中友好会馆的铃木向我细说其美。日中友好会馆在日光有座休闲设施"日光山庄"，中国留学生和部分中国常驻机构可以利用。2005年10月底约上几位记者朋友和家属住宿日光山庄，大家自带菜疏佐料，一起包饺子、炒拿手菜，照例热热闹闹饱餐一顿。第二天按铃木教给的路线出发，一路上在秋阳的沐浴中饱览红叶的心情不必细说。此后又去秋田采访，横手市的两位高桥因我无暇看白神山地，于是亲做向导，带我游览了秋田田泽湖畔和奥羽山地，见识了温泉秘境与层林尽染的壮美山峦，让我一饱眼福。那夕阳下的红叶有着言语无以形容的美，虽无法完全收入镜头，但深深印入心底。

5

1 秋田奥羽山地原生林中的茅屋。

2 京都大原的"律桥"。大原地区是日本佛教"鱼山声明"的圣地。日本人取汉语中的"律吕"，为当地两条溪流，一名"吕川"，一名"律川"，其桥分别为"吕桥"和"律桥"。"律吕"是中国古代音律的统称。

3 深秋的京都真如堂。大殿前的枫叶总是先从枝梢红起，渐次由上往下，呈红黄绿三色。

4 东京的黄叶。每年11月，东京代代木体育馆附近的银杏大道，如铺上金黄地毯。

5 秋田奥羽山地秀色。

信越好大雪

“穿过县界长长的隧道，便是雪国。夜空下一片白茫茫……”这是日本大文豪川端康成在他的小说《雪国》里开篇的第一句话。

日本列岛的日本海一侧是世界上积雪最多的地区。新泻、长野西北部、富山、石川等地都是“豪雪地带”，人称“雪国”。2006 年元旦前后，严寒中直袭日本海一侧，下起 20 来年未遇的大雪。国土交通省的观测说，2005 年 12 月平均累计降雪 2.45 米，是过去十年间同期平均的三倍。新泻、长野一带有时一晚上就下 80 多公分厚的雪。到 1 月 8 日，新泻县津南町、长野县野泽等地的积雪都接近 4 米。大雪造成 60 多人死亡，千余人受伤，500 多栋房屋被雪压塌或遭到破坏。在饭山市当局的请求下，自卫队派出 110 人的队伍前往除雪（日本规定未经地方政府要求，自卫队不能随便插手民间事务）。

很想体验雪国的景致。长野县日中友协理事长西堀在电话里对我说，他的一个远亲住在饭山市的木岛平村，那里雪下得很大，可以一起去看看。有老朋友热心引路，太好了，于是决定开车上路。西堀说，你们的车没有防滑轮胎很危险，干脆你们把车开到须坂，然后换乘我的车去饭山好了。

从东京到长野有高速路，很好走。但临近须坂一带开始看到积雪。西堀住在须坂市，我们到达时已经在路口等，赶紧坐上他的有防滑胎的车向饭山进发。两边的雪越来越多，路边的积雪越来越厚，一片银妆素裹的世界。约摸半个小时后，在纷纷扬扬的鹅毛大雪中开进木岛平村的一家庭院。长野古称信州，木岛平村是北信州山区，网上查阅得知这里有山有河，温差大，适宜农作物栽培，万绿山中有露天的马曲温泉，人称“自然剧场”。冬季积雪有两米来厚，是有名的“豪雪地带”。

我们进入院子时，一家人在等在那里迎接，有条小狗也在雪中摇着尾巴表示欢迎。西堀的亲戚姓泷泽，他家的院落属于传统的和式建筑。我们脱鞋入室，被引进他家的起居室。起居室很宽敞，铺着榻榻米，中间放着被炉，上面摆着点心水果。挂着画轴、供着鲜花的地方是“床之间”，是室里高贵的地方，来客要背对床之间入座。入室后，我们对突然造访的不恭表示了歉意。主人拿出点心水果招待我们，大家围坐在“被炉”周围，把脚伸进被炉里聊起了家常。西堀的亲戚在木岛平村里的小学教书，妻子在家操持家务。泷泽的父母都是 80 岁以上的高龄，身体都很硬朗。不知泷泽家祖上在古时是否“武士”，见客

1

厅上方装饰着几件长枪长矛一样的器械。

时间关系，离开盛情招待我们的泷泽家，离别时两位老人站在房前向我们招手。雪越下越大，能见度只有七八米，沿着两边积起的“雪墙”行进，不辨南北，全仗驾车高手西堀开车。车子行进途中不时见到被大雪封门的房屋和在房上清理积雪的村人。有的房屋完全被雪掩埋，只见二层的小窗。津南町有家 80 多岁的老夫妇的房子被雪埋住，村人花了六个小时才从雪中救出。积雪之上还有新雪造成的“表层雪崩”伤及路人。要知道，在一两米厚的屋上除雪，一是雪滑二是不知深浅，一脚踩空会有滑下的危险，对老人就更危险。在这次雪灾中伤亡的人中，70%是 65 岁以上的老人，其中近 80%是因铲雪从屋上滑落造成的。

2

日本列岛日本海一侧的大雪，系因西伯利亚寒冷干燥的西北季风经过日本海，遇到流过的对马暖流，吸足了水分，潮湿空气登陆列岛形成大雪。新泻与长野边境的山间地带常年有 3~4 米积雪，有时一个晚上能下 1 米厚，有的地区从 11 月末到第二年 4 月就在雪中生活。这里的雪与北海道干燥的雪不同，含的水分多，1 立米的新雪重约 100 公斤，放置的积雪受压缩后，自重可超过 300 公斤。50 平米的屋顶有 2 米的厚和积雪，要承受 20 吨重的积雪。尽管雪国的房屋承重能力大，但如不铲掉房子会被压塌。更要命的是年轻人不愿在严酷的雪国自然中生活，城市化造成山村人口流入城市，呈现“过疏”现象。像积雪最厚的津南町，65 岁以上的高龄人口占到 33%。由于特大的雪灾，当地人抱怨信件不能及时送达，青菜成倍上涨，在压歪的房子里甚至无法“向佛坛拜祖”，地方自治体政府呼吁增加除雪经费。

3

日本人对自然灾害有一种乐观精神，总是相信一过性的灾害很快就会过去。岛国日本在与大自然的抗争中还养成了互助精神。西堀先生对我说，雪国人有种在盖草房时数十人一起上房铺草、插秧时一起下田作业的叫做“结”的传统，这种山村风情一定很美，只可惜在现在的日本已很少见到茅草房了。

(2006 年 1 月)

4

1 在雪国的道路上行车，防雪胎是必备物品。

2 路边房屋，大雪封门。

3 上房铲雪是重劳动，因为雪滑，铲雪也是危险的活计。年轻人去了城市，上了年纪的老人只好上房铲雪，每年都有因上房除雪滑落受伤者。

4 大雪纷飞之中，泷泽家老人目送我们上路。

1

2

火山生新山

日本平成年间(1989 年起为平成元年)又生出一座新火山，名为“平成新山”。

新山在长崎。1990 年 11 月起，岛原半岛上的云仙主峰普贤岳不间断喷发，造成喷发处比主峰高出 127 米，成为云仙岳群峰中的最高峰(1486 米)。

长崎的云仙岳灾害纪念馆以其实物和影像，向人们展示了大自然的威力、人民的抗灾以及与火山共生的才智。影像显示，新山顶形成的拱形熔岩，直到 1996 年 5 月，在五年多的时间里，时常由火山灰、熔岩块、火山气等组成的“火碎流”及泥石流频发，高达 600 度的火碎流和泥石流自山顶冲下，时速达 100 公里，形成的火道横扫民房，农田被毁，造成巨大损失。其中 1991 年 6 月 3 日的大喷发，有 44 人丧生(包括在现场的 20 名新闻记者)。

日本是火山之国，日本列岛形成两大火山带，有 86 座活火山，其中 13 座在九州。“岛原大变，殃及熊本”，活火山云仙岳在 1792 年的大喷火，曾造成周边 1.5 万人死亡，是日本历史上最严重的火山灾害。

地震、台风、火山爆发是日本的三大灾害，一过性的灾害也造成了日本人的乐天性格，在敬畏的同时努力与自然共生。火山爆发造成灾害，大自然也恩赐了美丽的自然景观、温泉、涌泉。泉水滋润了周围的农田。 (拍于 2004 年 7 月)

3

4

1 平成新山。

2 喷出碎石大如斗。(资料)

3 被泥石流淹没的房舍。

4 图为长崎云仙地狱温泉，最高温度达 98 度，是硫化物温泉。

掠影

东京皇居

从皇居内看皇居广场。东京的皇居原为江户幕府大将军的居所。眼镜状的二重桥是进入皇宫的大门。明治维新时期，最后一代将军德川庆喜“大政奉还”，其后，天皇由京都迁居东京。（2006 年 1 月）

掠影

古都乐章

奈良药师寺远望。药师寺初建于飞鸟时代，710 年迁入奈良，寺内有 11 件国宝级文物，1998 年作为古都奈良文化财之一登记为世界遗产。

药师寺信奉法相宗，尊玄奘三藏为始祖。1991 年建立玄奘三藏院伽蓝。著名画家平山郁夫先生（日中友协会长）所画三藏求法的“大唐西域壁画”祭于画殿。图为药师寺的金堂与东西塔，被誉为“凝固的乐章”。（2005 年 4 月）

掠影

雪山如画

早春时节，从富山县越中地区驱车赴岐阜高山市途中，见两旁险峰峻谷，白雪皑皑，状如山水画，是日本为数不多的“秘境”之一。

(2004年2月)

掠影

阿苏喷烟

阿苏山在九州，是日本86座活火山之一，是日本最大的由活火山构成的壮观山脉。《隋书》记载，日本“有阿苏山，其石无故火起接天者，俗以为异，因行祷祭”。阿苏山共五峰，其中四峰久未喷发，中岳峰还在继续冒烟。日本人有阿苏信仰，山上有阿苏神社。陪同的朋友说，大阿苏有佛性，从大观览台远观阿苏五峰，如同一尊卧佛。

(1984年空摄)

掠影

东京台场

东京的门户东京湾，轮船往来，彩虹桥飞架，企业大楼林立、会展设施齐全。沿东京湾周边的土地90%以上都是填海而成，台场地区成为东京的“新都心”。东京的填海造地有400多年历史。从明治时期到上世纪90年代，在东京湾共造地2.5万公顷，相当于百年前东京湾总面积的21%，大部分是在60年代至80年代完成的。填海之举在给东京带来利益的同时，也产生了影响生态平衡等环境问题。

(2005年8月)

掠影

闹市光雕

应用光电技术，融合欧洲建筑、雕刻风格创造出的大型光雕，在东京银座附近的小路上展出。彩灯五光十色，华丽辉煌。游人至此，恍如置身于圣诞前夜的欧洲。

(2005年12月)

掠影

葡萄熟了

葡萄成熟季节的农活儿最为繁重。须坂的葡萄种植农家精心呵护丰收在望的葡萄，每穗葡萄上都包上防虫袋。游客来此自摘葡萄是一大乐事。

（2005 年 9 月长野）

掠影

袖珍稻田

内陆县长野是水稻名产地之一。金秋时节，丘陵地姨舍一带小块稻田点点，人称千枚田。（2005 年 9 月长野姨舍）

风物风情之

风情

1

春到岚山

2

秋之红叶，春之樱花，夏之竹林，冬之瑞雪，岚山的四季变化着色彩，成为京都的一道代表性风景。

岚山的经典景色是大堰川与渡月桥。因堰堤相阻激起的一条百白色波浪线在渡月桥衬托下，如在月夜荡桨于河上，人们会感觉到明月如同从桥上缓缓渡过，故称之为“渡月桥”。以渡月桥为界，上游称大堰川，下游便是桂川，这一带总称岚山公园。

岚山地处京都的嵯峨野，不但有自然景色之美，还有沉甸甸的历史积淀。这一带自古就是王公贵族的游乐之地，密集的山庄和高级料亭诉说着不尽的荣华。公元5世纪，来自大陆的“渡来人”秦氏集团以先进的科学技术开拓京都盆地，把以中国为源头的纺织、养蚕、酿酒、水利灌溉等技术带到日本，在嵯峨野地区开垦耕地，造堤筑堰，推广农业技术，富甲一方。岚山地区的“葛野大堰”就是始自秦氏，至今为人称道。

从渡月桥沿右岸前行，不远处的龟山公园是闲静的去处，有名的禅宗寺院天龙寺、“曹源池”就与龟山公园为邻。龟山公园还是到京都的中国人不能不去的地方，因为著名的周恩来诗碑就建在公园内。自从周恩来诗碑建立，这里便成了中国人心所向往的一方圣地。1917年9月至1918年5月，青年周恩来心怀救国救民的理想东渡日本求学。1918年春夏之际经神户回国前夕前往京都旅游，游岚山时写下了著名诗句《雨中岚山》。

周恩来诗碑建在龟山公园里临大堰川的坡地上，四周绿树环抱，山脚下是静静流淌的大堰川。诗碑的基座由自然石块砌就，诗碑本体是块不加雕琢的赭色鞍马石，正面镌刻着《雨中岚山》，背面是诗碑发起人名单。整个诗碑朴素无华，令人感到一种伟大深含其中，自然归于平淡。

（拍于2005年4月）

3

4

1 京都岚山大堰川。

2 狗在花中笑。

3 大堰川里可行船。

4 坐人力车游览岚山。

5 岚山春澜漫。

5

1

白鹳放飞

2005 年 9 月 24 日，随着日本天皇第二继承人秋篠宫文仁殿下与纪子妃殿下共同打开放飞的鸟笼，一只白鹳离笼起飞，在周围的稻田与丘陵上空盘旋。接着，另外四只白鹳也顺次飞上天空。因自然环境恶化在日本一度灭绝的白鹳，经过 40 年的饲育，再次飞向丰冈町的上空，前往参加放飞仪式的丰冈市民们欢腾起来，祝贺这五只人工饲养的白鹳重归自然。

日本曾是鹳的生栖地。在丰冈采访时被告知，随着土地的开发、农药的使用，湿地减少，鹳从 1971 年起在日本上空消失。丰冈作为鹳在日本的最后生栖地，当地居民为了挽救这一濒危物种，于 1965 年采取最后手段，捕获了野生鹳，放入笼中饲育。为了重建破坏了的生态环境，当地政府部门在强化市民的爱鸟的环保意识的同时，采取了整治河川、增加湿

2

3

4

地，确立有机肥种植技术、生产无农药大米等措施，为此政府部门拨出数亿日元的事业费。

经过不懈努力，1989 年终于诞生出幼鹳，到目前已经增加到 11 只以上。为了使鹳重归自然，恢复野外生存能力，1999 年建立了对鹳进行野生化训练。今后将顺次将人工饲育的白鹳放归大自然。

鹳是被列入世界濒危物种公约中的保护对象。鹳生栖于温带和热带地区，展翅时达 2 米。鹳嘴长而粗壮，以鱼为主食，捕食虾虫，喜栖于有树的开阔的泛水沼泽地区，树上筑巢。鹳有白鹳和黑鹳，全世界约 20 多种，分布在欧亚大陆北部。中国见于新疆和内蒙东北部，在长江以南越冬。

在欧洲，鹳被视为“迎来幸福的鸟”，德国列为国鸟。传说中白鹳会将婴儿送到家中。但由于生态条件变化，种群数量稀少，据说世界上生存鹳的只有 2000 只。

愿人类的幸福鸟“鹳”，永远飞翔在蓝色的天空。

1 出笼的白鹳。

2 白鹳回归自然，众人皆大欢喜。

3 秋篠宫文仁殿下是日本天皇第二位继承人。2006 年 9 月，秋篠宫殿下第三子悠仁的诞生，结束了日本皇室长期没有诞生皇男子的历史。图为欢迎秋篠宫文仁殿下的市民。

4 秋篠宫殿下与纪子妃殿下共同打开放飞的鸟笼，白鹳飞回自然。

5 爱鸟小孩。

6 丰冈市民等待白鹳放飞。

5

6

远望三笠山

三笠山并不高，但看去却十分柔美，而且在中国也有名气，原因是日本著名的遣唐使阿倍仲麻吕（公元698~770年）写的一首望乡诗。长期留在中国的仲麻吕思念故乡奈良，回忆三笠山上的明月，曾作歌曰："翘首望长天，神驰奈良边。三笠山顶上，想又皎月圆。"思乡之念情真意切。

日本奈良时代，20岁的仲麻吕在开元五年（公元717年）随第八次遣唐使来到大唐学习中国文化。同船来唐的还有名僧玄坊和留学的吉备真备（后任奈良朝廷的大臣）等。2005年日本留唐学生井真成的墓碑被发现，曾在中日之间引起轰动。据考证，井真成可能是与阿倍仲麻吕同船来到大唐的留学生。

阿倍仲麻吕同年到长安入太学学习后，历任司经局校书、左拾遗、左补阙、秘书监兼卫尉卿。仲麻吕工诗文，与大诗人王维、李白等结为好友。玄宗喜其才，赐名"朝衡"（亦称晁衡）。公元753年，仲麻吕随遣唐使藤原清河大使的使船东归，途中遇暴风，漂流至安南（后任安南都护）。当时因误传仲麻吕遇难，他的好友李白写诗悼念："日本晁卿辞帝都，征帆一片绕蓬壶。明月不归沉碧海，白云愁色满苍梧。"

虽多次去过奈良，但总弄不清楚三笠山在哪里。2005年4月再去奈良访问，奈良县厅的朋友带我登上县厅的最高处观看街景，虽然是在雨中，但也欣赏了奈良的朦胧美，见到东大寺的金堂、兴福寺的五重塔，以及远处的若草山。随后，又在朋友陪伴下，登上若草山，眺望了诗人仲麻吕曾经日思夜想的三笠山。

"今人不见古时月，今月曾经照古人"（李白）。山川异域，风月同天。曾在大唐任高官的仲麻吕最终没有回到日本，在公元770年埋骨盛唐。如今这位日本著名文化人的纪念碑，建在西安的兴庆公园里。

1

2

看鸬鹚捕鱼

有 1300 年悠久历史的鸬鹚捕鱼的表演观赏活动，2004 年 5 月 11 日晚在岐阜市的长良川开幕。鸬鹚主人和鸬鹚在篝火中的捕鱼绝活，迎来游客们阵阵喝彩。

鸬鹚俗称鱼鹰，日本人称为“鹈”，养鸬鹚捕鱼称为“鹈饲”。受岐阜观光会展协会之邀，中国记者们观赏了“鹈饲”捕鱼活动。

长良川是岐阜市的象征，水量丰富，鱼类以香鱼闻名。香鱼是一年生洄游型鱼类，在日本又称鲇鱼，肉质细嫩、味道鲜美，是高级宴席上的佳肴。

日暮时分，一行人在欢送声中登上一条屋形船。当船老大撑起船竿，操纵游船向河心驶去时，鼓乐队在岸上敲起大鼓。船内众人两边分坐，船头挂着灯笼，习习凉风中，游客们可一边欢聚畅饮一边欣赏两岸风光。

鹈饲捕鱼在夜幕降临时开始。只见船头悬挂篝火的小舟从远处驶来，火焰将四周照得通明，水面映得一片通红，十数只鸬鹚浮游水面，俨然幽玄世界。在松明噼啪作响的紧迫气氛中，只见头戴软帽腰围蓑裙的“鹈匠”熟练地牵动手绳，不时以木棍敲击船身，口中发出“嗬嗬”的吆喝声。鸬鹚似乎深谙其意，拼命前游并不时钻入水中捕捉香鱼。欢声四起之中，等不及看清捕到的鱼，小船已顺流而下。

日本的鸬鹚捕鱼活动最早见于 7 世纪的中国文献，是随稻作技术一起从中国传入的，长期受历代当权者保护。长良川的鸬鹚捕鱼用具被列入“国家重要有形民俗文化财”，传统渔法是岐阜市的“重要无形民俗文化财”。

“鹈匠”世袭相承，近代以后由政府任命，称“宫内厅式部职鹈匠”，每年第一次捕到的香鱼，要首先献给皇室品尝。长良川上只有六名鹈匠获政府特许从事捕鱼活动。按承传的习俗，每只小舟上捕鱼者由三人组成：鹈匠和称为“中乘”和“共乘”的助手。鹈匠是核心，另两名助手负责划桨和船上杂务。捕鱼的正装是戴防止篝火的软帽，身穿渔装，防火星的胸围和围腰的蓑裙。由于鹈匠每天和鸬鹚生活在一起，捕鱼活动极为协调，鸬鹚捕到鱼会返回船边，让鹈匠将鱼从喉咙里取出，捕鱼结束时要论功行赏，给食香鱼的报偿。

古时中国也把鸬鹚叫“鹈”，现今在漓江上看到的渔法与日本的“鹈饲”稍有不同（例如中国渔夫不用手绳控制）。“鹈饲”在日本不仅是民俗文化财，也是重要的旅游资源。

3

1 鸬鹚夜间捕鱼。
2 鹈匠与小接班人。
3 观光船在欢送声中开船。

“非礼勿视，非礼勿听，非礼勿言”，《论语》中这句名言，被日本人记得很清。

日光三只猴

日光东照宫，是为祭祀江户幕府大将军德川家康，在 1617 年创建、1636 年重建的神社。其宗教建筑是江户初期“宽永文化”的代表，被日本政府指定为重要文化财产（1999 年登记为世界遗产）。进入东照宫正门，可见一座本色木建筑，称“神厩舍”，最初是为纪念为德川打天下立过战功的战马而建的。由于古时日本人相信猿猴能使骑马免除疾病，门梁上雕了八只神猿以佑平安。

“乐者，天地之和也；礼者，天地之序也。和故百物皆化，序故群物皆别。”日本人认为，有失礼教的东西不看、传闻不听、话语不说、事情不做，《论语》表达了做人的准则和社会要和谐稳定思想。

（拍于 2004 年）

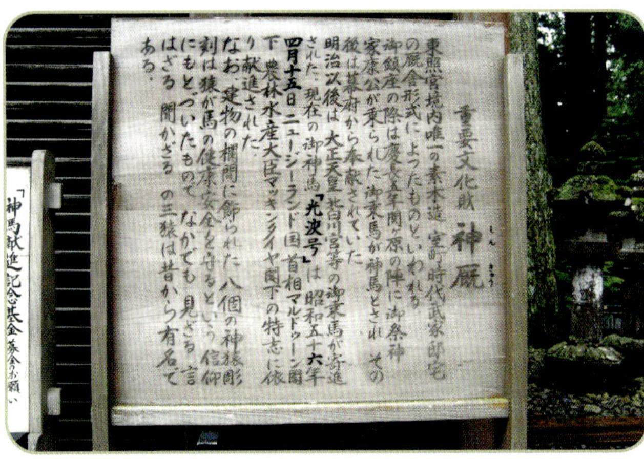

1 非礼勿视，非礼勿听，非礼勿言——日光东照宫里著名的“三猿”。

2 游客到此，也想模仿孔夫子的勿视、勿听、勿言之教。

3 东照宫内的神厩说明牌。

1

饱吸着春风，山间游动的鲤鱼群神气十足。被深山与清流围绕的群马县神流町，又迎来了鲤鱼节。神流川 800 尾鲤鱼空中游泳，那是报告初夏来临的风物诗。

神流町是合并不久的新生小镇。随着林业的衰微，山村经济停滞。为了振兴经济发展旅游，这里从 1981 年起搞起了“鲤鱼节”。经过 20 多年经营，鲤鱼节规模越来越大。新的神流町祈求新飞跃，2003 年 5 月，在町公所对岸的山头上拉起十条长二百来米的钢索，挂起 800 条鲤鱼，命名为“新生

鲤鱼旗飘动

神流町第一届鲤鱼节”。

五月五日是日本的儿童节，也是旧时的端午节。受中国文化影响，日本人为避邪气、求吉祥，有在端午节插菖蒲、吃粽饼的习俗。为祝福孩子们健康成长，“望子成龙”，还在院内竖起“鲤鱼旗”，这一源自中国的习俗，至今在日本仍有所见。

2

1 群马乡间的鲤鱼旗。

2 神流川上空飘动的鲤鱼旗。

1

城崎温泉城

城崎是兵库县临日本海的一个小镇，以温泉知名。

城崎町内，有大溪川从街中流淌，数十家木建旅馆鳞次栉比，依依垂柳下，身穿浴衣的游客悠闲散步，木屐声声，好一曲日本的风物诗！

城崎温泉有1300多年历史，岛崎藤村、松尾芭蕉等历代文人墨客多曾光顾。特别是20世纪初期的大文豪志贺直哉写的《城崎小居》，大大提高了城崎的知名度。十数次到过城崎的志贺大加赞扬说："城崎才是代表日本的温泉，其汤清澄，山川秀美，鱼香肉美，民风可亲，木屋协调，令人怀念。"

城崎是与浴衣相合的温泉城。来城崎找旅馆住下，店家随即递上一张街内简图和洗浴票，说可以着木屐，穿浴衣上街，洗"外汤"。城崎温泉分"内汤"和"外汤"，内汤在旅店内，外汤建在街上。当地人说，从古时起，城崎人就有"以旅馆为客厅，道路为走廊"，全镇都参加接待的风气，城崎温泉是以"外汤"为中心繁荣起来的。"外汤有神守护，温泉是神惠赐"，换上浴衣游"外汤"，那是城崎的风情。

当地人说，町内七家外汤情趣各异，全是有利于"成就良缘，全家安康、买卖繁盛"：拯救众生的"地藏汤"可保家内安全，开运招福的"一之汤"助你考试合格，洗"御所汤"能喜结良缘，"曼陀罗汤"可实现一生心愿，"鸿汤"祝福夫妇圆满、延年益寿，"柳汤"则与平安怀胎生子有关。该温泉有从中国名胜西湖移植柳树、树下涌泉之说，都有上百年历史。

2

3

一年到头，镇里组织了许多的"祭"，如4月的"温泉祭"、"夜樱祭"，6月的"绣球祭"，8月的纳凉"流灯祭"，配之以篝火营造夏夜幻想。每年端午节前后加进菖蒲的温泉汤、冬至时的"柚子汤"，还有庆五谷丰登的"秋祭"，透着日本的原风景。

城崎是历史、文学、温泉之町，每年有上百万游客来此。为建成可亲城镇，街头可免费洗"手足浴"，町里在十个地点备了免费使用的"众人伞"，以备不时之需；町内有城崎文学馆、"文学碑"，如果有兴致租辆自行车兜一圈，足可发思古之幽情。　　（拍于2005年）

1 城崎杨柳依依，大溪川在城中流淌。
2 温泉客店。
3 街上尽是穿浴衣、着木屐的游客。

礼宾马车

外国使节向天皇递交国书时,可以选择宫内厅准备的马车前往皇居拜谒天皇,此为护送外国使节的皇家马队。

中国新任驻日本国特命全权大使王毅,2004年9月15日向天皇递交国书。王毅大使乘坐皇家专用礼宾马车,通过皇宫正门进入宫殿正厅,依礼宾程序向明仁天皇递交由国家主席胡锦涛签发的驻日大使任命书。

国书是一国元首给接受国元首的正式文书。派遣国书是派遣国元首的信任状。递交国书的仪式庄严隆重，依日本礼仪，外国大使前往皇宫向天皇递交国书，有坐轿车或乘马车两种形式，任选其一。前驻日大使杨振亚递交国书时选择的也是坐礼宾马车。按照礼宾官的安排，王大使一行从象征日本交通门户的东京车站出发，在马队护卫下踏过站前铺在地上的红地毯，西行数百米进入皇宫。

中国自古待客以礼。公元607年，日本遣隋使入朝。回国时，炀帝派使臣裴世清以答礼使身份陪送使臣小野妹子返回日本。在奈良、平安时代，遣唐使在中国同样受到隆重接待。日本僧人圆仁到大唐求法，他写的旅行记中记载，大唐朝廷为了接待仁明天皇派来的使节，特地安排五艘官船陪行，经大运河北上，陆路前往长安。日本对于中国使节的接待也很隆重，当年隋使裴世清到达日本后也受到日本朝廷的盛大欢迎。当中国使船到达难波（今大阪），有30艘礼宾船迎于海上；抵达倭京飞鸟，由75匹马组成的礼宾队迎于街头。

日本人重形式，动作有严格的规定。据说在中国使节递交国书前，日本的礼宾官要事前教习皇家礼仪。日本请外国使节乘马车入宫，其马车、马队都是欧洲式的。有位外国朋友说，中国是礼仪之邦，礼节周全，请外国使节身穿礼装,选择乘坐大轿之类,在传统文化氛围浓郁的地点,向中国国家元首递交国书,或许也是一种不失礼的选择。

(2004年)

挑战将棋

外出路经新桥车站，无意中见站前广场一角围着一群人，探头一看，原来是在下“将棋”(2002 年 11 月)。日本将棋只是听说过，街头将棋更是初次见识。后来得知，每年 11 月 17 日是日本的“将棋日”，街头将棋是市民的业余活动。日本的许多文化现象，追根求源，往往与中国文化有关，“将棋”也是其中之一。

将棋是日本的国粹，是日本最火的博弈游戏。在 17 世纪江户幕府时期，将棋就得到鼓励，规定每年的 11 月 17 日是“御城将棋”日。“名人”是将棋的最高位，得过五次名人的可获“永世名人”称号，350 年来只有 17 人获此殊荣。

将棋与象棋是近亲，将棋的祖先在中国，约在隋唐时期传入日本，11 世纪初在贵族中流行。“天马斜飞度三止，上将横行系四方，辎车直入无回翔，六甲闪第不乖行”，唐肃宗时的丞相牛僧孺在《玄怪录》中提到的“宝应象戏”，已有王、军师、马、象、车、兵六种棋子。将棋在经历了平安将棋、大将棋、泰将棋等多种形态后，在 16 世纪后半期时定型。

将棋有 40 个棋子，每方各 20 个，分别为玉将、飞车、角行、金将、银将、桂马、香车和步兵八个兵种。玉是大将，金银是副官，角行是枪炮，飞车是战车步兵等，以把对方的“玉将”将死为胜。将棋与象棋的最大不同是，一方在需要时可以把俘获对方的棋子当作己方棋子空降到棋盘上，使形势大增变数。允许俘虏上阵的“猛虎复活”战法，据说与日本战国乱世时期武士社会中“昨天的敌人，今天的朋友”的思维有关。将棋追求的是瞬间决胜负的畅快，招招都不能马虎，永远是你死我活的决斗，即使失败也要败得痛快，一如樱花瞬间灿烂开放与凄美凋谢。

东京新桥街头的将棋战

1

2

3

清流有山葵

日本料理中，也许最有特色者当数生鱼片，吃生鱼片少不了佐料，最要紧的佐料是“山葵”，日语中发音“wasabi”，把山葵末放进酱油里沾着吃，原来有腥味的生鱼片，因加进山葵而发出一股别有风味的辛香。

山葵是学名，一般人把它叫成“辣根”，或说成“绿芥末”。虽然知道山葵不同于芥末，山葵酱是用根茎研磨而成，但从没有见过山葵长什么样。2003 年 6 月与同事小菅去长野采访，途经安曇野，听说这里有一家专门种植山葵的“大王农场”，便决定一同结伴看个究竟。

大王农场在安曇野市的穗高町，当地人称安曇野是大自然的王国。这里地势平坦，附近都是绿油油的稻田，路边开着一片片淡兰蓝和白色的小花，一片田园风光。场内有一条极清澈但不见底的溪流，一旁有座很有风情的水车小屋，静静转动的水车使人暂时忘记都市的喧嚣。水车是日本大导演黑泽明在 1989 年拍摄电影“梦”系列《有水车的山村》时所建，牌子上有黑泽明导演的一段话：“梦在心中长眠。做梦，那是隐藏或者压在人们心中的被坦率表达的东西，总是自由奔放地表现自我。”

大王农场始建于 1917 年，面积约 15 公顷，年产山癸 130~150 万吨(约 71 万棵)，是日本最大的山葵种植农场。

山葵原产日本，因其叶如葵而名，是多年生草本植物。欧洲人称为“东方香草”。山葵生于溪谷清流之中，喜阴不喜阳，喜清不喜浊，合适的水温为 10~15 摄氏度，据说水温到 16 度以上会造成缺氧，防碍生长。山葵的地下茎肥厚，呈圆柱状，根与叶、茎皆散发出强烈的辛辣味，春天开出白色四瓣小花。大王农场的山葵之所以有名，是因为这里的种植利用的是日本北阿尔卑斯山的融化的雪水，流进安曇野后从地下涌出的清水，有机养分丰富，水温常年保持在 13 度左右。为了遮挡直晒日光，周围种上绿树；另外每年的 4 月下旬到 9 月底，还要对山癸田覆盖以网状的黑色“寒冷纱”。

山葵田建在一个山坳里，铺着一条宽数十米的长长的黑纱，一直伸展到远方。农场的人说，下面就长着山葵。蹲下一看，果然有三、四十公分高的绿苗长在满是石子的溪水里。在农场的一角，有几位妇女正在对刚采下的山葵筛选加工。附近出售山葵的商店，有不少游人在那里购买，一根不到 30 公分长的山葵标价 3000 日元(约合 200 元人民币)。

山葵浑身是宝，根打成酱，茎和叶可淹制食用，不仅味美，还有良好的抗菌消毒作用(这才知道为什么吃生鱼片时少不了它)。由于还发现有预防心脑血管疾病和防癌的功效，山葵被作为食品添加物使用。大王农场的人说，“市场上卖的那些牙膏式的山葵酱里有的掺上芥末，味都变了。要品尝新鲜山葵的‘妙味’，还得吃安曇野产的山葵！”

4

1 溪流中生出的山葵。

2 长这么大的山葵据说需要三年。

3 山癸浑身是宝，其茎叶可以腌制食用。

4 寒冷纱覆盖下的山葵园。

1

静冈飘茶香

驱车富士山南麓，可见片片茶田。春四月万物复苏，嫩绿的茶田在阳光下油亮闪光，茶田里弥漫着阵阵茶香。

日本是“全民饮茶”之国。国人把生活琐事形容为“开门七件事：柴米油盐酱醋茶”，日本人则说那是“日常茶饭事”，饭与茶占有同等位置。日本人特别喜欢喝绿茶，虽然来自中国的乌龙茶饮料增多，但仍以喝绿茶为主。绿茶消费在日本约占饮料消费的30%。静冈县是日本绿茶产地，茶叶栽培面积也占到全国的40%。日本年产约10万吨绿茶，一半以上产自静冈，富士山南面的茶田是日本最代表性的茶园胜景。

2

“茶者，南方之嘉木也……茶之为用，味至寒，为饮最宜。精行俭德之人，苦热渴，凝闷，脑疼，目涩，四肢烦，百节不舒，聊四五啜，与醍醐、甘露抗衡也。”(陆羽《茶经》)中国是茶的故乡，自古医食同源，传说公元前2700年，神农尝百草，发现茶有消炎、解热、解毒的药用功能，被视为用茶的开始。随着火的利用，茶从药用发展到食用、饮用，公元前59年的典籍中记载，茶叶已作为饮用的材料在市上出售。在8世纪，曾被朝廷任命为监制贡茶官的唐人陆羽，汲取儒、佛、道家文化写成的《茶经》，当时就被人称为“茶道”。

日本的种茶技术和饮茶习俗在唐宋时期东传。日本僧人荣西(1141~1215)两次入宋到天台山学禅法，成为日本临济宗开祖。他把中国的制茶、饮茶方法带回日本，写了《吃茶养生记》，说茶是“养生之仙药，延龄之妙术”，被视为日本的“茶祖”。“松籁石泉相和鸣，弹琴声里起茶声”，日本的饮茶习俗先是在公卿贵族中流行，后来为僧侣武士所爱，成了上层社会交往的风流事，17、18世纪后，饮茶习俗普及到民间。今天日本人均年消费茶叶约一斤半。为推广饮茶，日本适应社会节奏，一反过去不喝凉茶、不喝隔夜茶、室内喝茶的习俗，引领潮流，最先开发凉茶、饮料茶、能携带的瓶装、罐装茶。以禅宗精神武装起来的日本“茶道”，更成为日本代表性的传统文化。

以传播茶叶生产技能，普及与创造茶文化，扩大消费，振兴茶产业为主题的世界茶叶节，2004 年曾在静冈举行，来自中国、印度、韩国、印尼、摩洛哥等 30 多个茶叶生产国的代表云集。世界各国的名品，中国的绿茶、乌龙茶，斯里兰卡的红茶，摩洛哥的薄荷茶，尼泊尔的黄油茶，越南的芙蓉茶，以及饮茶大国英国的茶文化展示都吸引不少观众。中国茶专家提倡的按茶叶、茶水色泽，把茶分为绿、黄、黑、白、青、红六大类的主张得到世界公认。作为茶的本家，中国茶艺的现场演示最受欢迎，排队等候品茗者众。

第二年的 4 月采摘“一番茶”的季节，我又应邀前往静冈参观制茶和手工搓茶工艺。NISSEI 公司是日本最大的茶饮料企业，有 6 家工厂，12 条生产线，接受日本 40 家企业的委托生产加工，生产 300 种 30 多个品牌约 10 亿瓶罐装茶饮料。制茶用的水是地下 150 米以下的无菌地下水。产品 50%是绿茶，30%是乌龙茶，20%是红茶饮料，所用乌龙茶原料全部来自中国。

静冈的茶田大部分在平坦的丘陵地带，其茶树田垄齐整，呈半圆形或扇形，适合机械操作。春茶手摘虽质量最好，但成本太高，现在都用采茶机采摘。春天为了防止霜冻，还在茶田里设置吹风机除霜。

日本最高级的绿茶是“玉露”，其叶嫩绿，茶色柔美，产自“覆下茶园”，即覆盖式茶园。在春茶的茶芽有一叶时，为增加叶绿素含量，保持茶叶鲜绿并增加香气，在茶田的上部周围盖上纱布以遮挡强烈日光，十天后采其新芽制茶，每年生产 200 来吨。因其产量少，价格自然不菲。还有一种“八十八夜茶”，以在立春后 88 天采摘而得名。茶人们相信，那时山野里万物齐发，茶绽新芽，喝充满生命力的春茶，可保一年无病消灾。在采茶节上，静冈县的石川知事亲自参加采茶仪式，他的名片上面写着“每天吃 6 克茶叶两个橘子能促进健康”（静冈也是橘子产地）。

日本的手工制茶用“蒸搓法”。同样是绿茶，中国是炒青、烘青。日本是蒸青，将新采的茶芽放入笼屉里蒸，蒸过后取出放凉，然后用手揉搓，上焙炉烘干。在一间手搓茶的房间里，看到十几位身穿白大褂的茶师在那里搓茶，原来是为皇室特制手搓茶。按照多年的传统，每年春四月都把第一次采制的“春一番”新茶献给天皇。

茶凝聚天地精华，能消倦提神，杀菌消炎，减肥健美。中国茶叶学会的专家说，世界市场上红茶约占 75%，绿茶占 20%，乌龙茶占 5%。中国茶叶历史最久，茶文化最丰富，但茶的生产却是种植面积第一，产量第二，出口额第三（居斯里兰卡和印度之后）。中国茶的生产需要实行规模化生产，把茶农组织起来搞生态茶；再就是实现机械化作业，实行栽培、加工、包装、运输一条龙。第三是培育良种与茶精加工，生产名优茶，搞品牌战略，并开发多用途。中国的品牌多而杂，统一处方的品牌不多。英国不产茶，但立顿红茶却享誉世界。在茶的行业管理、种植、销售等方面，日本的经验值得借鉴。

3

4

1 齐整的静冈茶田。

2 日本机械与手工采茶并重，图为新干线列车从旁驶过的茶田。

3 技艺高超的制茶师傅每年春天都把最上等的第一茬手搓茶作为贡品送往宫中，请天皇家品尝。

4 茶禅一如。图为僧侣在茶田边演示茶道。

冲绳守礼门

守礼门是冲绳的象征，是那霸市首里城外的楼门牌坊，其建筑样式据说有中国唐朝风格混合琉球传统，在尚清王时代（公元 1527~1555 年）所建，上有"守礼之邦"的匾额，昭示天下：琉球乃守礼之邦。

公元 1429 年，中山王尚巴志统一琉球，定都首里城，是琉球王国之始。历史上，琉球王国"以大明（中国）为辅车，日域为唇齿，在此二中间涌出之蓬莱岛"（注：辅是颊骨，车是牙床，颊骨和牙床相依，比喻两者关系密切，互相依存，所谓"辅车相依，唇亡齿寒"），历代琉球国王都曾向中国朝贡，接受册封。描绘中国册封使壮观队伍的《中国册封使行列图》，至今还收藏在那霸的冲绳县立博物馆里。琉球的传统文化受中国文化影响很大，其宫城仿效中国的宫殿建筑样式。首里城在二战时曾是日军兵营，在太平洋战争中烧毁。现在的守礼门是在 1958 年重建的。首里城是那霸最著名的观光点，附近常有穿着冲绳民族服装的模特儿与游客拍照，为此地添光增彩。

1

1 穿着民族服装的冲绳模特儿等待与游客合影。(2005 年 8 月)

2 冲绳首里城守礼门牌楼。

2

1

官邸记者

日本的新闻界实行记者俱乐部制度，主要的政府部门、政党本部都有记者常驻，称为“番记者”，即跟班记者。首相官邸大厅是要客和首相必经之地，各家记者一天到晚等在这里打探消息。有重要会见，记者拿起摄像机就拍，会见结束，又一拥而上问个不停。

跟班记者中，最重要也最辛苦的是首相官邸的驻在记者，驻在首相官邸的记者组成“永田俱乐部”（以首相官邸所在地命名）。我认识的朋友中村是一家大报的记者，作为常驻首相官邸的外勤队长，指挥着该报的 11 名记者的采访。中村每天 10 点来钟到首相官邸上班，白天在官邸活动，平常晚上到深夜，有时到凌晨一、两点钟才回家。另外，像自民党中有实力的政治家都有“跟班记者”。为了搞到更重要的独家新闻，主要媒体还要派记者对大人物或重要官僚作跟踪采访，一大早等候在大人物的家门口，深夜跑到他们家中打探，人称“早追夜伏”，其敬业精神由此可见一斑。

在首相官邸内的别馆一层，有为首相和官房长官准备的“记者会见室”，通常一天两次由官房长官对外宣布内阁的决定事项，首相也在有重要事件时在这里会见记者。

永田俱乐部的跟班记者一天到晚盯住首相在官邸的动静，通常是从来客那里打听相关内容，经常就一些重要政治话题直接向首相提问。日本报纸上有个栏目叫“首相动静”，每天报道首相几点钟与谁会见、几点结束办公等“流水帐”。首相的重要讲话、有意思的花絮等就是出自跟班记者的手笔。首相出国访问时，记者也跟班，在专机上接受记者采访。

永田俱乐部又称“内阁记者会”，最有名气。永田俱乐部的正式成员有二十来家媒体，在总理府大臣官房广报室登记备案。外国记者也可以加入，不过只是观察员身份，且有许多限制。我上世纪 80 年代在东京时，曾报名参加过，没想到十年后，我的名字还列在俱乐部的名簿里。

2

官邸有跟班记者的“值班番小屋”，屋子不大，里面除了电视外，还有监视大厅动向的终端，可以把握大厅动向。还有几张办公桌子，放着不少笔记本电脑。作为任意团体，永田俱乐部实行干事制，干事由各家媒体轮流担任。

资深新闻人士说，各传媒之所以加盟记者俱乐部，是认为记者面对的是“国家权力”，团结起来才容易采访。二是有事可以通过俱乐部进行调整，为采访提供便利。三是可以听内部吹风，不容易漏报。但坏处是报道的新闻缺乏个性，还容易被政治家利用。记者俱乐部也有一些内部规定，例如：大家约定不能撇开别人单独采访；规定吹风的东西都不见报，有时用“有关人士”方式不说明信息来源等。由于日本记者俱乐部制度对非成员的采访活动有限制，外国媒体也有微词。像首相官邸的“永田俱乐部”、自民党的“平河俱乐部”，只给外国记者“观察员”资格，不能听政要对记者的吹风，提问只能用日语。对日本首相的采访，依然是日本主要媒体的特权。

（2003 年 8 月）

1 一有动静，记者们会立刻采访新闻。

2 首相官邸大厅里守候的记者。

1

电话兴衰

有着百年历史的街头公共电话，随着手机的普及正在逐渐消失。在东京新宿车站等公共场所，公共电话用者寥寥，过去排队等打电话的风光不再。

公共电话的重要性是显而易见的，除了方便市民生活，尤其在遇到灾害、需要报警时起到很大作用。日本总务省表示，公共电话有利于社会生活安全，是户外最起码的通信手段。为此，当局规定，在人口密集的市街地区须在每500米四方、一般地区在每方圆1公里范围都要设置“第一种”公共电话，并作为义务。但对于更讲效益的“第二种”公共电话，如果每月使用的电话费在4000日元以下，则可酌情削减。

日本的公共电话始于1900年，战后日本经济的恢复时期急剧增加，1993年时曾达到93万台，近年来却下降到一半以下。1982年发明的电话磁卡曾是“世纪热销商品”，高峰时达到过4亿张，收集用过的电话卡一时成了时尚，还出现了专门从事交换电话卡的团体。由于过于热销，引起投机者非法伪造，扰乱了市场。日本NTT电讯电话公司在1999年推出了不易伪造的IC卡，但因使用IC卡的公共电话设置太少，使用者不多，不得不在2006年春天废除。为了与热门的移动手机对抗，正对公共电话附加新功能，推广可与微机联接和有红外线功能的新机种。

2

1 手机的普及，使上世纪90年代人们挤在电话机旁使用电话卡打公用电话的风景不再。（新宿车站，2007年6月）

2 名古屋车站里的公共投币电话。（2004年）

1

2

宠物寄情

在东京的日中友好会馆是由中日两国政府共同管理的交流设施,这里的展厅经常举办美术艺术展览。2003年10月的一天,我去参观这里展出的京剧服装,忽然听到身后有人说话:“快看,快看,多么漂亮的衣服!好看吧?”

我回头一看,原来是位老夫人,推着一辆婴儿车,车里有只白色的小猫,穿着漂亮的马甲。老太太抱起她的宠物,满面笑容,不停地让它欣赏华美的衣裳。

我感到好奇,想拍一张照片,便问可不可以。老太太连连摇头:“那可不行,你打闪光灯会刺激它的眼睛。”我连忙说,不打灯行不行?老太太还是摇头:“我这个宝贝可是伦敦的纯种,照相会吓着它。”我还是不甘心,便说,“那我从后面照行不行?”这时老太太才满脸堆笑,摆好姿势同意与她的宝贝合影。

照完像后我又问:“太可爱了,简直就像您可爱的孙子吧?”老人说:“比孙女还可爱!都跟我七八年了,一天也离不开。它身上的衣服都是我亲自做的,光婴儿车就为它买了三辆。”老夫人带“爱孙”看完展览,然后小步轻移,满意地推车悠然离去。

次年,又是10月的一天,我去横滨办事,在回程的路上,看到一位年轻女士牵着一只小狗到商店购物,商店的前面立着一根小柱子,顶上蹲着一只塑料小狗,原来是为宠物专设的。那年轻女士顺手把爱犬拴在柱子上便进商店购物。那天有些冷,小狗站在外面不停地颤抖。加上“狗生地不熟”,两眼露出一丝惶惑。这时一位老妇过此,兴许觉得小狗怪可怜,便把小狗抱在怀里暖和。见此情景,我赶紧按动了相机的快门。

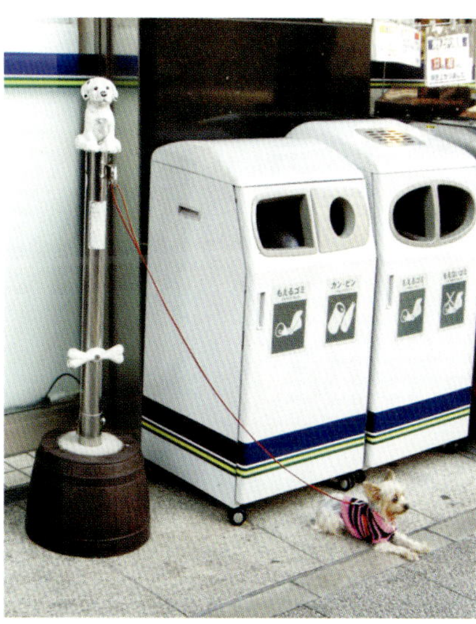

3

1 东京的日中友好会馆展厅里,一位老夫人正在照顾她的爱猫观赏京剧戏服。

2 一位年轻女士栓好小狗便去商店购物。(横滨)

3 把爱犬栓在柱子上,可以很放心地离开。(横滨)

4 东京的宠物店里用品一应俱全。

4

1

成人日所见

2

日本把年满 20 岁的青年视为成年人，在众多纪念日中有“成人日”。1948 年日本政府根据民俗规定，每年的 1 月 15 日为“成人日”（亦称成人节），年满 20 岁的人过“成人节”。2000 年，政府又根据“快乐星期一法”（happy Monday），把成人日改为每年 1 月的第二个星期一。

成人日标志着年轻人结束了受父母和周围大人保护的未成年人时代，开始步入成年人行列。其目的是鼓励青年人意识到自己已成为社会的正式成员，已具有法律的一切的责任和义务（可以婚嫁、有选举权，可以抽烟、喝酒等），以增加社会责任感。

3

日本举行成人式的习俗显然受中国古代冠礼的影响。古代男子 20 岁束发而冠曰“加冠”，女子 15 岁束发而笄称“及笄”，表示进入成年。日本实行冠礼制度，始于 1000 多年前的奈良时代。

成人日是年轻人的“通过性礼仪”，年满 20 岁的男女青年在这天身穿传统的和服或西装，参加官方或民间团体举办的成人仪式和祝贺会，青年代表宣誓，接受长者祝贺，还要参拜神宫和参加文娱活动。成人式对少女来说尤为重要，她们会以数万日元的费用租用艳美的宽袖和服，披上洁白围巾，展示自己的青春风采。还有青年人是用对社会做好事的方式（如义务献血等）表达社会责任感。在东京的年轻人聚会的原宿、代代木公园周围支着义务献血帐篷，工作人员手持话筒号召献血。有位新成人说：“我们进入成人行列，更需要规范自我，准备承受社会的压力和责任。”

成人节日虽然快乐，但也有些“新成人”用滋事方式证明自己的成人，有关在成人日祝贺会场打架斗殴、烂醉如泥以及违规飚车被警察拘捕的报道时有所闻。新成人闹事是未成人的惯性，还是对社会的发泄？有心理专家分析，年轻人过于依赖父母，缺少自我奋斗的“饥饿精神”，在社会人际关系淡漠，升学、就业竞争和生活压力增大的情况下，当成为成年人、得到成人权时容易失控，其深层心理因素可能是“希望得到关爱”。

4

5

6

1 成人日风景(东京原宿站前)。

2 身穿艳丽和服的“新成人”。

3 “新成人”亮相成人日。

4 “新成人”步入社会,留给她们更多的是社会的责任。

5 日本红十字会在成人日组织献血活动，不少青年人以义务献血的方式纪念进入成人行列。

6 新成人前往明治神宫参拜，旧符换新符，祈求幸福平安。(2006 年 1 月，明治神宫前)

1

2

岁末打更人

一年一度，又到岁暮。岁末是对新年的准备，也是对一年的最后盘点。东京的市民在年末都做些什么？我曾暂住目黑区三田町，也算是三田的“町民”，于是想到访问三田町会。经与町里的“防范部长”福田老先生联系，说明来意，町里同意在 12 月 27 日看 2005 年搞的岁末例行的安全巡逻。

町会是城市里最基层的单位，交纳卫生费之类就是给的町会。再往下就是“邻组”，即三五户邻居组成的联络点了。三田町会约 2000 户居民、5000 口人，行政上基本上不给町里拨经费，除了町内立着的 17 块通报信息的“告示板”，区里给点补助外，一般的活动主要靠每人一年交纳的 2000 日元的町费维持。町工作人员说，在会里做事的都是退休的或没有工作的老人，不拿报酬，都属义务。活动主要有：参加小学校的入学仪式、为小朋友发放入学纪念品、消防训练、敬老活动、文化活动、废品回收，以及为灾区募捐、协助组织“红羽毛”共同募捐等。在安全方面，町里的防范会还要搞地区安全、交通安全运动，每年的岁末配合警局搞“特别警戒”。

3

年末警戒是日本社会的规范，在江户时代就有打更防灾的习俗，在年末也是敲着梆子边喊“小心着火，

4

注意锁门”之类的巡逻口号，提醒人们注意安全，因为那时日本都是木建房屋，最怕着火，一旦失火还会殃及邻居。与中国过去夜里一边打更一边喊“天干物燥，小心火烛”一样。前一年的年末，我在东京住处附近碰到“奥三光町会”的打更人，就是敲着梆子喊类似的口号。昔日的习俗在东京这样的大城市里依然存在。只是，就要过年了，在大城市里，在暮色中听到梆子声，总让人有种苍凉的感觉。

我如约前往町会。町会的门前挂起了两支灯笼，室内的墙上写着“三田町会岁末特别警戒实施中”的字样，穿黄衣服的坂井秀男町会长向大家打招呼，七八位老头、老太太已经到齐，桌子上摆着简单的茶点。约摸7点半钟，派出所的几位警官也进来与大家交流。今晚的活动主要是外出巡逻，分为三组，每组三人。虽然町里没有准备梆子，但是每人都带上了手电筒，套上了夜里能反光的巡逻服，拿上红色的反光警棍。

路上很黑，我跟着福田部长和三田协议会的赤川会长等开始走街串巷。福田他们不时用扩音器提醒大家注意安全。也有主妇出来说一句“你们辛苦了”之类的话，但应者寥寥。他们说，“要是在过去，由于邻里关系密切，只要我们一喊，居民们都会出来热情问候致意，而现在却很少了。大家都住进了高楼，谁也不认识谁，都是自扫门前雪。”几位老人还为没有接班人而叹息：“现在年轻人都不愿意做町里的事。我们这些人都做了好几十年了。”似乎对过去良风美俗的不再，又后继乏人，很有些无奈。不过，赤川会长介绍说，町里有处防灾中心，是町里的特色。由于三田地处高台，一旦有事水上不来很危险，所以最怕着火。前一年终于从上面申请到特别经费建了防灾中心，言谈中颇有点自豪。

个把钟头的巡逻结束了，跟着当了回三田町的“打更人”。

1 三田町会的安全防范部成员走街串巷，提醒居民们小心火烛，注意安全。

2 夜幕中的三田町会。

3 东京最基层的町会的负责人都是义务的。图为町会与当地派出所一起研究年末特别警戒行动。

4 奥三光町派员进行年末巡逻。

5 城市里的岁末打更人。

5

享受温泉

日本是世界的火山之国，温泉则与火山相伴而生，火山之国其实也是温泉之国。外国人到日本旅行，除了品尝日本料理中的生鱼片、睡睡和式旅馆的"榻榻米"之外，泡泡温泉，感受一下"温泉文化"，恐怕也算是旅有所值了。

日本人有喜洗浴的传统，洗浴构成每天生活的重要内容。在现在快节奏的社会里，泡温泉更有恢复疲劳、释放精神紧张的效能，因而近年来特别受到男女老少的喜爱。据说阪神大地震后，灾民最感不方便的事便是不能洗浴。因日本古时无文字，虽然"洗温泉以去污秽"的文字记载远没有中国古老，也不见如白乐天的"春寒赐浴华清池，温泉水滑洗凝脂"的诗句，但日本的史书记载，早在1300年前，日本人就知道温泉有治病、疗伤的效能。资料显示，日本各地约有3000多处温泉地、1.5万家温泉设施、6000多公共浴场里能洗温泉，从南到北，名汤名泉甚多。每年有1.3亿多人次投宿温泉旅馆，平均每个日本人每年会去旅馆泡温泉一次以上。

1 宫城藏王的露天温泉，约上三五好友浴后坐卧池边，以天为衣，以地为席，眺望青山，感受大自然的野趣。(2006年8月)

2 温泉浴后进食饭香味美。(北海道函馆)

3 山野中的名泉"秘汤"鹤之汤温泉。(秋田)

日本的温泉除了有健康效能，它的交际功能也是其"温泉文化"的一部分。历史上日本长期处于武士社会，安全环境是取信对方的关键。如同和式房间里背靠壁龛(床之间)而坐为上座，主人坐在背对门处，表示对客人安全负责，约上知己好友贵客一起"泡汤"，全无防范、相互信赖的交往，是为"裸交"。

随着对温泉文化的丰富，诸如茶浴温泉、啤酒温泉、葡萄酒温泉等等，花样翻新。温泉之中，最有情趣者当数露天温泉。露天沐浴如同"天浴"，有"开放感"，由于露天温泉一般设在风景绝佳之地，可以约上三五好友浴后坐卧池边，以天为衣，以地为席，或无拘无束谈天说地、饮酒品茗，或眺望周围的碧绿青山，感受大自然的野趣，享受大自然赐于的恩惠。怡养身心，实为人生一大乐趣。

日本人生活精细，入温泉洗浴时也有规矩，大体有：洗温泉不同于洗澡，一般是洗净后再入温泉，池内不能打肥皂，不用毛巾搓洗，毛巾不在池里浸泡，不穿内衣内裤或泳衣入池；可能有女服务人员在浴室内清扫卫生，还有的把女童带进男子浴室，这是日本的传统习惯，客人不必介意；入浴次数不限，日本有一日三浴的做法，即早饭前洗一次，晚饭前洗一次，睡前再泡一次；温泉旅馆有浴衣，可穿浴衣在旅馆走动，正确穿法是右襟在下，左襟在上，注意不要穿错。按正确方法文明入浴，能感受到高层次的"温泉文化"。

少年童趣

千叶县临东京湾，春天是赶潮的季节。每逢周休日，许多大人孩子们跑到海边刨捞蛤蜊，以助游兴。

（2004 年，千叶县富津）

藏王的太鼓表演（2006 年，宫城县）

冬天的日光浴（1994 年，京都）

参加“印西祭”（2004 年，千叶县）

最好的朋友（2004 年，广岛）

掠影

观战相扑

大相扑是日本的国技，为日本老幼最爱。相扑就是角力，中国古时也称相扑。右图为竞技场里观看竞赛的热心观众。上图为著名横纲力士朝青龙(中)出场竞技。

(2004 年)

掠影

以礼相迎

爱知世博会里的导引员。

(2005 年)

掠影

樱花树下

真味野小学是武生市的一所名校，校园内有上百年的樱树数株，花开时节充满生机。图为中午下课后小学生在樱花树下列队回家。

（2005 年 4 月，武生市）

掠影

东京街头

惠比寿车站附近的花园小区是近年来开发的高级住宅区和时装展示地。安静的街路和高级百货店是白领阶层光顾之地。图为摄影师在小区路边头为模特取景拍摄。

（2003 年 5 月，东京惠比寿）

文化傳承篇

兼容并蓄文化多重

日本文化给人一种说不清、道不明的感觉。例如有 1 亿多人的日本，其“宗教人口”就有 2 亿多，很多人信仰两种以上的宗教。日本人生下来要去拜神，家中神龛与佛坛并列，结婚去神社(或教会)，葬礼去寺院，习俗与宗教仪式混交，分不清是信仰还是习惯。

传统是民族文化的积淀，日本民族意识的成形约在两千多年以前。那时有大批大陆人携带冶铁、水稻种植文化登上列岛，被称为“弥生渡来人”，他们在与原居民的融和过程中，共同创造了日本的古代文化。

日本文化如同五彩的湖，多种文化流入其中，融合积淀。日本人习惯于借用外来武器，借助他人智慧变革自强。推动建立天皇集权的“大化改新”，便是吸收中国文化的直接结果。8~9 世纪的奈良、平安时代是积极吸收大陆文化并进行文化创新的时期，借鉴汉字的偏旁部首创造的“假名”，对文化的普及作用巨大。日本在此基础上创造了民族的“国风文化”，《古今和歌集》洋溢着民族自豪感，小说《源氏物语》堪称东方文化的杰作。

从公元 1192 年镰仓幕府的建立到 1868 年明治维新，近七百年间是武士专权的时期。“大将军”名义上虽由天皇任命，但天皇在政治上形同虚设，出现幕府和京都朝廷双重政治结构。这一时期，宋代的禅宗东传，禅宗与茶文化逐渐在武士中流行。室町桃山时代堪称日本的文艺复兴时期，宗教的世俗化及禅宗文化走向社会，对建筑、绘画、庭园艺术，以及对茶道、花道、香道等艺道有极大影响，涌现出一大批著名艺术大师。

17 世纪建立的江户（东京）幕府实行士农工商四民等级身分制度，尚武，约占十分之一人口的武士阶层享有不纳税的特权。在幕藩体制下日本对外实行锁国，对内禁止各藩流动，与外界隔绝。江户时代也是中华文化被高度评价的时期，日本化的朱子儒学成了“官学”。在近代，西方列强对亚洲的殖民掠夺刺激日本奋起革新，下级武士打起“尊王攘夷”的旗号逼迫幕府把政权奉还天皇。明治维新后走富国强兵道路，但同时却对外侵略扩张。二战后，日本接受教训走和平发展道路，建设成举世瞩目的经济大国，创造了以家电文化、动漫文化为代表的新文化。

回顾历史可知，日本文化兼具“渔猎、农耕、游牧”三种文化类型特征，在四海所围的列岛自然环境中，形成多文化的共存。如同古时的“和汉并存”(俳句与

中国古典)、近代的“和洋并存”(和餐与西餐、床与榻榻米),接受外来文化的方式不是替代而是重叠。对外来文化也不是全盘接受,而是以是否合理与实用为标准筛选。历史文化学者描述说,……日本“如同世界宗教的万神殿,一楼里是日本固有的神道的神,手持《古事记》和《日本书记》,阐述‘神孙为君’的大王观;二楼的一个房间里,中国传来的天帝手持《孝经》和《论语》,在阐述‘有德为君’的天子观;另一个房间里,印度传来的释迦如来手持《金光明经》,在阐述‘十善为君’的王者观。”(石田一良:《日本文化史概论》)。历史上,天皇与幕府、政权与神权、“象征”与“实力”并存,天皇是最高象征,政权由武士掌握,人们寻求生活安定于神道,寻求生活秩序于儒学(日本有人也称儒教),寻求死后救济于佛教,神、佛、儒三大意识形态共处,任务联合分担,社会变革不采取激进而采取渐进方式,使帝国得以延续,天皇得以保存,社会得以稳定。

文化传统是持久起作用的,日本发展经济的成功得益于对传统文化的继承。效忠与服从、协调与趋同、施予与回报、秩序与名誉、尊敬强者的意识、对职业的强烈责任心,就是对优秀传统的继承。与此同时,从语言文字到社会习俗,日本文化中也深深烙下中华文明的印痕。京都御所紫宸殿(1855年重修)的隔扇上,至今画着32位中国古代圣贤、名相、学者的画像。秦人徐福登陆扶桑、唐代美人杨贵妃东渡日本的传说长久在日本流传。关于中国的历史人物重耳、晏子、耶律楚材的传记小说摆上了日本的书架,《三国志》等典籍成了启发企业经营的参考书。

自然,中国文化传到日本也经过了一番调剂。周作人说,日本文化古时虽取资于中土,然而其结果乃或同或异,“唐时不取太监,宋时不取缠足,明时不取八股,清时不取鸦片”。学者指出,儒学虽传入日本,但没有出现士大夫;佛教虽然传入列岛,但“戒”没有扎根;与中国儒家的“文治”对应的是日本的“武治”,日本化的儒学轻“仁”而重“忠”,武士学儒学更多是学教养。

类似的不同还可以举出许多。例如,中国文化重综合,日本文化重具体;中国人善于哲学思辨,与日本人精细务实。汉诗言志,和歌唱情,中国人赞美梅花“零落成泥碾作尘,只有香如故”的高洁,日本人敬樱花飘落时无怨无悔,不留余香……认识中日文化虽相近而实不同,在交往中坚持“和而不同”,有利于减少认识的误区。

(2007年7月)

文化传承之源流

1

走进高千穗

高千穗是宫崎县的一个町，离阿苏火山不远。高千穗虽然地处偏远，但却是日本家喻户晓的神话之乡。2005 年 6 月去宫崎县的都城采访，远望宫崎的高千穗峰（其峰有两处）时动了念头。结束了宫崎的采访后，便坐小火车去了高千穗。

从宫崎市经延冈去高千穗坐的是小火车。火车在山间峡谷绿林中蜿蜒前行，倒也十分惬意。一个半钟头后顺利到达高千穗町，找了家旅馆，放下行李就上街观看。高千穗不愧是神话之乡，道路两旁隔不多远就摆着小巧的雕塑，似乎在向行人诉说这里的神话故事。

离开住处走不远就是高千穗神社。这里是高千穗 18 个乡的宗族神社，境内两株 800 多年的“夫妇杉”见证了神社的古老。这个神社每晚都表演“夜神乐舞”，全是取自“天孙降临”的神话故事。

高千穗神话天地交错、神人混淆。故事说，天地初开之时，高天原出现三尊不见形的造化神，到神世第七代出现伊邪那岐和伊邪那美兄妹神，两神受命创造日本国土，使用“天沼矛”搅动海水，滴下来的水滴泡沫生成“大八洲”列岛。国土既成，造山川草木。两兄妹近亲结合，化生出天照大神、月神和须佐之男（素戋呜）等众神。

“高天原”属于天上界。天照大神被委任统治天界，须佐之男则被派统治地上界的“根之国”。须佐之男被看成恶神，滞留高天原时干了不少搅乱天国安定之事。天照大神不满其暴行，气愤之下躲进“天岩户”（岩洞），立时天昏地暗，灾祸频起，“六合之内，不知昼夜之相代”。为使天地恢复光明，八百万众神会集“天安河原”商讨对策，用智慧把大神引出岩洞。众神集合“长鸣鸟”在洞前欢叫，灵镜挂于神木，诵念祈祷咒语，跳起滑稽舞蹈引起众神哄笑。天照大神感到怪异，于是打开洞门张望，被藏在洞旁的怪力神拉出岩洞，于是灾祸扫清，天地间重现光明。

高千穗町有好几块“神域”，天岩户划定在傍山临水的地方。我由当地出租车司机带路，进入这片以天岩户神社为中心的“神域”。天岩户神社祭祀着天照大神，神社的一名年轻神官为我作了讲解，还带我到神殿背后看了对面山中的“天岩户”山洞。神官指着对面的山林说，正对着神社大殿的就是天岩户，由于岩洞隐在茂密的林木之中，只能想象，望之不可见。神殿与山洞间有条名为岩户川的小河，不远处还有八百万众神集合的“天安河原”。参观完神社，出租司机又陪我看了小河边的天安河原。这是一个宽约 40 米、进深 30 米的岩洞，观者不多，前面竖着木制的“鸟居”，里面有长明灯点燃的神龛，洞口周围有数不清的石块，以及到此处的善男信女们用石块垒成的小石塔。

看了天上看地上。神话说，天界秩序既定，天照大神派遣神孙琼琼杵统治尘世。此时地上“苇原国”邪神争乱不止，草木笼罩妖气，天神数次征讨后始派神孙下凡。琼琼杵率众神“拨开丛云，威势堂堂”降临九州日向的高千穗峰。有关降临的地点有两种说法，一是在宫崎和鹿儿岛县境的高千穗峰，二是久志布流峰（串触岳）。久志布流峰就在高千穗町，其山虽低但杉树参天，山坡处有众神降临后遥拜高天原的“遥拜所”，还有政府部门立的纪念

2

3

4

降临的歌碑。下凡后的琼琼杵娶妻生子，其曾孙神日本磐余彦从九州出发东征，几番征战平定了大和，并在大和定都，号称“始驭天下之大王”，即传说中的神武天皇。

神话传说是民族文化的一部分，有历史事实的折射，隐藏着民族生成的密码。史家研究，公元1世纪前后兴起的王权逐步发展，天皇家族从诸多氏族中脱颖而出，在公元3世纪末到4世纪初建立了大和王权。

“天孙降临”的神话源于公元712年写的《古事记》和720年的《日本书记》。两书是由大和朝廷在6世纪中叶相传的“帝记”和“旧辞”的基础上，参考当时有实力的氏族的传说和墓记编纂的，这两部官撰史书奠定了日本肇国神话的基础。神话塑造了一个超越各氏族的最高权威神——天皇家的祖神“天照大神”。作为大神的子孙，天皇既是最高祭司，又是世俗权力的最高统治者。由于内容有不少杜撰，随着战后天皇否定了“现人神”的虚构，日本史学界通常不把6世纪末以前内容作为史学对象，《广辞苑》的历史年表始于公元593年的大和朝廷的推古王朝。

4世纪是东亚历史上的一大转折期，中国晋朝灭亡后北方少数民族兴起。史学研究，北方的骑马民族势力经朝鲜半岛南下，其中一支登陆日本列岛。史学家江上波夫最先提出，大陆骑马民族的势力从九州登岛后，联合地方氏族发展壮大，然后东进本州，不到100年间，在畿内·大和一带建立了强大王权。虽然“骑马民族学说”至今尚无定论，但从天孙降临神话中至少可以解读出，以天皇为“治天下大王”的大和朝廷，由九州东进大和的过程中平定各种敌对势力的历史演变。

1 高千穗的天岩户神社是“神域”之一，大殿后的岩洞即为神话中的“天岩”洞，林木掩盖，洞穴不可见。

2 远望高千穗峰，神话传说中“天孙下凡”的地方。

3 4 神话中的天安河原山洞、岩洞，“八百万众神”聚会之地，信者来此参拜，垒以小石以示祭祀。

5 高千穗神宫经常为游客上演日本天界的故事。图为表现大力神天手力打开天岩户岩洞的情景。

5

1

探访明日香

日本的文化故乡，除了京都（平安京）、奈良（平城京），还有“飞鸟京”，即现今叫“明日香”的地方。从5世纪末到8世纪初，有数代王朝把王宫设在这里，史称“飞鸟时代”。作为大和王朝的政治舞台，大和自然美的原乡，飞鸟时代是创造“日本”的“历史百年”。

明日香是这次（2004年秋）访问之地。从京都驱车一路南行，到了樱井、橿原市便是大和盆地。大和之地气候温顺，青山环抱，“大和三山”香具、耳成、亩傍鼎立。传说为大和朝廷统一日本建立殊功的倭建命转战各地，临终时深情吟出“大和之乡真秀美，群山叠翠似围屏”的思乡之歌。

飞鸟或明日香的发音都是“Asuka”，据说因出现过红色的瑞鸟而名，一般在表达时代划分时用“飞鸟”，古代诗集《万叶集》里常用“明日香”即现今的奈良县高市郡的明日香村。香具山之南、橘寺以北的长不足2公里、宽700米左右的狭窄地带，就是大和朝廷的宫城。它曾是大和的氏族们安身立命、万叶歌人行吟的场所。

2

因事先来不及预约住宿，到了明日香后找到观光协会介绍民宿。民宿是指老百姓自家办的个体旅馆，既便宜又有家庭气氛，也能领略当地风情。经过联系，我们入住离村公所不远的吉井家。

明日香村有3000户人家，由三村合并而成，6000村民多数是公司职员。这里除了种植水稻、果树，旅游是重要收入来源。村子里的房子全是低层建筑，街道狭窄但很洁净，路的两旁有暗渠，发出清彻的水声。晚上街上很黑，像是到了缺电的偏远山乡。兴起旅行热、步行热以后，村里鼓励租自行车游览。为了维持秩序，村里还安排了安全巡视员。

3

吉井家平时可接待六七人，男主人在不远的大阪上班，接待客人由女人承担。她家院落不大，沿墙种着鲜花，进门处有一排向游人出租的自行车。入住后在隔壁小食堂用餐，席间问为什么村子这么暗，回答说为了保护民风古貌。由于明日香有深厚的历史积淀，属于“特别历史风土指定地区”，不能搞商店、酒馆、卡拉OK、超市等现代设施，建筑施工等任何改动现状的举动都要经过政府严格审查。也许是在先祖们沉睡的土地上，现代社会的喧嚣会惊扰他们的长梦吧。

4

时隔半年，2005年樱花盛开时又去明日香。本想还住吉井家，不巧那天客满，把我们介绍给了胁本家。天已黑了下来，女主人亲自出来领路。她们家的大门和过道都很窄，勉强把车开进去后却被告知不要卸车，说这里是后门，按规矩客人第一次进家先走正门。于是空手下车，在城堡式的院墙外绕行，顺小道进了正门。胁本家有先到的客人，打过招呼后盘腿入座就餐。一对大阪来的中年夫妇说，他们想迁来明日香居住，已在附近的橿原市租了房，先观察一年。另一位七秩老人说他计划明天去吉野山观樱，还说去过中国，极赞黄山的风景美。食谱有鱼无肉，为凉拌菜、煮鸡蛋、香肠、酱汤和鱼蛤之类，还有一小盘纳豆。日本人古时不吃肉，公元675年天武天皇时期大和朝廷发过“禁食牛马犬猿鸡”的禁肉令，吃猪肉则是在明治维新以后。日本料理的清淡是不是与此有关？

饭吃到一半，女主人进来问候。考究的衣着，斯文的举止，看得出是大家闺秀出身。日本人平均文化程度较高，入住的两家民宿的厅堂里都摆着字画。记得吉井家的客室内放着围棋，挂着“百寿百福图”，有幅中国画上写着“神农尝百草始有医药，人常咬得菜根百事可做”。还有一日式条幅，大意是：“所谓‘道’字，是人提着脑袋走路，拼命前行才是人生之要。”胁本家的院子里有精美的盆栽，餐厅小屏风上有一首和歌，大意是“月光洒万乡，仰望照慈心”。女主人说她信仰净土宗，喜欢和歌。联想起飞鸟寺里“春风以接人，秋风以持己”的汉语句碑，感到了中国文化的影响。

第二天清晨匆匆吃完早餐，开始了步行之旅。日本最古的寺院飞鸟寺、高松冢古坟的飞鸟美人壁画、飞鸟王宫板盖宫遗址、实权人物苏我马子的石舞台古坟、积极引进大陆文化的圣德太子诞生的橘寺等，明日香的一草一木都刻着日本古代史的印记。风景画大师东山魁夷说，岛国日本四海围绕，没有出口，这样的地理条件使外来文化或外来民族都在其中积蓄回旋，在岛国封闭的熔炉里提纯同化，这个熔炉就是青山围绕的大和，还有同样是青山环抱的京都盆地。

5

1 飞鸟时代(7世纪初)的石舞台古坟,封土流失后露出横穴式石棺墓穴。传为实权人物苏我马子的墓,现在成了观光胜地。

2 古代的飞鸟地区、今日的明日香村的房舍。

3 传飞鸟板盖宫遗址,公元645年大化改新时政变的舞台。

4 飞鸟高松冢古坟,著名的“飞鸟美人”壁画出土地。

5 明日香村的民宿胁本家的“明日香料理”,清淡而富色彩。

6 远处的二上山沐浴着落日的余晖。飞鸟时代,二上山被看成进入佛国净土的入口、神灵的所在地。明日香透着一股淡淡的历史乡愁。

回顾历史，日本的古代国家是以飞鸟为中心建立的。公元3至4世纪，大和一带出现了以天皇家族为“大王”的统一王权;4至5世纪,佛教及大陆文化东传,大量掌握先进技术的大陆人从朝鲜半岛进入大和。地方豪族苏我氏团结了大陆人后势力增强，飞鸟成了政治文化中心。历史学者江上波夫认为,日本国民的国家概念是从大和朝廷的建立开始的,6世纪末至8世纪初,飞鸟王朝先后有推古、皇极、天武、持统等11位天皇在此建宫。在大和的政治舞台上,发生了神佛宗教之争、圣德太子制定十七条宪法的政治改革、加强皇权的“大化改新”、“壬申之乱”、派遣隋使和遣唐使、天武天皇登基后于公元673年由“治天下大王”改称“天皇”等重大事件。

“明日香风翻彩袖，京城迁离徒吹拂”。公元694年,持统天皇迁都藤原宫。面对净御原旧宫,歌人志贵皇子吟出对故都的恋情。飞鸟时代行将结束也许是历史的必然,仿照大唐律令制建立的藤原宫,是日本向建立以天皇为中心的中央集权的律令制国家迈出的重要一步。公元710年,元明天皇率领文武众臣离开藤原京迁入平城京,日本历史进入了佛教兴隆的奈良时代。

6

1

弥生人村落

1945年秋天，战争结束，日本迎来了战后。在暑假过后新学期的教室里，学生们正在被要求做着涂改课本的作业。特别是对于历史课本《寻常小学国史》，其中有关建国神话部分被黑墨涂掉，原来作为日本历史首页的“建国的众神”，被带着尘封的历史泥土的石器时代的人物所替代。一位当时还是学生的历史研究者回忆说，从皇国史观的紧箍咒解脱出来的年轻人“感到新奇而又兴奋”。

2

差不多就在同一时期，报纸上突出报道了静冈县的登吕遗址发掘的消息。从1947年7月13日起，登吕遗址调查会集中了古代史、建筑史、地质学、植物学、农业经济史学的学者，指导大学和研究部门对登吕遗址内弥生时代的水田遗构进行了50天的集中调查。此后直到1965年，学者们对这一遗址进行过六次集中的调查与清理，出土了不少农具和生活用具。登吕遗址的发现，堪称日本战后重大的考古成果。1953年被国家指定为特别历史遗址以来，这里成了青少年学习历史的活动场所。

登吕遗址在静冈市的登吕，它被证实是公元3~4世纪日本弥生时期的后半期的农业村落。通过考古挖掘，出土了不少大锄、耙和木杓等木制农具和生活用容器，保存在附近的登吕博物馆里。

由于当时附近的安倍川发大洪水，村落、田地被土砂掩埋，因此这一遗构得以原状完整保存。考古发现，这个村落有12家农户，约60人口。村落的东南面有30块（面积8万多平米）齐整的水田遗构、500米长的水渠。水田呈规整的“田”字形，田埂用木板和木桩加固，周围种有杉树保护水田。由于当地的水位高，住房都建在高处，所有门口都面对水田；两处共用的仓库，用来放置稻种、农具。为防止水灾和动物的危害，仓库地板也建得很高，还巧妙地设计成鼠类钻不进去的结构。一些锄头在尖端处使用了铁，还有石制的斧头和刀，当时的村人还学会了织布。发掘出的特大木屐，据说当时是在下水田时使用的，是日本最早的木屐实物。

日本的弥生文化与前期的绳文文化有不同，明显受到大陆文化的影响，其中后期的弥生人亦称“渡来人”。公元前2~3世纪日本的弥生时期，中国正处在社会大动荡的春秋战国时期，长期的战乱使大批人群背井离乡，其中一些人为躲避战乱迁徙日本列岛，也带去了中国的农耕文化。从出土的共用仓库由村人共同管理的情况看，当时的人们增加了村落共同体意识。这反映了日本弥生式文化后期的农业脱离自然灌溉的初级阶段，开始营造规模较大的水利工程，是了解弥生时期农耕文化的贵重资料。

（2004年11月）

1 登吕遗址上的水田，也是中小学生修学旅行的课堂。

2 登吕遗址上复原的房舍。

漫步平城宫

每次去奈良都有相同的感觉：既感遥远又感亲近，既似曾相识又有些陌生。事后想一想又似乎释然，遥远与陌生是因为它的古老，亲近与相识是因为文化的相近。

公元710年，大和朝廷迁都平城京（奈良），先后有七代天皇在此主政，派遣了从第九次到第十七次遣唐使，在不足百年的时间里创造了灿烂的天平文化。

平城京是仿照唐朝都城长安建造的，面积约125公顷，城内大路交叉，犹如棋盘。平城京内有公卿显贵的豪宅、寺院、茅屋和稻田，还设有东西两个物品交换的市场。由于大规模的筑城，城里除了有达官贵人、僧尼、奴婢、手艺人、农民，还有从各地来打工的壮丁。

奈良时代是佛教文化鼎盛的时代。高僧大德既是宗教家又是学者和政治家，佛教与其说是信仰不如说是一种文化。唐招提寺里有鉴真大师的墓，供奉着大师的座像，是中国游客的必访之地。药师寺与唐招提寺比邻，寺内玄奘三藏院里供奉着唐僧玄奘法师的遗骨，有绘画大师平山郁夫画的唐僧西天取经的巨型壁画。奈良与中国西安结为友好城市，奈良的西大寺里用巨型茶碗举办茶会，日本式的"大碗茶"最能唤起中日文化间的亲情。

平城宫是当时奈良朝的政治中心，现在作为遗址公园受到保护。通过发掘调查，弄清了证实皇室大内、大极殿、朝堂院、官衙的位置。2005年10月，为采访日本的"木文化"，参观了平城宫遗址，正在原第一次大极殿遗址上进行大殿复原工程（历史上平城宫先后建过两次大极殿，此次复原工程投资27亿日元，2010年完工）。从有四五层楼高的施工现场向正南看去，远处的朱雀门清晰可见。第一次大极殿是昔日天皇即位，接受朝贺，听取政务报告，遣唐使辞行与复命，接见外国使节之地。漫步平城宫遗址，似乎听到了遣唐使在朝堂汇报在大唐的见闻，来自大唐的使节也一定见识过日本的宫城之美。

奈良时代（公元710年~794年）是日本历史上伟大的时代。奈良朝以开放的视野与平和的心态对外交往，全力致力于国内的文化建设，大大促进了社会发展和文明进程。

回顾历史可知，奈良时代的经济发展，农耕地面积扩大，铁制农具广泛使用，兴修了水利设施，采用了先进种稻技术，开始栽培漆树与桑麻；农业的发展促进了手工业的进步，出现了和纸造纸技术，蚕丝生产与纺织业兴起，官营作坊里能生产锦、绫、罗等高级纺织品。

1

奈良时代，天平文化全面开花，出现了日本文化史上的首次创作高潮。史书《古事记》、《日本书纪》，地志《风土记》，和歌集《万叶集》，汉诗集《怀风藻》、传记《延历僧录》等相继问世；东大寺的卢舍那大佛、唐招提寺的佛像群和鉴真和尚坐像都是天平雕塑的传世杰作。朝廷为培养官吏与文人学士设立的大学寮，正仓院里保存的大唐器物，见证了中日文化的交流。

奈良时代，日本派遣了从第九次至第十七次遣唐使，著名的阿倍仲麻吕、吉备真备等入唐，鉴真乘遣唐使船到达日本等都在这一时期。遣唐使团和学问僧带回的大量中国典籍，如同文明的种子在日本文化中生根发芽，直至今天依然是人们汲取智慧的源泉。

沧海桑田，人间盛衰。平城京也经历无奈的起落。奈良朝末期，朝廷与贵族势力矛盾激化，为了削弱有增无减的贵族与僧侣势力，为求和平安宁，桓武天皇在公元 784 年从平城京迁都长冈京，十年后的 794 年又迁至山城国，命名为平安京（今京都市），历史又走进平安时代。

2

3

4

5

1 昔日奈良的平城宫遗址，图中建筑为新复原的朱雀门。（2005 年 10 月）

2 平城宫遗址公园终日向游人开放。图中的绿树代表着宫中大殿的木柱。

3 在平城宫遗址的黄昏。（2005 年 4 月）

4 平城宫第一大极殿复原工程现场。（2005 年 10 月）

5 奈良市街远望。（2004 年 10 月，县厅大楼俯瞰）

文化传承之

传统

1

樱梅变迁

2

公元 794 年，桓武天皇迁都平安京，至 1869 年明治维新时为止，京都一直是日本的政治和文化中心。

京都御所是日本天皇的大内，历史上虽然几经战乱火灾，但自 1331 年光严天皇即位到 19 世纪中期，一直是天皇的居所。御所内的紫宸殿是历代天皇举行即位等重要仪式的场所，是御所内的最大建筑，1968 年 10 月重新修建。正殿为一栋三室，中央是“松之间”，左侧为“竹之间”，右侧为“梅之间”。松之间是天皇举行重大活动的地方，安置着天皇、皇后的御座，过去诸如新年祝贺仪式、亲任仪式、信任状捧呈仪式、勋章新授仪式等都在这里举行。

3

紫宸殿的大庭院用石子铺就，殿前植两株树，左侧为“左近之樱”，右侧为“右近之橘”。而在平安初期则是左为梅，右为橘；到了平安后期因梅树枯死，后改种樱树。由梅改樱具有象征意义，意味着日本文化在长期吸收中国文化的基础上推陈出新，完成了与原有文化的融合与创新，创造出具有大和民族特征的“国风文化”。

京都御所的紫宸殿平日不对外开放，对公众免费开放每年只有两次。笔者在 2005 年 4 月 7 日，借京都御所开放机会进入紫宸殿院内参观，见橘树翠绿，樱花盛开。前来御所赏樱的人流如织，还有昔日在贵族中特别流行的鞠球表演，令人想起《源氏物语》里的“王朝文学”的世界，颇有平安古风。

4

1 京都御所的紫宸殿过去是历代天皇举行即位等重要仪式的场所，殿前右侧植橘，左侧植樱。

2 盛开的红梅，点缀在御所内皇家起居的殿前。

3 每年 4 月，当樱花盛开之时，属宫内厅管理的京都御所向公众开放，人们可以自由进入紫宸殿前观赏著名的樱与橘。

4 向公众展示昔日皇室贵族们优雅的赏花仪式。

1

敬神礼佛

日本的宗教给人的印象是模糊的。日本固有的宗教神道没有经典，从中国传去的佛教独自发展，形成日本的特色。神道与日本佛教吸收了儒家思想，相互渗透。多种宗教意识的融合，构成日本人的宗教观。

在日本人的日常生活中，宗教仪式与习俗纠缠在一起。家中的神龛与佛坛并列，既敬神又礼佛。日本人的一生要经过各种礼仪：生后一个月去神宫初拜，死后要举行佛教葬礼。人生旅途上，七岁女孩、五岁男孩、三岁幼儿去神社拜神，上幼儿园、上学时去神社报告，面临重要考试祈愿考试合格，20 岁时去神社报告成人，婚礼要在神前举办，盖房时举行地镇祭等等，日本人很喜欢在人生的各个关键时期求神拜佛。

日本约有 600 家宗教团体，神社佛寺等加起来有 13 万多处。宗教人口是日本人口的两倍，这意味着许多人信仰两种以上的宗教。

神道是在日本的自然风土里，在民俗信仰基础上发展起来的。神道最初出现在 8 世纪初的《古事记》里。日本自古有自然信仰，认为山川草木皆有神性，故在山间与海边立鸟居、森林和海岩上结稻草绳划为神域。随着氏族制度的发展，国家体制的确立，开始把“祖灵”纳入神道，由对自然神的崇拜发展为对祖先神的祭祀（最高的祖先神是天照大神），战前演变成崇拜皇室的国家神道。战后国家神道解散，诸神社成为民间宗教团体。

佛教最初是在 6 世纪初传入日本，圣德太子在 7 世纪制定的十七条宪法条文中引入大量佛教和儒学思想。在奈良、平安时代，佛教成为镇护国家的宗教，出现华严、法相、律宗等“八宗兼学”的气象，信神的天皇也信仰佛教。12 世纪后禅宗传入日本，民间佛教兴起，人们热衷于定神养性，出现了许多宗派。临济、曹洞、黄檗是日本的三大禅宗。

日本宗教的特征之一是“神佛习合”。在人们的概念里，神就是佛，佛也是神；人可以成神，神可以成人。神有两面性，可以带来

2

3

4

5

繁荣也可能作祟，解决办法是通过祭祀化祸为福，给好神增添能量，对“怨神”进行安抚。神道的泛神性和缺乏理论武装，使其在与其他宗教的关系上总是随机应变，既不为外来宗教所吸收，也不埋没于其影响的积累里。神道中有道教色彩，“皇天上帝，三极大君”之类宫廷大祓的咒词，道教中的三神山，对白色的祥瑞意识等均受到道教影响。有学者比喻，神道的应变能力如同随时代改变衣服，“奈良初期，身上穿着形成统一国家的意识形态，出现在《古事记》里；平安时代，换上佛教的衣服，而成为神佛折衷的神道。德川时代朱子学盛行，则改穿上朱子学的衣服，变成儒家神道；等到国学兴起，则改穿国学的衣服，而成为古学神道；明治时代穿上家制国家思想的衣服，而成为国家神道。”（石田一良《日本文化史概论》）传到日本的佛教，也在日本的风土中适应变化，佛教的世俗化使它更接近日常生活，推行大众化的坐禅是其体现之一。令人留下深刻印象的是“民间藏宝”，日本的寺院都有自己的寺宝，不少被指定为国宝。

特征之二是“利益优先”。日本人对神与佛的理解，是从起初的感谢转变为祈愿。神道的原理是以生活为中心，把生活的意志神格化；佛教作为外国的神传入日本，人们最初的认识是看它是否能带来繁荣或者能否息灾。日本人对神与佛的祈愿（提要求）极其现实，极其“利益”：例如祈求无病息灾、交通安全、考试合格、孩子顺产，或者祝愿五谷丰登、买卖繁盛、奖券中奖。在社会需要安定、心灵需要安抚的时代，但愿日本的神与佛继续给社会以安宁，给人心以慰藉。

6

1 祈愿新的一年万事大吉。（2005年元旦，东京明治神宫）

2 纪伊山地高野山奥院参道旁的水向地藏菩萨，游人以清净之水进行供养。（2006年4月，高野山）

3 日本人相信树有灵，树就是神，神社就是森林。这两株根部长在一起的杉树被尊为“夫妇杉”。（2005年6月，宫崎高千穗宫）

4 儿童们在七五三节参拜神社，看一年长高了多少。（2005年11月，熊本阿苏山神社）

5 日本人多举行神前婚礼，神主在神殿宣读证婚词，巫女表演乐舞，新郎、新妇行誓杯之礼，宣布新的人生开始。图为身穿正装的一对年轻人前往镰仓鹤冈八幡宫举行婚礼。

6 天满宫是祭祀“学问之神”菅原道真的神社，学生们向学问之神祈愿学业优秀考试合格。（2004年，东京）

1

2

秩序社会

以“自然的睿智”为主题的爱知世界博览会，是展示各国文化和科技实力的大舞台，各具特色的展出，使博览会场排起长队，观者盈门。世博会的统计显示，从2005年3月25日开幕到9月25日闭幕，入场观众每天平均10万至20万人，最多的一天达到28万人，展览当局不得不限制入场。半年内入场观众累计2000万人次，超过1500万人的计划目标。

举办大型活动入场人数多是好事，但带来的结果是拥挤。令人称道的是世博会场每天那么多人出入，都能自觉遵守不把汽水瓶带进会场、不乱扔果皮等规定。像丰田公司的机器人馆、展出从西伯利亚冻土地带出土的古代猛犸象实物展馆等，为了一睹为快，观众要花几个小时甚至彻夜排队等候，排起长队也不见前呼后拥，不得不令人赞叹日本人的遵纪守法。有位从国内来的老乡说：“如此井然有序的展览，还是头一次见！”日本人却觉得，排队“是因为队的前面有‘希望’，值得等待”。

3

在公共场所人多时自觉排队，在日本不算稀奇事。如果看到队列不整，有人会问队尾在哪里，然后静静地排到后面。最典型的是每年的“新年初拜”，新年钟声后十数万人涌向明治神宫排队参拜，都自觉地前后留出50公分的间距顺次前行，彼此无交头接耳，只听地上的石子发出的“沙、沙”声。东京的主妇们也习惯了排队，我的一位日本朋友的夫人说：她在逛商店时看到有人排队，也是“不管是卖什么，先排上再说”。日本人自嘲，在国际机场“凡是看到有排队

4

5

的准是日本人”。

有了在排队上的默契，人们也最讨厌随便加塞儿。日本人对排队方式也不断改善。例如在争购热销商品时，商家常常采用预发“整理券”的办法，整理券按不同商品分类，请顾客选择，只要有券在手，就不必担心会买不上；如果“整理券”发完，也无须再去排队。考虑到保护个人隐私并维护秩序，日本的银行在自动取款机前划一条黄线，利用者依次排队取款，这个做法始于上世纪 80 年代。有的取款机前贴的条子上说：“连续取款五次以上，请自觉重新排队。”

遵守纪律、尊重秩序是日本民族的文化传统，是对曾持续七八百年的武士社会的传承。江户幕府时代，在森严的等级制度下，建立了士农工商四民社会。不成文的道德规范要求武士对命令的服从、对主君的忠诚、对命运的安分知足与知耻的名誉观。秩序是一切，法令是一切，只要你遵守秩序，就可以获得安全感。这一传统，即使在现代社会里也在延续。

在秩序社会下，形成了人们对团体的归属感、对纪律的遵从和对个人行动的约束。有人认为，喜欢排队也是出于把自己置于安全位置的意识。既注意不给别人造成麻烦，也不愿别人找自己麻烦。在日本人相互间的交往中，每一次的寒暄与接触，都表现出彼此的亲疏与远近，以及各人在社会中的不同位置，表现出对秩序社会的尊重。

显然，在充满竞争的世界里，一个守纪律、有秩序的社会更能建立和谐，更能有效地利用人力及天然资源，减少因无谓的摩擦造成的浪费。

(2007 年 7 月)

6

1 京都龙安寺的蹲踞（清净身心的水钵）上写着“吾唯知足”，告戒人们要知足，知足者虽贱却富，不知足者虽富却贱。(2005 年 4 月)

2 以“自然的睿智”为主题的爱知世博会自 2005年 3 月开幕以后观众盈门，有人气的展馆门常常要排三四小时的长队，但很有秩序。(2005 年 6 月)

3 排队也有学问。为了公平与效率，东京广尾医院的划价取药处的地上标出排队线，单行排队，轮到后走向不同窗口。

4 新干线列车上的服务人员在离开车厢前，照例要向旅客鞠躬示礼。(2005 年 4 月，东京至名古屋区间)

5 爱知世博会入口处放置垃圾分类箱，观众都能自觉遵守。(2005 年 6 月博览会场)

6 元旦是日本人过节的高峰，明治神宫的除夕夜参拜、东京浅草寺新年初拜等，数十万众人蜂拥而至，但能保持前后距离。图为元旦期间人们前往浅草寺祈祷。(2005 年元旦)

1

武士之道

武士道是日本独自的文化传统，如同象征日本的樱花。它曾是长达700年的武士社会中日本人的精神基础。近年来武士道精神被重新提起，了解武士道是理解日本的一条捷径。

武士产生于平安时代中期。随着庄园制的发展，庄园以及庄园与国家各级政权之间的矛盾日渐突出。有实力的庄园主将一部分庄民武装起来保护自己利益，国司、郡司等朝廷命官也组织自己的武装团体。在战斗中，主从关系提高了层次，逐渐变成了武士阶层。公元10世纪后期，以地方贵族为中心形成较大的武士集团，其中以关东地区的平氏和畿内地区的源氏势力最强。12世纪末，源氏消灭了平氏，建立了首个控制全国的武装政权镰仓幕府。14世纪中期足立氏取代镰仓幕府建立室町幕府，15世纪后期进入争战的战国时代，室町幕府灭亡后，德川氏于1603年建立了江户幕府，直到被明治政府推翻的19世纪中叶。

武士道是一种不成文之法，来自武士和家臣们的口耳相传，后来成为武士们的人生信条。在世袭领主与诸侯间的激烈争斗中，武士道的核心是对主君的忠诚。戴季陶说，

2

3

4

武士道是一种“奴道”，其观念是封建制度下的食禄报恩主义。武士的责任，第一是拥护他们主子，第二是保护自己的家和自己的生存。

武士道的根源，一是来自佛教尤其是禅宗影响，包括对生的轻视与对死的“安命”，以及遇到危险和灾难时的平静等；二是来自神道，包括对主君的忠诚、对祖先的崇敬，傲岸性格中加上忍耐心；三是来自孔孟之道，尤其是日本化了的朱子学，把义与勇推崇为最高的道德观。武士道不是一个模式，随时期不同而有所不同。有战场型的随时以“身死”为主君尽忠的“寻死之道”，也有奉公型的以“大丈夫气象”实践清廉、正直、操守的“士道”。江户幕府建立后，全国进入和平时期，武士们不再只是与刀剑为伴，在士农工商的身份制下，武士与农民分离，靠领主发给的俸禄为生，士道型的武士道占据主流。

武士道重“义理与人情”，食禄与报恩。江户时期发生的“四十七士”为主君报仇然后一齐切腹自杀的故事家喻户晓，被奉为武士道精神的楷模。它表现了家臣对主君的情义，以及情义与忠的冲突。新渡户认为，虽然刀是武士之魂，但武士并不只是杀人集团，而是按一定道德内容行动的“心地清明的战士”。也有学者认为武士存在着不尊重人的生命、残酷的杀伤行为等非人道的一面。受时代局限，武士道也被利用为军国主义的侵略扩张服务，结果走入歧途。

武士在明治维新后退出历史舞台，失去职业的武士与商人在经济领域实现了角色的同化，推动日本“以武士之心意”推行“殖产兴业”，迅速实现了产业的近代化。近世日本的官僚，实际上是武士阶级。作为传统的生活道德，武士精神在现代社会中的影响仍清晰可见。

武士文化是自尊文化，有重名誉的传统。隐忍、附强曾是武士的生存之道。日本非常注意别人对自己的评价，无法忍受日本被别人看成是劣等国家。自尊及名誉心推动日本人奋发图强。日本战后附强于美国，使它摆脱了外界对发展经济的干扰，在一片废墟上迅速建设成繁荣的商贸国家。松下幸之助、稻盛和夫等成功企业家被视为现代武士。

武家社会是等级社会，基本道德规范是效忠与服从，对主君不辩解，喜怒不形于色；现

5

6

7

代日本社会不是讲自由，而是讲纪律，是“同心圆式”的竞争—协调的社会，对内协调，对外排斥。内部论资排辈，下级服从上级，上级承担责任，职工归属于集体，遇事不居功、不辩解，以沉默为美德。过去的武士把“常在战场”作为行动意识，现代社会也强调办事务实，重视细节，企业重视“现场现物”。

对于武士文化在现代社会的继承，不少朋友都认为最大的继承应该是忠于职守，自我约束，承担责任。日本发生社会事件时，最常见的做法是领导人的“引咎辞职”。当事件闹得满城风雨时，不管领导人对所犯错误是否有直接责任，最高负责人要对造成的坏影响以辞职谢天下。记得在1989年，日本某报的记者为使他的报道产生轰动效果，自己故意破坏了一处珊瑚礁，然后在报上发表，谴责破坏自然环境的不道德行为。事情败露后，除了摄影部长辞职、总编减薪、报社公开谢罪道歉以平民愤之外，作为最高负责人的社长，辞去了担任的一切职务，就像一位武士。

8

9

1 心字头上一把刀——为训练克己心，“忍”是武士的座右铭。（京都真真庵，2003年7月）

2 明治维新最初是一批下级武士发动的反幕府、“尊皇攘夷”的运动。幕末思想家、教育家吉田松阴开办松下村塾，培养的弟子成为维新的领袖和中坚。此为被称为“明治维新的胎动之地”的松下村塾。（2005年11月，萩市）

3 江户时代加贺藩中级武士住宅。为防止敌人入侵，设计成窄小、丁字路与死胡同结构。（金泽市长町）

4 会津藩校《日新馆》是在1803年建立的培养武士的学校，兼学文武两道，文以汉学为主，武涉及兵学、刀术等武艺。图为日新馆里的腊像展示。（2005年11月）

5 “四十七士”为主君报仇然后一齐切腹自杀的故事在日本家喻户晓，长期被视为武士忠义的行为典范。他们的墓地成为圣地，数百年间前往凭吊者络绎不绝。图为东京泉岳寺里四十七士墓地。

6 加贺藩（江户时期，今石川县）俸一千二百石的中级武士野村家保存的盔甲。（2004年6月，金泽市）

7 古武士盔甲。（2005年8月，东京国立博物馆展出）

8 幕府时代，大将军掌握着最高权力。图为大将军出行观樱图。（雕塑，2004年11月，静冈县骏府）

9 角馆的武士邸保存的江户时期的武具。（2005年11月）

1

茶禅一味

茶兴于唐、盛于宋，饮在当下。茶道诞生于中国，开花在日本。

茶道是综合性的艺道，包容了儒家之礼、佛家之养、道家之闲，形式上含有建筑、书画、陶具、竹器、烹饪与礼仪；美学上体现了简朴、素淡、枯高与不对称；以及崇尚平等、相互敬重、恬淡慈爱以及内省精神。

茶室是精神的绿洲，进入茶室如入文明世界。正规的茶室高雅而不奢华，饰以字画挂轴及随季节而异的插花。室外多点缀奇山异石、松枫与绿草。茶室的入口低矮，不管身份高低均须躬身入内，主人跪迎来客，宾主相互致敬。待客人坐定，主人坐在风炉、茶釜前煮水，将绿茶粉末放入茶碗中，注入沸水，用特制茶刷（茶筅）搅拌点茶。极为安静的气氛下，听到的只是竹杓注水之音。待茶点好，主人方举案齐眉，依次为客人敬茶。客人接过茶碗，也要举与额齐后就饮。饮时分三口喝尽，最好吱吱出声，以示茶味之佳。敬茶饮茶完毕，主客有简短对话，客人观赏茶碗。走出茶室，觉得心灵受到洗涤。

茶带着中国文化的芬芳，约在8世纪进入日本，其发展过程中始终与中国结缘。奈良、平安时代，饮茶作为高雅文化被贵族、高僧们效仿。文字记载，公元729年，留唐30年的僧都永忠曾为嵯峨天皇献茶。留唐的传教大师最澄精心培植茶园，被奉为神茶的始祖。

茶道作为一种艺道定形于16世纪。12世纪后期武士势力兴起，日本进入武家社会，镰仓幕府成立后，禅宗在武士中流行，受到幕府保护。“茶者，养生之仙药也，延龄之妙术也”——留宋

2

3

4

5

的禅僧荣西写的《吃茶养生记》是日本的茶经。荣西等教习的宋代饮茶在寺院流行，人称“寺院茶”。

从室町后期到战国时代，日本群雄并立，战乱频起。设在京都的室町幕府开创了武家文化与贵族文化融合的时代，饮茶开始走出寺院，斗茶在贵族和有钱人中流行。艺术家兼茶人能阿弥将迄今作为玩物的茶会发展为上流武家社会的“书院茶”（在书院式建筑内主客端坐的茶会），村田珠光将书院茶简化，创造了追求幽玄、枯淡的草庵“侘茶”。

禅从诞生起就与茶结缘。称为“茶道开山”的茶师村田珠光拜在一休宗纯禅师门下，得教外别传。珠光把悟得的禅法融入饮茶文化，他得到一休授与的中国禅僧圜悟克勤的墨迹，将墨迹挂于茶庵，展现“茶禅一味”的境地。茶与禅相遇，为茶道注入了灵魂，提

6

7

高了境界，使之归结到“本来无一物”的禅悟之中。无僧俗、贵贱、贫富之别的草庵茶，也使茶道走出寺院厅堂，进入世俗大众的行列。

珠光的草庵茶风为他的弟子、歌师出身的武野绍鸥继承并加以改革，他把歌道理论引入茶道，将恬静的心境融于茶的世界，是谓“幽闲茶”。绍鸥的弟子千利休继续改革，将草庵茶进一步简化，规定了茶道理论、茶人资格、茶道仪式，使它成为人们进行礼法训练、道德修养的综合文化体系。千利休也是战国时代统一日本的丰臣秀吉的茶师，更崇尚古朴简约，以表现“本来无一物”的禅的美学观念。

按茶道大师的解释，茶道的基本精神是“和敬清寂”。“和”是和平的和，“敬”是对长者、同辈、晚生的敬重与惜爱，“清”是清静平心的境界，“寂”是指闲寂与幽雅，也指知己去欲、凝神静思后的幽闲，表现

8

9

对他人的体贴、尊敬、感谢、温情。茶道重视“一期一会”。人生无常，聚散无常，要以一生可能只聚一次的心情珍惜每一次茶事，从中获得生活的充实。茶人还重视“独坐静思”，即客人走后独坐茶室，静心清魂。江户大茶人井伊直弼在《茶汤一会集》里说：（茶事完毕）主客均须怀有恋恋不舍之情，共叙离别之礼。……送毕客人，返回茶室，独坐于炉前，“追想客人话语之余音，惆怅客人此时不知行至何处。今日一期一会完了，静思此日之事不可重演……此时，寂寞逼人，相语者只有茶釜一口，别无他物。诚为不自得难至其境也”。（滕军著《日本茶道文化概论》）

茶道是大众艺道，千利休曾说“须知道茶之本不过是烧水点茶”，是从日常生活中感悟自然人生哲理；茶道是瞬间的艺术，由主客共创。茶道重形式，茶人点茶没有多余的动作。不仅欣赏茶的美味，同时也欣赏点茶时的动作之美；茶道重礼仪，重社交，追求的是亲睦与平和、纯真与慈爱，禅悟的“无一物中无尽藏”。

战国时代定形的茶道（原称“茶汤”），在千利休之后继续发展，分成 20 多个流派，里千家、表千家、武者小路千家一直保持着正统的地位。以利休居士 15 世家元千宗室博士为首的里千家茶人与中国有广泛的交流。

1 茶禅一味——草庵茶室中挂禅僧书写的“无”字表现禅的境界。图为禅僧一休宗纯的书法，日本茶道开山村田珠光曾入其门下参禅。（京都一休寺，2002 年 12 月）

2 茶釜、茶碗、茶刷等点茶用具。（2006 年 3 月，京都）

3 禅是开悟的修行，茶是醒神的饮品。唐代高僧从谂禅师的“吃茶去”三字暗藏禅机。图为京都万福寺内的茶室（2002 年 12 月）。

4 茶师点茶。（2006 年 3 月，京都）

5 茶师为来访的中国客人点茶。（2003 年 9 月，东京迎宾馆馆）

6 茶道大师千宗室（现名千玄室）说：“一碗茶里有和平。”（1994 年 11 月，京都今日庵）

7 顾渚贡茶院是中国历史上第一座皇家茶场，始建于公元 770 年，茶圣陆羽曾负责监制，他的《茶经》即在此写成。图为顾渚贡茶院遗址。（2006 年 10 月，浙江长兴）

8 “请服一碗茶！”（2006 年 3 月，京都）

9 茶园里的茶会。（2005 年 4 月，静冈）

1

感悟花灵

花道，又称华道、生花、插花，是以植物的枝叶花朵与花器组合成的装饰艺术。历史最久的生花流派“池坊流”认为，花道最初起源于遣隋使小野妹子从中国回国后，在京都六角堂在盛满水的容器中插上鲜花供佛的仪式。后来，盛行在室内装饰鲜花，到16世纪对插花艺术进行系统化，确立了花道的基础。到江户时代发展到现在的众多流派：池坊流、小原流、未生流、嵯峨御流、山村御流……以及战后兴起的“草月流”。据统计，加盟日本生花艺术协会的共有460个流派，比30年前倍增。

山村御流属于古花道流派，设在奈良圆照寺，为江户时期的后水尾天皇第一皇女文智创建，十代住持中有六代为皇女或皇养子，在奈良三门迹中与皇室关系最密。后水尾天皇退位后遁入空门研习禅学，文智皇女亦“看破柳绿，识得花红”，心怀“女丈夫远离尘累，只图于空山林野守一味幽闲”之念在此结庵。文智自幼喜爱山野草花，举办法事时以献花悼念，此后代代相传，第六代住持文秀皇女德艺双修，在传承“大和未生流”之上新创了“华道山村御流”。

宫崎蕗苳女士是“山村御流”的名誉“华务”(教务长)，曾数次组织插花高手访华，在中国举办过花道表演，也曾为寻求插花用的花器逛过北京、河北的古玩市场，至今年过80仍指导后学。她介绍说，山村御流重视山花野草的自然之姿，是以慈爱之心面对花草，好的作品看去好似自己置身于原野观看山花开放。山村御流的插花定式是先观枝条阴阳表里选定主枝，二是选择陪衬主枝的对照物，三是主枝后面再插副枝留出纵深空间，四是整体和谐，物我合一，表现天地人和。

日本列岛气候温暖，四季分明。敏感的日本人在春秋渐变中，耳听鸟兽虫鸣，目视草木之姿，在与大自然的共鸣中感受万物生机。花道家们说，生花体现了天地人和的东方文化价值观，与西方文化不同，插花是用尽可能少的枝叶与花朵展示花的美丽。“生花”之美丽，不在于人为增添装饰美，而是以草木的生命为基，通过生花的形式，悟自然之造化，守阴阳之消长；是在春秋之变中体味与大自然共生的意境，感受草木追逐阳光不止的顽强生命力。尽管各个流派风格不同，审美情趣各异，有的豪放，有的古朴；有的喜花之缭乱，植于客厅求其华美；也有喜一枝小花和室，寻清寂意境，但都主张崇尚自然，和合环境，给人们带来快乐，丰富人们的生活。“花道”是在大自然中萌生的艺术。

花道与茶道、香道等作为日本传统的艺道，在15世纪的室町时代，通过武士阶级的手得到继承和发展。花道曾长期是男性的专好，在明治时期逐渐成为妇女的嗜好。在所谓“良妻贤母型”的

2

3

教育中，插花成了良家妇女的一种教养。目前在日本的插花人口中，女性占了绝大多数。

插花是生活的艺术，也是与生命对话的艺术。花因其生命短暂，人们才会更加珍惜，使它在极短的生命中更加焕发出生命的光华。

因有宫崎女士的特别关照，我有幸前往圆照寺访问。圆照寺地处山间，四周有40万平米的林木环绕，参道曲径通幽。山门旁立一“不许酒肉五辛入界内”的石柱以示到了佛家净地。圆照寺是尼寺，不对外开放，终日寂静异常。进入院内，见清光皓洁，草木如滴。地面遍铺砾石，梳理成整齐的水纹模样，通向书院的小路由飞石铺就，走在上面如乘船海上。待客室不大，一枝不知其名的鲜花装饰在“床之间”，古朴而雅致。会客室连着不大的天井（庭院），拉开纸门就见奇石与佳木。见圆照寺景物，方知华道山村御流为何诞生山野。

1 泉涌寺月轮未生流的插花，据称起源于寺院向灵明殿献花的佛教仪式。(2005年4月，京都御所展示)

2 山村御流插花：石楠花与金雀儿。(2004年5月东京，作者：宫崎泉苳)

3 山村御流总本山圆照寺接待室里的纤巧的插花，右为富士山造型。(2004年6月)

4 花道草月流提倡大胆创新，作品吸收了抽象与雕刻手法，扩大了作品规模和用材范围。图为草月会的室内装饰作品。(2007年6月，东京新大谷饭店)

4

静妙添香

1

2

3

日本的传统艺道中，除了茶道、花道等之外还有“香道”。为了见识香道，经过朋友介绍，我们在2004年有幸参观了“直心流”（属武家流派）的演示。

直心流香道教室在东京芝公园附近，松崎雨香家元（宗师）和高桥香愁师范亲自接待，并作了讲解。教室里挂着“静妙求真”、“和敬静（清）寂”、“心安自健康”的条幅，五位和装妇女正在作演示准备。松崎家元说，日本的香文化是鉴真大师传来日本的，他最感谢也最尊敬的就是鉴真。前几年他曾率直心流弟子访华，在北京、天津和南京的梅园作过香道表演。

家元说，香道是以“乐香”为基本的艺道，与茶道与花道一起构成日本传统的“雅道”。香道讲求从香烟缭绕升腾而消失于无形中感悟世事的无常，通过闻香创造各自的心象风景，寻求精神的安宁。出席香会时要求“静坐而不私语”，虽然家元表示有不懂的可以问，我们还是按规矩静观，演示就在雅静的氛围中进行。

第一项是香灰造型（点前）。演示者手持香具缓步而行，香具端至胸前，有仪仗之风。正座时举案齐眉，以示敬重。瓷香炉等造型器具精巧，先是在香灰上压出轮状造型，第二步是在上面放置“练香”（混合香）——用沉香木、药草等植物香和麝香等动物香里加蜂蜜、木炭调和而成。家元说，练香与一般线香不同，练香是间接热，只让香的成分升腾。由于炉内的香灰是热的，要让香木发出最浓的香味，火候调节十分紧要。除了放置练香外，有时也放沉香木片。焚沉香木是平安时代王朝文化的一部分。日本每年从南洋进口约30吨沉香木，向来为香人推崇。高桥师范取出加工过的沉香木片给我们看，据说5毫米见方的薄片就值1000千日元。

第二项是对和服熏香。熏衣也有程序，当熏香点燃之后，先将可开合的支架置于炉上，然后数名演示者将和服托起，由主持人将和服覆盖其上，让香气移于和服之上。如何在一定程序下把和服充分伸展，也是门艺术。为了给人以美感，通常还在一旁放把折扇起装饰作用。用香熏衣的习俗在日本也有千年历史，起初是为了防臭和防蛀，后来有了香袋等装饰物。从中国传到日本的混合香，在平安时代发展成“梅花、荷叶、菊花、落叶、侍从、黑方”，通称“六种熏物”。

第三项是闻香，鉴赏香木的微妙不同。闻香是香道的原型，也是香道的极致。规矩是先用右手取香炉置放在左手，然后反时针旋转，右手盖于香炉之上，辨闻三次。香木按质分为“六国五味”，六国指南洋伽罗等六国产地，五味分辛、甘、酸、苦、咸。习香者要在数种或十数种不同香中准确辨别出香的种类，是需要功力的。习香道先从闻香学起，然后练香灰造型，经过四年才给予“初传”证书，进级到师范级需要15年，升

日本香道小史

公元 6 世纪，焚香习俗随佛教东传日本。香木用于佛事及庄严仪式。鉴真大师东渡日本，带去香料及混合香等香药制法，构筑起日本的香文化。平安时代，贵族中出现了用香熏衣物和头发的习俗。

香道的确立是在 15 世纪。16 世纪桃山时代风雅文化流行。到江户时期，“职业香道人”出现，香道的礼仪作法趋于规范，闻香习俗从贵族扩展到商贾，香道与茶道一起成为武家必备的教养。

香道在日本有 100 多流派。香道大体上分为“御家流”与“志野流”。前者是贵族流派，图风雅，重气氛，香具豪华，程序繁中求柔；后者是武家流派，重精神修养，求实质刚健，香具简朴，程序简中有刚。

到“奥传”级则需二三十年的岁月。松崎家元说，他在 30 年前体力好的时侯，可以从十种香中闻出九种。

为了理解闻香，家元请同去的伙伴 起闻香。师范先取出两种香让我们辨别，把感觉记在脑中，然后端出盛香的香炉闻香，把辨别结果记在纸上，交师范宣布结果。由于两种香味明显不同，参加者全都猜中，结果皆大欢喜。

香道与花道、茶道 样，其产生都与佛教有关。“香之十德”(传北宋诗人黄庭坚所写)中说了香的好处：“感格鬼神、清净身心、能拂污秽、能觉睡眠、静中成友、尘里偷闲、多而不厌、寡而为足、久藏不朽、常用无碍”。松崎家元说，现代社会既需要“动”也需要“静”。在迎客的门口、待客的居室焚香一炷能去污秽；香能醒脑安神，读书、入浴、鉴赏音乐或就寝则是静中之友。

1 香灰造型是学习香道的基本功之一。

2 把用多种香料制成的练香放置炉灰上熏燃。

3 香能醒脑安神，清静身心，是生活中的静中之友。

4 熏香有除秽、驱虫之效，对衣物熏香是古时贵族的雅兴之一。

5 直心流家元松崎先生向弟子讲解香道。

1

禅心看自然

都说日本的古都奈良、京都是日本的传统文化的故乡，那么传统文化去哪里寻觅？答案当然多种多样，或许就存在于文化的积累里。每次去京都、奈良访问，都有种感慨：宝藏存于民间，深藏于寺院。以京都为代表的禅宗庭园集中了日本传统文化的精华。

佛教文化正式传入日本大体上在公元 6 世纪中叶，经历飞鸟、奈良、平安时代；禅宗文化在 12 世纪传到日本，受到朝野的崇奉，迅速在贵族与武士阶层中传播，禅宗文化普及。这时，日本文化在此基础上推陈出新，禅宗式的庭园流行。禅宗庭园的中心在禅寺，禅寺庭园既有佛也有神道教的教理，既表现以须弥山为中心的九山八海，也表现向往的神仙世界蓬莱仙岛。

日本庭园建筑出现在平安时代，在 8 世纪末曾建有神泉苑、淳和院等平安时代式的造园。到了平安末期，受佛教末法思想、道家文化影响，出现了把庭园喻为极乐世界的净土式庭园。造园大师橘俊纲在他的《作庭记》中记载了庭园的构成、立石、遣水、植栽、楼阁等造园要素。书中还提到在王城之相地要以“阴阳五行”为根本，重视“四神相应”，显然是受道家文化影响。

日本的传统庭园有池泉式庭园，也有高度抽象的“枯山水庭园”。枯山水式的庭园出现在室町时代后期。禅院庭园的精神支柱是禅宗，其中也受到中国水墨画影响。应仁之乱后(15 世纪中期)，在长期战乱中经济内耗，实力下降，在武士、僧院中出现了崇尚简朴的风气，由重视物质的富有转向心情的富足。表现在造园上，讲究用有限的面积、简便的砂石，来表现广阔的精神世界。与池泉式庭园不同，枯山水禅园不是用池泉与流水，而是以立石为主体，枯山水不是无水，而是以水存在为前提；不是写自然，而是表现作园者的心象风景。枯山水庭园的代表有京都的龙安寺方丈石庭，细砂做的水纹象征大海，观者感觉石象、石群聚合离散，远近起伏，有静有动，既是大海之景，又如群虎渡河，枯流、组石中暗藏禅机。

枯山水展现了禅者的智慧，石庭是清净的禅境，是无声的音乐，是常诵常新的诗。浮生之中，忙里偷闲，于禅园之中静坐凝思，枯木中见到花开，砂石中看宇宙，是会带给观者一次心灵的净化。

2

3

4

5

6

7

1 天龙寺曹源池：作庭者为开山住持梦窗疏石(14世纪禅宗大师)。作者巧妙地从远处的爱宕山、以及附近的龟山、岚山借景，池内以三级瀑布喻意鲤鱼跳龙门，融汇进唐宋枯墨山水与大和绘风格，是池泉回游式庭园的杰作。(2005年5月)

2 欣赏龙安寺庭园

3 金阁寺庭园：名为鹿苑寺，室町幕府足利义满将军于1397年创建，是临济宗禅寺。因主建筑物舍利殿(金阁)外层以金箔装饰，故名金阁寺。殿前是以镜湖池为中心的池泉回游式庭园，池内配以名石奇岩，表现九山八海，华丽的金阁倒映在镜湖池中，暗示远离尘嚣，抛弃世俗享乐。

4 银阁寺庭园：禅宗净土式的庭园，创建于15世纪，原为室町幕府将军足利义政的别墅，后改为禅寺。银阁寺崇尚枯淡，追求宁静祥和。银阁的前面设置铺满白砂的银色沙滩与银白砂堆向月台，是为了在满月之夜将月光返照入阁，表现银阁主人的文雅风流。

5 南禅寺方丈庭园：为江户初期武士兼造园家小堀远州作。园内配置大小六石、若干树木，表达着虎的跳动。园中踞石接以杉苔与枫树，寓意仙山。白砂上直线细纹与曲线波纹交互，表现仙境周围的大海。与造型优雅的清凉殿互衬，枯山水庭园更显清丽。

6 一休寺禅院：又名酬恩庵，是15世纪禅师一休宗纯所建，日本茶祖村山珠光曾得到一休的真传。方丈前的禅院式枯山水庭院传为村山珠光作，有室町文化的古风。

7 龙安寺石庭：龙安寺建于15世纪，寺内的枯山水方丈庭园为相阿弥所作。设计者用心眼看自然，用石砂表现大天地。整个石庭无一草一木，15块石头在砂中浓缩为高度抽象化的空间。(2005年4月)

1 永平寺祖师道元曾入浙江天童寺修行，拜禅师如净为师，回国后创建了曹洞宗永平寺。如今两寺结好，道元的法相也在天童寺祭祀，成就了一段佛缘佳话。

参禅永平寺

早就想参回禅，感知禅文化。住在福井的朋友陈宽与永平寺有缘，经她热心搭桥，得到“参笼”（住宿寺内参禅）的殊荣。

永平寺全称是曹洞宗吉祥山永平寺，建于 1244 年。在三山环抱的幽谷之中，建有山门、佛殿、法堂、僧堂（坐禅堂）、库院、浴室、东司等七堂伽蓝，大小 70 多座堂宇，是日本 1.4 万座曹洞宗寺院中的第一道场。

按照制定的日程，我们在 2005 年 4 月从京都到福井，在陈宽的指引下如约到达永平寺。顺着参道前行，两边是有数百年树龄的巨杉。山门前有座诗碑，上面有赵朴初居士撰写的《道元禅师天童得法碑铭》：“伞松千寻，衣传如净，广念永平，慧塔无尽。”

草间禅师是陈宽的朋友，我们在禅师的帮助下办了入住手续。寺院很大，院堂甚多，所有厅堂都有回廊连接，如无人引导，初访者会有入迷宫之感。寺院法教甚严，至今承袭着古时习俗。入住后被告知：僧堂（坐禅和用餐之地）、浴室、东司（厕所）是寺里的“三默道场”，入内不要讲话；坐禅用的坐垫用后要恢复原样，被子用后要叠成四折放好。曹洞宗把坐禅的精神融进日常生活，做饭、打柴、清扫回廊等劳作，甚至行止坐卧都是坐“动态禅”。

参禅为了悟道，禅意就是静虑。禅宗在宋代传入日本，形成临济、曹洞、黄檗三大禅宗。曹洞宗把坐禅放在第一位，主张“祇管打坐”，是大众化的禅，号称有 700 万信徒。近年来，日本兴起坐禅热，这里也成了平衡身心、修身养性的场所，前来参禅者每年有百万之众。

按照日程，下午 5 时是用餐时间。紧靠住处的和式房间里已经为每位就餐者准备了各自独立的小餐桌，桌上摆着饭食，正座就餐。就餐前负责接待的禅师为我们讲解禅林规矩。筷子上有筷套，上面写着“五观之偈”。禅林的晚餐称“药石”，饭前先要“食存五观”，饭毕要诵“回向偈”。“食存五观”是请就餐者首先观想食物来源，思粥饭来之不易。还要求“食时不语”，持筷夹食，以食就口，不能剩饭。“计功多少，量彼来处……”，大家按禅师的要求，跟着诵读“五观之偈”，再诵“一口为断一切恶，二口为修一切善……”。诵毕，双手合十，说声“拜受了”，才开始就餐。饭毕，要感谢赐食之恩。由于都是初次体验，各人在寂静的氛围中默默就食，都有些紧张，好像都没有心理上的富裕慢慢品禅食的滋味。

接下来是沐浴更衣，晚 6 点半到吉祥阁集体坐禅。这天坐禅

2

3

4

5

6

1 曹洞宗总本山福井永平寺唐门，江户时代建造。

2 道元禅师入宋修行过的浙江天童寺里纪念道元修行的的灵迹碑。

3 清晨5时，永平寺的僧人在法堂诵经咏呗之声，远在寺外可闻。

4 坐禅修行中，禅师手持“警策棒”在堂内巡行，对走神或犯困的修行者轻轻在肩部施以棒喝。

5 永平寺的钟铃在风中摇响。

6 坐禅之后，参禅的学生们听白泽清和敬禅师讲解法活。

7 福井工业大学200学生在禅师指导下集体参禅修行。

的主体是来自福井工业大学的200名师生。寺里给每人发一个直径约30公分的坐垫，供在榻榻米上坐禅用。指导坐禅的禅师先从使用坐垫讲起，教习坐禅姿势、结法界定印(左手放右手上，拇指相对，握成卵形)及如何平气静心的方法。结跏趺坐是理想的坐法，初学者可以半跏趺坐，实在不行也可以盘腿坐。与临济宗不同，曹洞宗坐禅时是面壁而坐。坐禅开始，大堂里凛然而寂静，指导禅师手持警棒在场内巡行，看到有哪位坐姿歪斜或打盹，则以警棒轻击肩部进行“棒喝”。四十来分钟坐下来，一直不动者不多。学生中有的七倒八歪。带队的教师说，很多年轻人也不习惯于榻榻米生活，缺乏耐力。前来集体坐禅也是社会学习的一部分。

坐禅结束后，学生们坐在一起认真听白泽大禅师讲法话。禅师说，坐禅是是自我内心的审视，身处现代社会，需要清静自我，清洗身心。永平寺平时有250名僧人在此修行，几乎都是年轻僧侣。

夜坐是由动转静，晨坐则是由静转动。永平寺的一天是从凌晨的振铃开始的。随着一阵铃声赶紧起床，凌晨4时进入僧堂面壁坐禅20分钟。在僧人带领下，通过长长的回廊结队前往法堂参观。法堂是一山的住持登坛说法以及举行法事的地方，身穿黑衣的僧众端坐，齐声诵经，其声绕梁，听者为之清净和悦。

7

参观了僧众诵经，回到住处用早餐。早餐在这里称“小食”，有豆腐、淹萝卜片、蘑菇、山菜、酱汤加上米饭，依旧清淡的素食。住在饱食俗世，有幸住在名刹内参禅，体验“无”的世界，机缘难得。禅家云，万物流转，诸行无常，过去已过去，未来尚未来，唯一能把握的是“而今”。道元禅师入宋修行时的得悟之言，真实不虚。

拜谒东大寺

国人造访日本，往往想到奈良，访问奈良，一般要看东大寺，日本历史上著名的“天平文化”，因东大寺的建成得到进一步升华。这里还有一种奈良式的文化氛围。著名作家老舍先生在 1965 年春 4 月参观东大寺后，曾写下“佛光塔影净无尘，几点樱花迎早春；踏遍松阴何忍去，依依小鹿送游人”的名句，它与附近的奈良公园一起被列入参观的经典路线。

东大寺建于公元 752 年，属奈良天平时代的建筑，东大寺的大佛殿是世界上最大最古的木结构建筑。奈良时代是祈福国泰民安的国寺，也曾是研究佛学教理，培养学僧，三论、成实、法相、俱舍、华严、律宗即“六宗兼学”，平安时代，又加上天台、真言二宗，成为“八宗兼学”的学问寺。明治维新之后，在一寺一宗的规定下，成为华严宗的大本山。

天平十二年（740 年）藤原之乱后，奈良面临废都的危机，政治中枢辗转迁移，社会混乱。圣武天皇为求“乾坤相泰，万代修福，动植咸荣”，在 743 年发布“造显卢舍那大佛之诏”，发愿建造卢舍那佛，作为大和国分寺的本尊。天平十七年还都平城京之后，开始在东山一带建造大佛。天皇要求朝野“持一枝草、一把土助造佛像”，

1

2

“同蒙利益，共致菩提”。公元752年，东大寺大佛建成，在圣武太上皇、光明皇太后、孝谦天皇与百官参列、万余名僧众参加下，举行了自佛法东渡日本200年以来最盛大的大佛开眼供养法会。天平胜宝六年(公元754年)，唐代高僧鉴真大师东渡日本。这一年，鉴真大师在大佛殿前设立日本最初的戒坛，亲自为圣武太上皇和孝谦天皇等僧俗设坛授戒，并在此传授戒律，写下两国佛教文化交流的重要篇章，东大寺由此与中国佛教界结下殊胜法缘。

古天平时代建造的卢舍那大佛以及东大寺伽蓝建筑群，历史上曾数度经过盛衰兴废。在大地震、武士间抗争中，大佛殿曾数次烧失，大佛被破坏，经过多次修复。现在大佛的腹部及莲花座的一小部分是仅存的原物。但从基坛发掘出的狩猎文银壶以及大佛殿前的八角灯笼等均是与大佛同期的文物。

2005年11月，笔者曾得到特别许可，与其他外国记者一起登上大佛宝座拜谒参观，得以近距离瞻仰大佛。接待的僧人介绍说，佛像在建造时运用了透视法，从下面瞻仰，光背后的众佛大小匀称，艺术价值极高。1999年，东大寺作为“古都奈良的文化遗产”，登记为世界文化遗产，现在是参观人数最多的日本寺院之一。作为传播传统文化的场所，每年都有大批中小学生前来“修学旅行”。东大寺通过举办各种法会等活动，把人们带进千年前的梦幻般的世界。

3

4

1 站在奈良县厅办公大楼的顶部向东眺望，以三笠山麓万绿丛为背景，东大寺大佛殿屋顶上的鸱尾发出灿烂金光。图为细雨中的东大寺。(2004年11月)

2 奈良天平十五年(公元743年)建成的东大寺卢舍那大佛。

3 中小学生、幼儿园的儿童到东大寺进行修学旅行，体验传统文化。(2005年11月)

4 东大寺僧侣讲解奈良的木文化。(2005年11月)

1

“迎神”在出云

日本自古有自然神崇拜，日月星辰、山川草木悉皆为神，是谓“八百万诸神”。神话传说，每年的农历十月是“无神月”，而对十月的出云来说却是“有神月”，因为八百万诸神都去出云国出席例行七天的“聚会议事”。

2

出云在岛根县，前首相竹下的家乡。提起出云，人们会想到出云神话和著名神社——出云大社。按出云习俗，要在十月初十去海边“迎神”。

在迎神的那天(2005年11月11日，农历十月初十)，笔者碰巧到出云访问，有机会参观了出云大社，见识了迎神仪式。

出云大社原称“杵筑大社”，建于日本的飞鸟·奈良时代。据日本神话，那里祭着统治地上神“大国主”。天上神“天照大神”(皇家神)要派神孙下凡统治全日本，要求大国主“让国”，大国主最终同意退隐，专事于“幽幽神事”。作为让国的代偿，天神为他在出云建造了“在底石上深立宫柱的壮丽宫殿”。

出云大社从建筑上说是日本最大的神社，从规格上说是仅低于祭祀皇家神的伊势神宫。境内通向大殿的通道两旁长着黑

3

4

松，是日本唯一的黑松参道。建筑群中最具代表性的是祭祀“大国主”的正殿。现在的建筑建于 1774 年，正殿高 80 尺(24 米)，六间四方，九柱支撑，中心有直径 1 米多的连接天地的“心御柱”，屋顶上 7 米多长的“千木”交叉、“胜男木”横放，是“大社造”国宝级建筑，在蒙蒙雨雾之中，望去给人些许神秘之感。日本在中世纪神道与佛教相互影响，大国主神与佛教中的大黑天习合，产生了诸神为人间的结缘前去出云“聚会议事”的迎神仪式，大国主也成了让人交好运的“结缘与招福”的神。参观那天虽是阴雨天气，但仍有不少善男信女前来祭拜，凡是向大社交纳一定费用的，即把可保佑平安的神袋戴在身上，可能是要大国主赐给幸福，结善缘、交好运的吧。

出云大社每年有 72 次祭事，阴历十月初十夜里的迎神祭是其重要祭祀之一。出于好奇，是日傍晚我们随着人流步行至迎神的稻佐海滨。在海潮拍岸声中，参观的人群越集越多，神职人员在这里点起四堆篝火，搭起棚子，供上神馔，诵祓禊咒语。雨越来越大，乘坐在神篱里的“诸神”(实际上什么也没看见。据说要把作为神的使者的“龙蛇”放在木条做的容器里祭祀，“诸神”投宿在大社内两旁的 19 座小社里)，在神官的陪同下被迎上了车。稻佐海滨距出云大社约 3 公里，这时听到有人喊：“神上车了！”于是大家也纷纷向出云大社进发。夜色中，好不容易步行到出云大社，这时神乐殿的“接神”仪式已毕。但在写有“神光满殿”匾额的殿前，仍有不少人不肯散去。

(照片均为 2005 年 10 月拍摄)

1 细雨中的出云大社正殿，高 24 米，六间四方，九柱支撑，有“心御柱”连接上下，被指定为日本国宝。

2 阴历十月初十夜，“八百万诸神”到达稻佐海滨，出云大社在这里点起火把举行“迎神祭”，乘坐在神篱里的诸神被迎往神乐殿。图为从海滨前往出云大社途中。

3 出云大社的神乐殿。

4 出云大社正殿内院，神职人员正准备举行祭祀仪式。

5 古老的出云大社是日本神道文化的代表，境内的“神树”上挂满了问卜的签条，参拜者们相信参拜出云大社能结良缘，逢凶化吉，交上好运。

5

1

与祖灵对话

——住区中的墓地

数年前，日本的报纸上刊登一条消息说，东京都立青山灵园将划出 50 块墓地公开招标出售。此事一出，申请求购者蜂拥而至。

青山灵园地处东京港区，有 130 多年历史，这里长眠着明治维新的功臣大久保利通，首相犬养毅、吉田茂，文豪志贺直哉、尾崎红叶等明治、大正、昭和年代的著名人物。灵园内有 1400 多株樱树围绕，每临樱花时节都是人们赏樱的好去处，附近又有“六本木大楼”等新名胜，既处闹市又无喧嚣，是日本人心目中的风水宝地。那次招标的墓地每块在 1.6 至 3.6 平米不等。每平米价 300 万日元，好地段在上千万日元以上。为体现机会均等，申购者一律抽签决定。

日本社会对于婚丧嫁娶、红白喜事历来为极为重视。结婚信神道，葬礼信佛教，两不相涉，和平共处。参加一位朋友葬礼时见到了仪式的隆重，有僧人诵经，亲朋悼词，哀而不泣，依照惯例为死者追送“居士”号。入殓时，家属在死者身旁堆满了菊花，我的那位朋友生前是名牌大学教授，被封为“清德院岩应智道居士”。根据日本的埋葬法律，人死 24 小时后才能埋葬或火化。墓地以

2

外的地区禁止埋葬，且埋葬需要得到市町村长批准，发给“埋葬许可证”或“火葬许可证”，即使是亲属的遗体，不经批准也不能随意处置。

日本人有对墓地的执著，相信墓是家族的根，是生者与故人对话地，人诞生于双亲，死后回归先祖。不少城市墓地建在住宅与住宅之间，人鬼共居，也不觉得有什么不妥。墓地之外，家里一般设有祖先的牌位、神龛，烧香供奉。日本人也相信入土为安，敬畏土地的生命力。每逢盂兰盆等节日，都要去墓地前与故人对话，平日里也时不时在墓前摆放鲜花。樱花开放季节，我特意去了青山灵园，见樱花树下不少墓地都重新放上了菊花等鲜花、水果等供品，洒上了清水。青山灵园没有一般墓地的那种沉闷气氛，卖小吃的一如别处照样摆起地摊，青年男女在陵园墓地的花前月下依然共渡爱河。

3

日本人古时的墓地各式各样，古遗迹中可见有支石墓、坟丘墓、立着石碑的墓等，水户的瑞龙山墓地里还有马鬃型的墓。古时只有达官贵人才有资格建“坟”或“冢”，与一般百姓无缘。到江户末期，墓制规定缓和，豪农富商等通过向寺院布施，求得相关的“院号”或“居士”号后才可建墓立碑。

日本的墓地有两种形式，一种是灵园墓地，一般选在有鲜花绿树围绕、环境优美洁净之处，不问宗教，有卖鲜花、香火之处，有专门公司管理。还有一种是寺院墓地，即在寺院内辟出一块地方做墓地，由于建在寺内，举办诵经、法会比较方便。再就是墓地不能买卖，就是花钱买也只算交“永代使用费”，虽然代代有使用权，但无有所有权。当不再使用墓地时，须要无条件归还。查一家墓地公司的网页，在东京郊区要获得“永代使用”墓地，一般是每平米一百来万日元(不含建墓立碑费)，另外每年另交管理费。

因为是千年安住之地，讲究格式的日本社会对墓地也有一定规格，墓地里要有墓石(石塔)、墓志、拜石、花插、水盆、石灯、名片箱、植树、界石，地上要铺上白色石子。墓志要写上戒名、施主名、建立年月、家纹，也有镶入死者的写真的。石塔有三阶，代表天、地、人。还有种叫做“五轮塔”的，代表空、风、火、水、地五个要素。不过，现代日本人对墓地的想法也在改变，有的不要专门墓地而采取“合葬墓”或“纳骨堂”的形式。也有的立下遗嘱，将骨灰散布于山川大海。还有的提出用火箭把骨灰打到空中，实行“宇宙葬”。还有因种种原因不能前往扫墓的，可以请“扫墓公司”代理。

虽然不能都进“高级灵园”，但对一般人来说，人生一世，不管是幸福与不幸、贫穷与富足、名声显赫与隐身市井，当走完漫长的人生旅途，划上“最终的句号”后，墓地就成了终点和归宿。

1 东京园通寺墓地。(2003 年 4 月)

2 樱花盛开季节，青山墓地里摆起小摊，人产可以在墓地内散步赏花。

3 日本一般人家的客厅里都摆着最近去世的先祖的遗像，并设佛龛供奉，通过这种方式祭祀过世的近亲，表达对先人的怀念与尊敬。(2005 年 10 月，长野农家所见)

4 大都市中的墓地，墓与墓之间几乎没有空间。(2003 年 10 月，东京)

4

1

欣求净土

——平等院凤凰堂

平等院凤凰堂建于 1053 年，是 11 世纪最有权势的贵族藤原赖道建成的阿弥陀堂。因屋顶饰以凤凰，建筑本身有左右翼廊，形似展翅欲飞的凤凰，后世称凤凰堂。堂内安放的阿弥陀如来像面东而坐，周围饰以"九品来迎图"、"极乐净土图"，壁上饰有云中供养菩萨、柱上飞天奏乐凤凰起舞，配以堂前如镜的池水，营造出"西方净土"的庄严。

平安时代后期社会动荡，民众惊恐。由于以杀人为业的武士出现，连普度众生的僧侣也拿起武器争斗，又加上 1052 年进入"末法之世"之说流传，阿弥陀净土信仰流行，人们不分贵贱，希望"厌离秽土，欣求净土"，祈求阿弥陀如来及圣众伸出救援之手，能在临终时领入"极乐世界"。

阿弥陀净土信仰源于中国，日本僧人圆仁在大唐求法，净土宗传入日本。10 世纪时阿弥陀净土信仰在日本占压倒优势。平等院·凤凰堂位于京都近郊的宇治市，作为日本平安时期现存的唯一贵族遗构，是日本贵族文化、净土文化的象征性建筑，被列入世界文化遗产名录。

1 平等院凤凰堂水中倒影。
2 平等院凤凰堂屋顶上凤凰造型饰物。

2

平村的“合掌造”

自然因静寂而令人神往，景物因遗忘而愈发美丽。

富山县五个山一带有片曾长期为人遗忘的村落。二十来栋如手掌相合状的民居——“合掌造”——坐落深山幽谷之中，如果能在大雪覆盖的冬天在此投宿，定能领略童话故事中的冬日景色。因其独特的生活方式，使它远离经济高速发展时期的开发而留住了美丽，在 1995 年被联合国列入世界文化遗产名录。

出于对“合掌造”民宿的神往，2003 年 2 月一个大雪纷飞的一天，与同事小管忙中偷闲，结伴参观了五个山以及白川乡（岐阜县）的合掌造。

五个山在富山的西南部，由两个平村和三个利贺村组成，冬天雪大路滑，路途难行，是有名的“豪雪”地带。经过联系，我们决定在平村相仓村落投宿。沿着一条山间溪流（庄川），七折八拐，在落日时分到达平村相仓的一处民宿中谷家。四周漫天皆白，房下溪水潺潺，与人字型的木房在雪中十分相配，确实如同走进童话世界。

雨雪之中，女主人把我们领进“合掌造”木屋里，准备了一个有隔门的大榻榻米房间，铺好了被褥，端上茶水，并在吊炉上为我们烤起了味美的岩鱼。主人说，我们投宿的这栋房子在平村中最古，是在 18 世纪中期修建的，围炉上的吊壶也是在战前偷偷藏起来才保留下来的。因房子有民俗文化价值，从 1951 年起就经营民宿。

合掌造是一种特殊的民宅样式，茅草覆盖的屋顶呈人字型。这一带温差大，冬天冷，有名的“豪雪地带”，有过积雪

2

达 5.3 米的记录，陡峭的房顶是为了避免屋顶被大雪压垮。中谷家的房子一层基本呈“田”字型，中间的“大广间”是一家人的起居间，中间是围炉，有自在钩吊铁壶。“大广间”周围则是家人们的住房，可四代同居。房内的柱子用的都是原木，有手斧头痕迹，被烟熏得很黑，令人感到了此房的年轮。由于合掌造的房梁交叉，除有抗雪的功效外，内部可搭建成二层、三层，底层居住、劳作，上屋放杂物、养蚕，既是生活的所在，又是生产的场所。这种生活中的智慧，是在与大自然的对峙中产生的。

3

4

相仓村落有 1000 人，20 栋合掌造房屋。相仓民俗馆里用实物介绍了这里的习俗和雪国的生活用具。五个山在江户时代由加贺前田藩统治，当地人利用养蚕、制丝、手工抄纸、熬做火药用的盐硝维持生计。由于这一带冬天长，不能养春蚕，于是利用屋顶的空间养蚕。由于能把一楼住家的热气导致二楼以上，使得在尚寒的春天也能在屋内养蚕。

五个山地区是个封闭的世界，当地村民的先祖有段悲壮的历史。随着平安中期后庄园制的出现，武士团兴起，到 11 世纪末，桓武平氏与清和源氏两大武士集团成为控制全国的武装力量。12 世纪末平氏败于源氏，平氏家族及追随的武士流散各地，为躲避追杀，逃进深山，隐姓埋名。在与世隔绝的生活中，他们把佩刀改作镰刀，发明了适于生存的合掌造式建筑。严酷的自然和悲壮的历史，使平村人表演的民谣曲调、武士舞透着悲凉。拙朴的建筑，远离世间尘嚣的自然环境，以及历史涵养的民风，是平村合掌造村落的魅力所在。

5

1 富山县五个山地区的平村过去是人烟稀少。这里的“合掌造”民居被列入世界文化遗产。

2 平村人的生活智慧：冬天把孩子放进稻草编成的草筐里，既安全又保暖。

3 “大广间”是一家人日常起居的场所，四周用纸门相隔为多个房间，是昔日大家族生活的遗存。

4 平村的“合掌造”建筑密集，深山厚雪，如同进入童话世界。

5 合掌造房屋上下连通，冬季时暖气直达二、三层房顶，适于养蚕。

1

2

3

4

小区的祭

日本文化活动的风情之一是各地有数不清的“祭”，除了大城市里的大型游行祭之外，小城、町村都有自己例行的祭。

日语中的“祭”（MATURI）可以看成是“节”，源于氏神信仰。祭者，祀也，所以追养继孝也。是对祖先的感谢与慰灵，后来渐渐演变成各种民俗。旅居东京期间住在目黑区的三田町。作为町内最重要的民俗活动，三田町在每年的 9 月份都举办町祭，町内的大小居民抬着大鼓或者神舆（载着氏神巡行）在町内走街串巷，给小镇添上一道彩色。除了三田町外，邻近的其他町也举办自己的町祭。

形形色色的祭日活动中，神社与寺院举办的有宗教色彩的祭，也有纪念地方名人的名人祭，有地方特点的时代祭、文化祭等。据说不同地区不同季节举办的“祭”不下千种。去石川县访问时得知，该县一年间举办的各种形式的祭就超过百次以上，成为培养对家乡的热爱、丰富地方文化生活的重要形式。

1 东京都三田町的祭，是三田町居民一年中的重要节日。图为町祭队伍经过笔者住处。（1987 年）

2 东京都丰惠町的町祭。

3 东京近郊浦和市举办的浦和祭。这位妈妈抱着孩子，开心地走进游行队伍。

4 三田町会儿童敲着祭日的大鼓，和大人们一起游行。（2005 年夏）

修习儒学

琵琶湖畔是日本近代商人辈出之地，这里有所培养商人的大学——松下商学院。创立者就是有“经营之神”之称的松下幸之助先生。松下公司基于制造商与营销商一荣俱荣、一损俱损的“命运共同体”信念，专为属下的系列商家培养接班人而设的，已培养出数千名企业管理人材。学院的特色之一是把孔孟之道列为必修课。

商学院的一天是随着鼓声开始的。天刚蒙蒙亮便升起校旗，随着 6 时的鼓声咚咚响起，住校的学员们要在五分钟内跑向操场。晨练的例行活动点名、训话，随着“面向故乡，礼！”的口令，各自要向故乡方向“遥拜”，行 90 度大礼，以不失孝敬，感谢父母养育之恩。

学校操场立有石碑曰“至德台”，上刻有《大学》、《孝经》章句，开头便是“大学之道在明明德，在亲民，在止于至善……”校方介绍，“明德”是指全力实践商道，“亲民”是指不失诚意、礼节，保持良好的人际关系；“至善”是不断向更高目标挑战，商学院是“探讨从商之道，实践明德、亲民、至善三纲领的道场”。

操练后接着是早餐，教师、学员同桌就食。食堂的匾额上写着禅宗的“食事五观”偈，就餐者要时时反省有否吃饭资格。上午是商道课，每周有四节古典课，其余教授松下老先生的经营哲学与时事经济。学员在上其他课时可随便些，唯有古典课要在礼堂上，且穿一色校服，脱去鞋子，几(矮桌)前端坐。参观那天讲的是《孝经》，线装排竖讲义。教员引经据典，讲授“孝为做人之本，经商之要”。商学院要求学员在学习期间必修《论语》、《孟子》、《大学》、《孝经》，写出学习心得。

当时的院长大西先生对我说：“现代商人的理想形象是，既遵守道德文化传统又具有最新的时髦感觉，有明确的人生观，又尽量发挥自己个性。尽管中国古典中有些东西已不适于当今社会，但能够流传至今，本身就有历史分量和生命力。中国古典中有了不起的经营学，《论语》中有许多适合日本人的人生训诫。做商人要先积德，否则得不到信任；读《孟子》能给人勇气，唤起年轻人的热情；《大学》讲了为人之道；《孝经》中的主张与对推销员的要求相通，不知道孝敬父母的推销员怎么会做到感谢顾客买他的东西呢？当然，我们的方针是新旧结合，既学中国古典，也学尖端技术，了解时尚。”

“学庸论孟”也曾是日本在江户时代上至帝王将相下至武士百姓治国、修身、立德、处世的依据。

日本人是以从中汲取生活智慧和将相之学的心情读《三国》，企业经营者则把《孙子兵法》视为制订经营战略的参谋学。人称近代日本商家的成功之道即是“论语加算盘”，中国古典至今影响着日本文化。

(采访于 1989 年)

1 2 图为松下商学院的教员在教《论语》孟武伯问孝，学员机前端坐听讲。

深秋季节，关西广报中心为外国常驻记者组织“奈良木文化”采访。组织者说，日本人在与自然协调中得到智慧和技术，在衣食住行各方面创造了不同凡响的“木文化”，木制的“雅乐”乐器也在其中，为此特意安排了一次雅乐欣赏。

三位乐师是“奈良雅乐演奏队”成员。演奏队是在由利龙示的召集下由年轻雅乐师组成，属于奈良春日大社的“南都乐所”系统。为了传播雅乐艺术，演奏队以古都奈良为据点，以各种形式进行活动。演奏前，乐师讲解了雅乐的历史，特别强调雅乐的故乡在中国，日本雅乐是从大唐传来。演奏用的笙、筚篥、笛三种乐器，笙因形似凤凰，亦称“凤笙”，音如天光，代表天；笛状如飞龙，亦称“龙笛”，以龙鸣代表太空；筚篥是雅乐的主旋律，代表着地，三者合奏代表整个宇宙。高雅的曲调吸引了外国记者，如同把听者带进奈良时代。

欣赏雅乐

1

雅乐是现代日本继承的传统艺能中最古老的艺术，散发着亚洲文化的芳香。亚洲的乐舞在5世纪时与佛教一同传到日本，从中国及朝鲜传去的雅乐，即“雅正之乐”。雅乐在中国为儒家祭祀宗庙之礼乐。日本的雅乐是根据日本人的感悟，把从中国传来的唐乐与传统的“御神乐”、“东游”等相融合而成的综合性音乐，大体上成型于10世纪。唐代的雅、俗、胡三乐融合了天竺西域等地音乐，极富国际色彩。专家考证，日本雅乐中的外来乐曲，主要是唐乐（包括高丽乐），不是中国的宫廷祭祀性雅乐，是宴席及举办活动时演奏的“宴飨乐”，主要在宫廷、贵族社会、著名的神社寺院演奏，在皇室保护下流传至今。

日本的雅乐历史上经历过兴衰的过程。日本进入武家幕府时代后，雅乐作为贵族的象征音乐，也随王朝的衰落而衰退，主要是由“三方乐所”即京都“大内乐所”、奈良“南都乐所”、大阪“天王寺乐所”继承流传。明治维新之后皇室移居东京，三方乐所改为“雅乐局”（现为宫内厅的职乐部），乐谱统一使用“明治选定谱”。流传到现在的曲目有左方乐曲（唐乐）90曲，右方乐曲（高丽乐）15曲。宫内厅的雅乐被指定为国家“重要无形文化财”（非物质文化遗产），乐部的乐师认定为“重要无形文化财保持者”。宫内厅乐部每年在皇宫举办两次演奏会，也到地方巡回演出，还在举行仪式、宴会、春秋游园会时演奏。奈良雅乐演奏队尽管属民间的“在野派”团体，但服装雍容华贵，绮丽非常。乐师们对雅乐的热爱，使人相信作为传统文化，日本雅乐不光属于宫廷，也属于民众。

（2005年10月，奈良）

2

1 凤笙演奏师。

2 龙笛、凤笙、筚篥合奏。

蹴鞠表演

京都御所是过去天皇的大内。随着明治维新后天皇迁居东京皇居，这里成了国家文物保护设施。参观京都御所要提前向宫内厅申请。每年春季特别开放时，身穿华丽服装举行的蹴鞠表演，令人想起描写平安贵族生活的《源氏物语》里的王朝世界，延续着平安朝和汉唐遗风。

蹴鞠源于中国的春秋战国时期，国际足联确认蹴鞠是有史料记载的最早的足球活动。中国的蹴鞠在汉时以军事训练为主，唐、宋时以朝廷宴乐为主。蹴鞠6世纪随佛教东传后，成为日本人长期喜爱的游艺活动。日本飞鸟时代，蹴鞠作为武术训练是对抗性的比赛。到了平安时代变成了宫廷里盛行的不分胜负的游戏，后来发展到上至皇室贵族、将军、武士、神官、僧侣，下至一般百姓广泛流行，甚至与和歌齐名，有"歌鞠两道"之说，故而历代"名脚"辈出。有记载说，在平安后期的鸟羽天皇时代，"大纳言"藤原成通蹴鞠技艺超群，室町幕府时代大将军足立义满等上层多次出席鞠会，战国时代的织田信长、丰臣秀吉等武将亦精于"蹴鞠道"。江户时代各地都设置过习练鞠技的"蹴鞠道场"。

日本流传的鞠球用两枚鹿皮缝制，为保持适当弹性外面施以马皮。制作鞠球时先装进大麦粒膨胀成型，然后倒出麦粒后加以缝合而成。随着蹴鞠的普及，出现了以制鞠为业的"蹴鞠师"，有的涂以金银红白，极尽华美，故而名鞠成为工艺装饰品。参加蹴鞠活动要穿蹴鞠服上场，衣冠束带，戴乌纱帽，穿专用靴。服装华丽，常饰以凤凰、大鸟等图案。蹴鞠场被视为神圣之地，一般15米见方，四周栽以松、樱、柳、枫等"式木"，日本人相信蹴鞠场地四角的"式木"上有神灵。据说蹴鞠活动的参加者要有向神佛双手合什礼拜的心情，以祈祷天下泰平、五谷丰登、心身强健、家庭美满。

蹴鞠是不讲胜负的和平游戏，"蹴鞠之道"的关键是如何做到平等和乐，给对方传送好球，一心同体，使球不掉到地上。蹴鞠时要求姿态端正优雅，腰部及膝部都不弯曲，抬腿高度以不见鞋底为限，足部接鞠、载鞠、传鞠，如水鸟划落水面状。不管是接、载、传鞠，都不要掉在地上，显然这需要多年修炼。（2005年4月）

1

京都艺妓

艺者是日本的传统文化代表之一。服饰华美，行坐有度，在社会中扮演着特殊角色。

艺者是对艺人的通称，东京一带称为“艺妓”，大阪一带称“艺子”，京都则称舞女为“舞妓”、“舞子”，修行中的艺者称“半玉”；从事艺者的行当称“花柳界”，艺者集中之地叫“花街”。艺者远离下流，卖艺不卖身，以表演舞蹈、弹拨三弦等日本传统艺能为职业，是在茶馆、高级餐馆等场所为餐饮宴会助兴的职业艺人。

旅游胜地热海是日本有名的花街，有 300 多名艺妓，上百家专门向高级饭店、餐馆派遣艺者的“置屋”。近几年为振兴旅游，还经常举办由艺妓上场的舞蹈演出，观者如堵。教习艺妓的师傅说，艺妓的动作看似简单，实际不容易掌握，教习极为严格，一招一式都不马虎。

艺者的历史悠久，京都的舞妓出现在 300 百年前八坂神社附近的东山地区。当时各家茶屋让小姑娘为参拜神社、寺院的香客端茶送水，为了竞争生

2

意，让少女们穿上漂亮衣服歌舞，有的模仿当时流行的歌舞妓弹三弦，是为“舞妓”之始，这一风气也传到政治中心江户（东京）。

花街的舞女、艺妓穿着讲究，是引领和装潮流的职业，据说奠定近代和服穿着样式，最先于江户末期在穿和服时用带子结成“太鼓”样式的就是艺者的创意。近代推动日本历史的人物桂小五郎、日本最初的首相伊藤就是娶艺者为妻。最先成为日本最初的“第一夫人”的，就是著名的艺者。

祇园、先斗町是京都最有名的花街，艺妓们身穿鲜艳和服，脚蹬木屐，遵守着古时的风俗。花街上的茶屋与常客形成互信关系，艺妓一般不接生客，店家不在当日收费，常客也不轻易换店。访问京都时，日本朋友在宴会后为了助兴，曾特地请祇园的艺妓盛装表演歌舞，那是在高规格接待时才请艺妓现场表演的雅致。

4

3

1 在大型晚宴上表演传统舞蹈的艺妓。（2004 年 11 月，京都）

2 京都人对未婚艺妓称“艺子”，对长者尊称“艺姑”。颈部发际处不涂粉者为艺子，发型不上盘者为艺姑。图为在宴会上服务的京都艺妓。

3 京都祇园地区的头上饰以藤花的年轻艺者。

4 艺妓从后面看为美，背部的装饰称“太鼓”。

5 京都祇园舞妓在宴会上表演舞蹈助兴。（2006 年 3 月）

5

1

2

教习礼仪

3

重视以和为贵的日本社会，接受礼仪教育是人生的修养之一。

日航教育学院原来主要是训练空勤人员的基地，现在面向社会招生。学员以女性居多，多是为了提高教养，有等待找工作的学生、准备做嫁娘的女性，还有公司的职工。负责教育培训的笠井玲子部长说，现在企业间的竞争很激烈，从企业派来学习的多了，甚至还有大公司的社长也来研修。

笠井说，礼仪的本质是心的问题，是人际关系的润滑剂，是自己心情的体现。当代的礼仪主要体现在体谅对方上面。礼仪对商界的作用是显而易见的。取胜的关键是人格与物品，如果不给人留下好感和信赖感，就做不成买卖。

日本人给人的印象是彬彬有礼。其实像打电话、递名片之类的动作也是教出来的。日航学院的教员说，就职是人生的重要时期，而现代日本人的表现水平不高，在找工作面试时不会表现。

在另一间教室里，正在模拟出席酒会时的礼仪。两位专职老师正在向学员演示两家初次见面的公司主管如何交接名片和基本对话，还有如何把自己的上司介绍给对方。老师说，有关的基本的礼仪教育虽然学校里也教，但主要靠家庭。姿态、服装、距离、表情都很重要，容易紧张的人须要做口型训练。还有，领带的颜色涉及色彩心理学，兰色让人感到清洁、年轻、诚实，红色代表的是信念与热情，粉红、黄色让人感到柔和。在公共场合，年轻人注意不能走在上司的前面，不戴着手套与人握手，不要紧站在客人的后面让人紧张。一般与人会话时，最好站在距正前方 45 度角的位置…… (照片拍于 2005 年 4 月，东京)

1 教授在公共场合如何站位的相关知识。

2 演示在社交场合如何待人接物。

3 教师向年轻女性讲评去公司应聘时的注意事项。

文化传承之

万象

1

新年参贺

新年是日本最重要的节日。天皇以及皇室成员要在每年的元月2日，在皇宫接受国民的新年祝贺，并向国民祝福新年。

在日本，天皇有崇高的威望，居于精神权威的地位。《日本国宪法》开宗明义第一章就是天皇，规定："天皇是日本国的象征，是日本国民整体的象征。"多年的舆论调查表明，80%以上的日本国民赞同日本宪法下的象征天皇制。自从战后裕仁天皇走下神坛、发表"凡人宣言"以来，皇室成员扮演着亲民的角色。新年接受国民的"一般参贺"是重要活动之一。

2006年元月2日，我们决定利用休息的机会，去皇宫观看日本国民向天皇拜年。日本国民向天皇拜年，称新年"一般参贺"。普通人(不分国籍，不分大人、小孩)一年中被允许进入皇宫祝贺有两次，一是祝贺天皇的生日(明仁天皇生日为12月23日)，再一次就是新年。组织这项活动的是负责皇室事务的宫内厅。按照惯例，从上午9时半到下午3时10分，明仁天皇与皇后要在新宫殿的长和殿阳台上先后七次与前往祝贺的市民见面，其中前两次由德仁皇太子夫妇殿下陪见，第三次以后再加上皇二子秋篠宫夫妇殿下陪见。

这天是阴雨天气，我们在上午11时来到皇宫前广场。这时已聚集了不少前往祝贺的市民，有大批警察在维持秩序。广场的告示牌上规定祝贺者都要列队进入，进入皇宫后按规定线路行走，不得离队或中途停步；禁止携带危险物品，禁止张贴与散发传单、禁止抽烟等引发火灾的行为。由于是皇家禁地，所有进入者都要接受安全检查。

现在的皇宫称"皇居"，原为江户幕府大将军的居所。明治维新时幕府倒台，最后一位大将军向天皇奉还大政，天皇从京都迁往江户(今东京)，这里从此成了皇宫。

前往皇宫的队伍十分有秩序，服务人员临时向大家发放纸制日本国旗。踏着铺满石子的路面，大家默默地向皇宫行进。按指定路线，这天队伍通过平日不能通行的皇宫正门"二重桥"，过桥后进入钉着黑色铁板的木门，就进了皇宫，向右拐通过一个坡道后直走，就到了新宫殿前的广场。前往祝贺的队伍里，有不少是特意从地方赶来的。为了表达对皇室的敬重，不少人把一生中能进一次皇宫、申请参加皇宫的义务清扫服务视为殊荣。

天皇接受新年祝贺的地点在长和殿，殿前有可容纳1万人的广场。为了保证安全，路的两旁站着不少维持秩序的警官和便衣，长和殿的阳台前面戒备森严。我们进入广场时，正赶上等待明仁天皇的第三次接见。广场上虽人山人海，但表现极有秩序，不显得拥挤。经过现场警官的特别许可，我站到为记者准备的高台上拍照。11 时 50 分，明仁天皇和皇后在皇太子、皇二子夫妇的陪同下，准时出现在长和殿二层的阳台上，微笑着向大家亲切招手。站在台下的市民一齐挥动起手中的小旗。明仁天皇在大家的祝贺中发表新年讲话："很高兴与大家一起祝贺新年。在一年更始之际，我祈祷国民的幸福和世界的平安。"整个讲话也就是一分钟。听了天皇的讲话，台下的群众更加起劲地挥动起小旗，队伍中有人高喊"天皇陛下万岁、皇后陛下万岁"、"恭祝健康"等口号，刹时间广场变成日本旗的海洋，场面十分壮观。万众一齐挥小旗——这是日本特有的风景。

在漫长的岁月中，天皇家族的历史神话与现实交织，中世纪后武士掌权，日本的权力与权威分离，天皇长期君临而不统治。虽然天皇时而亲政时而远离权力核心，却一直是最高祭祀的权威，任何权倾朝野的人物都不敢取而代之。从历史上看，天皇在日本起着传统文化中心、社会稳定中心的作用。实权与名权分散，权力与权威分流，是日本政治的一大特色。

五分钟的接见结束之后，我们又随着队伍从桔梗门退出。天空忽然下起了小雨，不时飘起雪花。寒冷中，众多的祝贺者仍然络绎不绝。报道说，这一天前往皇宫祝贺的群众有 6 万之众。(2006 年元旦，东京)

2

1 每年的元月 2 日，大批市民前往皇宫参贺，是一般人被允许进入皇宫的两次活动之一。

2 参贺者进入皇宫前要接受严格的安全检查。

3 前往皇宫向天皇家祝贺新年的人群。

3

1

岁末即景

东京的社会，如同山手环线上奔跑的电车，准时有序。大小节日或例行公事在日历上用红字标出，年复一年，按既定日程刻画年轮。

时在岁末，新的一年就要开始。中国人最重视过春节，日本人最重视阳历年。日本明治维新以后把旧历年的习俗移到了新年。一般企业和政府机多在 12 月 28 日放假，银行、商店、报馆要到 30 日才能放下工作。不过，进入 12 月之后人心开始浮动，主妇们要通盘考虑年货，青年男女可能忙着订购机票去外国旅行……

岁末年初的东京，与新年有关的事，莫过于“岁末商战”、寄发贺年片、开忘年会和被称作“民族大移动”的回乡省亲和求神拜佛了。一叠叠的贺年片投进邮筒，饭馆里传出的杯盘声，深夜电车里的醉汉，行色匆匆的人群，站前向行人鞠躬募捐的志愿者，构成一幅残年画卷。

年末是销售的旺季，各商家举办的促销活动不可少，“大奉仕”、“大减价”之类的标语触目皆是，东京的大商店每年都准备“福袋”刺激顾客的消费欲——里面装的是物有所值的商品。“福袋”装进未来的梦，大百货店的“福袋”年年都抢购一空。上野车站附近的饴横町，原是战后美国占领军处理剩余物资的场所，后来成为出售海鲜食品、衣物等的廉价市场。一到年底，小街两侧的摊贩大比拼，人们熙来攘往，摩肩接踵，颇像中国的庙会。在白热化的“商战”中，消费者的钱袋难免“得之于河，还之于海”了。

日本社会讲以和为贵，礼仪交际不能少，贺卡便是人际关系的润滑剂。日本人寄贺年片的风气兴于战后。每年仅邮政部门发行的有奖贺年明信片（片上印有号码，年后抽签定奖）就有三四十亿张。为了保证贺卡在元旦送到人们手中，要动员上百万人日夜分发。绝大多数的新年贺卡都是邮资比平时稍贵些的有奖明信片，虽不如中国的华丽，但中奖者可以领到相应奖品，更重要的是用这种方式募捐，收入将用于老人院、生活贫困家庭等社会救济事业。随着互联网的发达、电子邮件的使用、手机的出现以及日本个人隐私保护法的实行，新年贺卡的数量年年下降。2007 年元旦，全日本共发出 19 亿张贺卡，平均每人收到 15 张。

“忘年会”是年末的慰劳会，是为把一年中的不愉快付之流水，化解矛盾、加强团结、上下提携、辞旧迎新的集会。在一个崇尚团队精神、凡事讲集体主义的社会里，上下左右亲睦和谐，对企业、对个人都至关重要。对那些不觉老之将至的“熟年”（中年)人来说，忘年会还有一层意思：忘掉年龄，以年轻心态面向未来。不过，也有一些团体每年都在年后举办大型“新春名片交换会”，把“忘年”改成了“望年”。

忘年会过后便是车站、机场、道路最拥挤的时候，到处都是回乡省亲、旅行游乐者的人群。在半数以上的适龄男女都有驾照的社会，汽车给人带来方便，同时也造成路上车满为患。近年来，选择节日去国外旅行的越来越多，一个明显的倾向是到临近的亚洲旅行。有统计说，2007 年新年期间出国旅行者半数去了亚洲。还有一些人为避开国内繁琐的礼节，寻求清静，选择外地的旅馆隐居数日，或干脆出国静养。

对绝大多数日本人来说，真正能感受新年气氛的还是参拜神社寺庙。新年的三天内，到各地社寺参拜的人数，在 1.2 亿人口的日本，已由上世纪 80 年代的 8000 万人增加到 2007 年的 9795 万人。当国家电视台 NHK 在除夕举办的红白歌大赛（类似中国央视的春节晚会）一结束，人们一齐涌向神社、寺院，称“新年初诣”(初拜)。在东京，最有名气的是祭祀着明治天皇的明治神宫和浅草寺。到午夜 12 时整，神宫主司、寺院住持要举起木锤敲响新年的第一次钟声，借回荡的钟声祓除不祥，洗却积存的烦恼，以洁净身心迎来新岁。

2

3

如果是在白天，“初诣”者还会求一块绘马(木牌)，写上自己的祈愿。日本人的求神拜佛多是利益型的，或祈求逢凶化吉、阖家安全、开运招福，或希望考试合格、心想事成、买卖繁盛。也有的在求购“守护矢”(又称破魔矢)带回家中求得吉祥。过去日本人学中国，有过年喝屠苏酒的习俗。不论是日本还是中国，现在很少有人重视这一古老习俗了。

4

1 新年浅草寺。

2 年末的上野饴横町。

3 乐游浅草寺。

4 求一枝签，寄托一年的祈愿。

(2004 年 12 月，东京浅草寺)

1

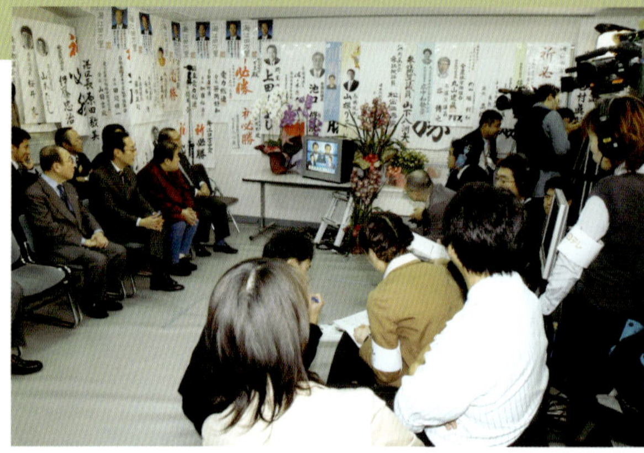

2

“剧场型”选举

第 44 届日本众议院议员总选举(简称大选)在 2005 年 9 月 11 日投票，次日凌晨揭晓。执政的自民党在全部 480 个议席中获 296 席，结果超出人们的预料。

大选的看点是自民党提出的“邮政民营化”之争，也是改革之争。自民党的广告词开宗明义：“您对邮政民营化是支持还是反对？是同意改革还是后退？改革不能中止。”民主党的广告词说：“现在日本在许多课题前走投无路。许多人对未来抱有不安……为了创造人人为之自豪的日本，要与国民共同实行真正的改革。”公明党主张实行支援抚育子女福利政策的“新改革”。共产党提出全力保卫和平宪法。社民党强调，“不面向国民的改革不算改革！”总之，在“不改革，日本无出路”的口号之下，各政党纷纷以各自的改革问信选民。

看点之二是大选的“剧场性”。从宣布众院解散到选举形式都是戏剧化的。在这个舞台上表演的，不仅有执政党间的对立，也有执政党自民党的内争。擅长制造社会话题吸引选民的自民党总裁小泉推出高知名度的女性出马竞选。向政敌派去“刺客”的做法固

3

4

然露骨，但却有效，“女刺客”们纷纷当选就是证明。

“剧场政治”是日本政坛的新现象。在信息化时代，谁能制造一语中的的明快口号，谁能巧妙利用传媒，谁便向胜利走出一大半。自民党抓住了选民希望打破社会“闭塞感”和改变现状的心理，把“邮政改革”变成坚持改革、决不后退的象征符号。信息社会下，通过构建的虚拟空间，虽拉近了选民与政治家间的距离，把政治家的言行送进千家万户，但却造成了似乎自己也在参与政治的错觉。政治家的个人的魅力和表演力成了选择的标准，复杂的政治活动、政策制定等通过传媒，又以“简单明快”但有时不能概括其全的语言不断冲击选民的大脑，有造成“停止思考”之虞。这一变化是不是与日本社会中论资排辈式的企业结构崩溃、“集团归属意识”淡薄，以及信息社会虚拟空间造成的错觉，造就了更多时时“跟着感觉走”的中间选民有关，还有待观察。

展望日本政局，第44届大选是对执政四年的小泉政权的检验。结果表明，大选成了对自民党的“信任投票”。自民党在大选中只强调邮政民营化，但有关国民年金改革等福利、财政改革以及外交政策问题堆积如山。自民党多年高喊财政改革，政府和地方自治体的借债却从2001年的500多万亿增加到大选时的770多万亿，相当于日本GDP的1.5倍。大选是对自民党政权的政策检验，但左右选民投票行动的还包括诸多综合因素。在“剧场政治”下，选民投哪个政党的票，并不意味着同意该党的全部主张。2005年值自民党建党50周年，自民党作为一个派系林立的联合体，历届总裁都注意通过派系平衡维持政权。小泉上台后，在人事上一改传统，大权独揽，牢牢掌握了党内和内阁的人事权以及财源分配权，使原有的派系力学失去作用，党内形成一派独大的局面。第一在野党民主党虽然在这次大选中失利，但从长远看，民主党与自民党两大政党争夺天下的格局没有变化。

执政党在大选中的胜利大大加强了以自民党为中心的联合政权的执政地位。内政方面，被参议院否决的邮政民营化法案将得到通过；拟议中的宪法修改方案将会出台。外交方面，与美国结盟以及改善与亚洲邻国的关系依然是日本外交的两大支柱。亚洲第一次出现中国和日本两个国家同时兴盛的局面，如何调整对华政策和亚洲政策，关乎日本今后的战略走向。如何打开外交困局，看来寄希望于下届政权。

5

战后60年，日本又走到了历史的十字路口。无论是国内政治还是对外战略，都面临向何处去的重大选择。日本经济直线增长的模式不再，原有的社会体系、企业形态、教育、家庭模式都在发生变化，日本正变成头一次经历人口减少并且快速走向老龄化的“老龄少子化社会”。对选民来说，每一次国政选举都是对日本未来走向的探索与选择。

（2005年9月，东京）

1 民主党党首冈田为参选候选人助选。（2005年，松户市）

2 政治家海江田万里的支持者在后援会事务所紧张地关注第43届大选结果，海江田以千票的微弱多数险胜。（2003年11月）

3 投票前的最后一天，自民党候选人在党首声援下街头造势。（2005年9月，东京蒲田车站）

4 设在东京加计冢小学体育馆里的临时投票站。（2005年9月）

5 千叶县的市民在车站前听取日本共产党的街头演讲。（2005年9月，松户市）

1

广岛长崎记忆

2

原子弹是一柄利剑，却高悬在人类自己的头顶。

1945年，第二次世界大战进入尾声。为了迫使日本尽快投降，美军一架B-29轰炸机在8月6日清晨飞临广岛上空，投下人类战争史上首颗原子弹，刹那间，整座城市变成一片废墟，全市24.5万人口中有7.8万人当日死亡。三天后的8月9日上午，第二颗原子弹又由美军的B-29轰炸机投在长崎，又使23万人口的长崎的大部分建筑毁坏，10万余人当日死伤失踪。据日本统计，广岛与长崎至今仍有人遭受原子弹爆炸后遗症的痛苦，迄今因原子弹伤害死亡的人数总共达到37万多人。

广岛和长崎，每年在原子弹受害日都举行悼念活动，发表和平宣言。在广岛，每年8月6日的8时15分，行人停步，电车止行，白云凝固，悲而不怨，整个城市都在一片寂静中为死难者默哀。在纪念公园里，人们献上花环告慰亡灵，舀一勺清水洒在地上，把象征和平的千羽鹤挂在公园里。

每次访问广岛、长崎，一个沉重的话题总是战争与和平。每次都想起广岛和平纪念公园里的慰灵碑上写着的一句没有主语的话："安息吧，不会重复过去的错误。"主语是谁?是活着的后人的誓言，还是现在的当政者? 还是那场战争指挥者的忏悔? 对这个问题曾请教过原子弹爆炸纪念馆的馆长长，他也是位原子弹受害者，他明白地对我说："主语当然是日本国民。"

2005年8月6日，广岛和平纪念公园举行纪念广岛遭受原子弹轰炸60周年，5万多各界人士追悼死难者，为和平祈祷。众议院议长河野洋平在致词中坦承广岛、长崎遭受核爆一事日本所应承担的战争责任。他表示，"慰灵碑上的'不会重复过去的错误'中的'错误'两字包含日本从明治维新到遭受原子弹轰炸这段时间里，选择了错误的前进方向，走上了与欧美列强一样的帝国主义道路，最终与世界为敌，陷入了大战。"广岛市长秋叶忠利呼吁，日本应该遵守放弃核武器的承诺，承担应有的责任，为不重复过去的错误、实现真正的世界和平作出贡献。

两次访问长崎，每次都要参观和平纪念公园。纪念公园里有两尊令人难忘的雕像，一尊是北村西望创作的"和平祈愿像"，塑像闭目静坐，右手上举，食指指天，表示原子弹由此落下；左手平伸，手掌向下，表示希望天下安泰，世事和谐。记得随同采访胡耀邦总书记访问长崎时，他在像前献了花圈，表示人类的和平和友谊一定会战胜战争灾难。还有一尊是中国人民在 1985 年赠送的汉白玉“和平少女像”，背后雕刻着的“和平”两个大字是胡耀邦所题。

原子弹之祸给了人们太多的教训。广岛和长崎人民的确是原子弹的受害者，但制造数十万冤魂的，归根到底是走上错误道路的战争机器。一家报纸的评论说，广岛是原子弹的受害地，但作为“军都”，同时也是侵略亚洲的军事基地，有被害和加害的双重性。每次访问上述两地，都感到当地市民对中国人的包含歉疚的一份友善。

良知要求人们超越国家与民族的不同，勇敢地承担起反省战争的道德责任，并对下一代进行和平教育。60 年间，广岛和长崎持续为和平呐喊，敲着警钟。

1 长崎和平公园里的“和平祈愿像”。(2004 年 7 月)

2 中国人民在 1985 年赠送给长崎市民的和平少女像。

3 长崎市为悼念死者，祈求和平建立的《和平之泉》。时时变幻的水形，象征和平鸽飞翔的翅膀。(2004 年 7 月)

4 广岛和平纪念公园里的慰灵碑，上面写着：“安息吧！不会重复过去的错误。”慰灵碑后是终年不熄的长明灯，远处是原子弹受害的标志建筑——圆屋顶建筑遗迹。(2005 年 6 月)

3

4

冲绳祈盼和平

没有什么比战争更悲惨，没有什么比和平更可贵，没有什么比和平更幸福——在冲绳访问，感到冲绳市民最祈盼和平。

冲绳人自古爱好和平，古时放在房间里的不是军刀而是三弦，不是武器而是乐器，不是军事而是艺术。

冲绳本岛南部系满市摩文仁有处“和平祈念公园”，修建了追悼设施“和平之础”，林立的纪念碑上刻着在“冲绳决战”中死亡者的姓名。1945 年 3 月 26 日，美军在冲绳庆良间列岛登陆，与日本守军展开殊死激战，冲绳市民被强令“玉碎”，造成 23 万多人死亡，冲绳县约有四分之一的人口丧生。

姬百合和平资料纪念馆在那霸市东南方不远处，前往参观的青少年不绝于途。该馆介绍了战争期间冲绳师范和第一高中的 136 名女同学被战争夺去生命的事件。前去参观时，负责人上原详细介绍了事件经过。1945 年 3 月美军登陆冲绳，冲绳守备队强令县内的 200 多名女中学生接受护理培训，然后被派往南风原陆军医院，护理伤员，掩埋尸体。后来在喜屋武半岛的战斗中，学生队被下令解散，被抛弃在战场。在美军包围下又不许她们投降，学生有的被枪杀，有的在弹雨中自尽。上原说，当时日军封锁实情，“夺去了人们的判断能力及生存权利。”她说，没有战争的生活最幸福，作为幸存者“把真相告诉下一代，才是对死者的最好慰祭”。

在冲绳访问，时时感到军事基地的存在。冲绳报纸的报道特色就是基地问题。2005 年 6 月举行的冲绳战殁者追悼仪式上发表的和平宣言说：“尽管战争结束已 60 年，但冲绳依然承受着过重的负担。”稻岭知事说，他“最头痛的就是基地问题”。

在冲绳的美军基地有多少？资料显示，至 2003 年，在冲绳的美军基地设施涉及冲绳的 24 个市町村，共 37 处，总面积达 236.8 平方公里。代表性的数字是：占日本全国面积 0.6%的冲绳，集中了美军在日本基地设施的 75%，在日美军兵力的 63%。美军在冲绳的基地面积占到冲绳本岛面积的 18.9%，其中嘉手纳基地面积竟占到嘉手纳町的 83%。第 58 号国道贯通冲绳本岛南北，走不多远便能看到用铁网围起的基地，远东最大的嘉手纳空军基地就在路旁，军机和机库清晰可见。

1

2

基地如此密集，给当地居民造成巨大困扰和沉重负担。美军飞机日夜起降，噪音迭起，事故频发，搅乱了居民的正常生活。2004 年 8 月，美军一架大型直升运输机在宜野湾市冲绳国际大学校园内坠毁，尾翼坠落在数百米远的公民馆，飞散的碎片飞进正在熟睡的婴儿的寝床。

冲绳居民反对美军基地的再一个原因是经济。冲绳经济被称为“3K 经济”（日语中基地、观光、公共投资的第一个字母），其中“基地经济”比重下降，旅游产业比重上升。当地人说，旅游是通向和平的护照，和平之岛不需要基地。（2005 年 8 月）

3

4

1 上世纪 60 年代初，美国在冲绳的恩那、金武等四个村修建过瞄准中国的导弹发射基地。此基地在 1969 年撤除后被创价学会买下，做了和平研修场所，并在此建立了世界和平碑。（2005 年 8 月）

2 冲绳系满市摩文仁和平祈念公园里的“和平之础”，上面刻着 23 万战死者的姓名。

3 当年的战争经历者在姬百合和平资料纪念馆里向青少年讲解战争受害者的悲惨故事。

4 后人应知当年事，旅游者背靠锈迹斑斑的鱼雷弹照相留念。（2005 年 8 月，冲绳和平祈念公园）

1
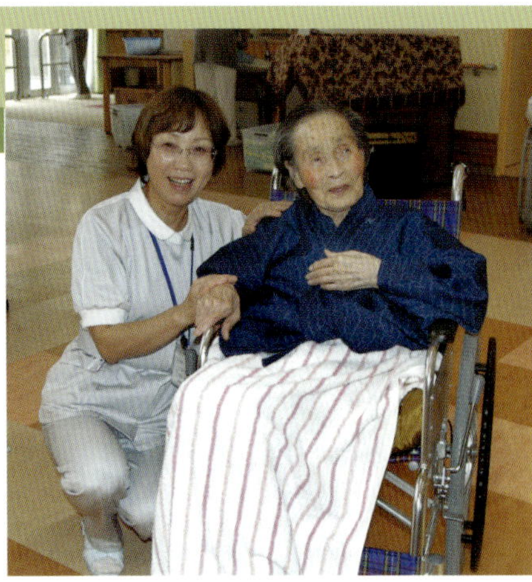

2

同一屋檐下

“快到这里来”是富山市的一家非营利法人(NPO),是同时看护包括老龄人、残疾人和孩子的“老小同堂”式的日托设施。这种不问年龄、是否残疾、建在民房里的护理模式受到市民的欢迎。领导这家设施的理事长惣万佳代子因她对社会的贡献,富山县授予她勇于创新的“挑战奖”,同时作为“推动男女平等参与的功劳者”受到政府总理表彰。

惣万发起创立三代同堂式日托所是在 1993 年。护士出身的她有 20 年的护理经验,她看到许多住院的老龄人出院后回到家里仍需要人护理,许多做儿媳的为此不得不辞去工作回家照看老人,便想如果能把这些老人也集中到一起该有多好。出于减轻有老人家庭负担的想法,她从富山的红十字病院退职后,利用退职金和自家的住宅,和同伴建起了“快到这里来”的日托所。

日托所“快到这里来”完全是家庭式的,有老人,有孩子,有智障青年。护理人员实行人性化亲情服务。惣万说,老龄人、残疾人与其他人一起生活本来就是社会的常态,也是社会福祉的基本理念。老人、残疾人与健康人一起生活,能起到“相乘效果”。老人与孩子在一起能从孩子那里得到元气;孩子从老人那里受到家庭式的呵护,有利于成长发育。对身体有障碍者的护理不是出于怜悯,而是要真诚相助。她举例说,有的痴呆老人在这里感觉好像是在工作,有利于恢复机能,“就像有时说不出老伴的却记住孙子的名字一样,这里的老人能记住孩子们的名字。”

“快到这里来”的看护方式被称为小规模多机能型的“富山模式”,参观者络绎不绝。日本虽然有老人福利法、身障者(残疾人)自立支援法、儿童福利法,但没有支援老小同托的法律。后来政府放宽了限制,“富山型日托服务推进特区”得到政府认定。“快到这里来”虽然开始时连续亏损,但在各方支持下走上了正轨,平常有 20 名助手在这里工作,每天利用这里的设施的有 20~30 人。她强调,做对社会有益的事需要先从自己做起,正如林肯所说,不要问国家为你做了什么,而是问人民为国家做了些什么。

3

1 长野县须坂市托老所里的 103 岁高龄老人。(2003 年 10 月)

2 在这个护理设施里,老人、孩子、残疾者三代人如同大家庭一起生活。(2003 年 10 月)

3 家庭式的三代同托设施“快到这里来”。(长野须坂市,2003 年 10 月)

老友的新居

我与滨冈先生是忘年交。日中留学生交流协会秘书长中岛告诉我，滨冈在老伴去世后搬进千叶县佐仓市的老人设施“清明会”，居住条件不错。现在有一两百位老人排队等着入住，他能够入住也算他有运气……

深秋季节，我选了个星期天前去看望。滨冈的新居在佐仓市，是一栋四层楼里约 15 平米的单人房间。房内有洗衣机、电视、安全帽等日常生活防护用品，电炉和洗浴设备俱全。滨冈老人听说我们来访很是高兴，快到 90 的人了依然精神矍铄。在他房里的桌子上摆着年轻时和老伴在一起的合影照片，想必时不时回忆起过去的幸福岁月。

老先生一生曲折，上世纪 30 年代他 18 岁那年曾在日本控制下的东北“满铁”公司当技术员，后来应征当兵。战后他作为技术人员被东北民主联军留用，与原在满铁的其他技术人员及家属南下，在兰州、天水、成都、重庆等地参加西部铁路的修建，曾担任过“西南铁路段信号设备施工队队长”，在中国的铁道线上工作过八年，留下过青春足迹。这几年，老人怀旧之情更加强烈，四处为中日间的铁道技术合作奔走，说是要活到“中国的新干线通车的那天”。

老人的儿子一个住在当地佐仓，另一个住在东京的郊县。这天正碰上二儿子夫妇前来探望。儿女们每星期都过来看看老人，打扫卫生，尽尽孝道。老人对我说，他退休后有个人年金每月有 13 万日元，另有每月 5 万日元“军人恩给”(二战时当过旧军人的人都有)，加在一起共有 18 万日元，大体上吃住用去十来万日元，多少能剩些零用钱。

“清明会”的职员佐藤告诉我，佐仓市的这家设施属非营利的社会福利法人，是“低收费的老人养护设施”，属市民政福祉部门负责管理。主要对象是“有支付自立能力的工薪人员”，条件是家中无人照顾，体弱者优先，费用来自厚生年金。但对象不包括“特低生活保护者”，特困老人另有特别养护老人院。

清明会里住着从 60 岁至 98 岁的 50 位老人，有 25 名工作人员在此服务(有一名护士常驻)，附近的志愿者也常来帮忙。日常运营来自市里补助和个人交纳两部分。入住对象根据收入多少交费，除每人每月交 8,400 日元的管理费之外，月生活费统一为 44,810 日元，还要 3 万日元的特别服务费、1 万至 4 万日元不等的事务费。大体上年收在 150 万日元以下者，收费 93,210 日元；年收在 200 万以上者收取 11 万日元。另外，室内物品自带，伙食费均等，生活水平一律，70 岁以上的老人只交 10%的医疗费。如果因病需要护理，须另交护理费，根据需要程度分为 5 级，个人负担 10%的费用。

住在东京时，住处附近也有家新开的老人设施，但光是入住费就要 1500 万日元，每月还要另交 30 万左右的吃住费用。我问为什么差距这么大？朋友中岛说：“那是为富人准备的。”(2005 年 11 月)

1 佐仓市“清明会”里的老人休息室。

2 滨冈的儿子、儿媳每周来他的住处看望、打扫卫生。

1

通学时分

2

1 放学所见。(东京惠比寿三丁目)

2 儿童上学,警员敬礼。(东京惠比寿三丁目)

每年4月6日,是日本的公立学校正式开学的日子。东京都立的1300所小学9万多名儿童在这天举行新生入学、教室开课仪式。

与往年不同,一些学校门前增设了警卫。从惠比寿的一所小学门前经过,看到在校门值勤的警员不停地向小学生敬礼。儿童上学,警员敬礼,一幅开学的新鲜情景。

学校门前设岗事出有因。2005年2月,在大阪府寝屋川市曾发生教职员被杀伤事件,闹得大人孩子们人心惶惶。鉴此,各校普遍采取了安全措施。东京涩谷区内的全日制小学从这天起,请民间警卫公司的职业保安常驻。有的学校在校门设置岗亭,由身穿制服、携带无线对讲机和警棒的保安站在门前。

在"少子化"(孩子生得越来越少)的影响下,一向重视教育的日本社会极其认真地保护儿童的安全。目前,东京的公立中小学多数有警察巡视,学校周围的居民委员会也加强了巡逻,有的地方特意安排在放学时间清扫卫生,以增加孩子上学的安全感。一位学校的校长说:"这样做虽然不能说百分百放心,但起码增加了安全因素。"开学这天,有许多家长陪送孩子上学,有位家长说:"加强防范意识是好事,能让家长放心。"

在东京的各街区的小学附近,常见到打着小黄旗的老人护送孩子过马路,对孩子非常和蔼。他们是由各地的"花甲人材中心"派出的儿童安全员,主要从事护送孩子过马路等交通安全活动,花甲老人的活动基本是尽义务,由花甲人材中心付给一定的补贴。

与东京这样的大城市相比,地方上的小城市里孩子上学要轻松得多。我在福井县的武生市味真野小学看到,中午到了放学时分,孩子们都是按回家路线排队集体行动。孩子们有纪律的自觉行动,令人想到这是一个教育大国。

千金之梦

年末的东京街头，行人匆匆，新年的气氛渐浓。在迎接新年的诸事之中，有一样事情不可少——排队买年末彩票。

彩票是半个世纪以来持续的“一攫千金之梦”。据报道，2005年度有张中奖券是4亿日元，能中1000万日元的彩票有2,825张，中100万日元以上的达到13,478张，“平均每40分钟出现一名”百万日元以上的中奖者。在2006年末，第513次全国自治彩票发行的“年末大型彩票”，有370张彩券能中1亿日元以上。在“4亿日元彩票时代”，无论是一年到头忙碌的公司职员还是家庭主妇，都想试一试自己的运气。

刺激人们发财梦的彩票事业，根据法律，彩票的经营和发行只限于各都道府县自治体和大阪、名古屋、京都、神户、横滨等六大城市及自治大臣根据财政需要特别指定的市。发行彩票所得收益中，45.8%分配给中奖者，14.4%用于宣传、印刷等各项成本，39.8%用于地方自治体的交通安全、道路、文教、绿化、救灾等公共事业，例如在1995年阪神淡路大地震时发行过专项“复兴彩票”。据统计，彩票的发行额在2004年度达10,742亿日元，收益约4,273亿日元。彩票是地方财政的一大财源。

什么样的人中奖的机率大？据日本的2004年度高额中奖者白皮书，能中1000万日元以上的人群都是购买经历在十年以上的人，平均男性为60岁，平均买30张；女性平均50岁，平均买10张。问到能中奖的秘诀，60%的人回答说是“运气”，有20%的人认为是“持续与忍耐”。

日本的彩票面额不大，每张在100日元到300日元不等。大多数人虽积极购买但不能寄厚望，因为大多数人买的彩票其实都打了水漂，有的也就是能换回几张邮票。

东京新桥有乐町车站的售票点，因连续16年出现高达1亿日元以上的中奖彩票，成为最火的卖场之一。(2005年12月)

1

走路禁烟

2

1 马路上画出禁烟标志。

2 东京车站吸烟区。

东京的烟民越来越没了自由。如果您去千代田区闹市办事，千万不要走路抽烟，因为有碍观瞻不算，还可能被处以罚款。

千代田地区是东京的中心区域，为了美化环境，该区生活环境条例规定禁止在秋叶原、有乐町、神田车站等八处繁华地段走路抽烟，禁止乱扔烟头、空瓶、口香糖等。从2002年11月起，当局规定在该区门市走路抽烟或乱扔脏物，要被处以最高2万日元的罚金，最少也要受罚2000日元(合130元人民币)。

从教养到规范，日本人办事一般采取“给出路”政策。禁烟的车站里往往设置小小的抽烟区，让烟民过过烟瘾。这次路上禁烟先试行一个月，出安民告示，从实行的前几天起传媒都有报道提醒，试行期间每天有50名区政府职员巡逻宣传。实施头一天，有十几人被罚，大多数人认罚，也有的耍态度。有位茶色头发的女性抽烟被罚，竟掏出3万日元扔在地上：“不是要钱吗?给！”政府职员还是追上把钱交还。还有看着不妙撒腿就跑，让人无奈。

日本规定，违法者被罚款要通过邮局交款。多数人对禁烟规定赞成，绝大多数人愿意遵守。也有人认为属教养问题的走路抽烟也要罚款有些过分，还容易在社会上造成“恐怖政治”。

女性车厢

从 2005 年 4 月起，进出东京的部分电车 JR 埼京线及部分地铁顺次在上下班的高峰时刻设置女性专用车厢，理由是为了预防“痴汉”，对付车内流氓犯罪，保护妇女安全。

“痴汉”是日语，相当于中文的“色狼”、耍流氓，日本法律定为犯罪行为。在人们心目中，日本属丰衣足食的社会、素质均等的民族，但衣食足不一定知荣辱，仓廪实不一定知礼节。近年来，电车内的“痴汉”增多，年轻人在车内大声喧哗、不给老人让座的现象代替了过去彬彬有礼的印象。警视厅的一份报告说，“痴汉”行为“几乎都是在车内发生，其数量年年增加”。2004 年“痴汉”被检举的件数中，电车内占 77%，店铺、车站各占 7%，路上占 5%，受害者以平均 17.7 岁的女性最多。是年车内发生的 2200 多件“痴汉行为”中，半数以上集中在上班高峰时刻。

设妇女专用车厢过去也搞过，后因有男女歧视问题被废除。对于交通部门的规定，多数人赞成，妇女高兴，认为能减少“痴汉”车内耍流氓，但也有人不满，认为如此做法，专用车厢成了男性禁区，标志路段成了禁地，其他车厢更加拥挤，且使遵守道德的正经男子无端被疑，是歧视行为。有的男子为了避嫌，采用倒退姿势进车厢，进去后双手紧抓吊环做举手投降状。因为在日本这种秩序社会，一旦被曝光有“痴汉”行为，将严重影响一生的前途。

有人认为，面对世风日下，设置女性专用车厢或许是无奈选择。

2006年 1 月，东京惠比寿车站站台。

1

“热岛”对策

2

东京都的夏天越来越长，气温越来越高。2004 年夏天，东京遇到数十年没有的奇热，30℃以上的天气达到创记录的 40 天。人们越来越多地谈论起东京的“热岛效应”，政府当局正在采取相应对策。

“热岛”是城市中心的气温比周边明显上升的现象。在东京，盛夏的表面温度白天可达到 50~60℃；到了夜间，白天储存的热量释放，导致气温无明显下降。如果用等温线绘制一张城市图，市中心部分的气温明显增高，状如海岛，故名“热岛”，它是随着城市化形成的地表覆盖的人工化（钢筋水泥建筑、低反射的柏油路面增加等），伴随着能源消耗出现的人工排热过量（建筑物中的空调、汽车尾气、工厂的生产）以及树木和裸地减少，地表面的热收支发生变化引起的“热大气污染”。

东京的热岛现象有多严重？据日本气象厅报告，在最近的百年间，东京的年平均气温上升了 3℃。最近 20 年间，每年超过 30℃的时间，从 1980 年的 168 小时增加到 2000 年的 357 小时。（同一期间，名古屋市增加 2 倍，仙台市增加 3 倍。）同时，与白天的最高气温上升相比，城市里夜间的最低气温也明显升高，25℃以上的“热带夜”，东京每年增加到三十来天，影响到人们的日常生活。

3

针对越来越严重的热岛效应，东京都政当局正在积极采取对应措施：鼓励屋顶绿化、墙壁绿化，鼓励建房时留出楼群间的通风道，使用高反射率的涂料，保水性好的建材。为了节能，提倡穿清凉衫、减少人工排热、增加绿化面积（东京的绿化率约为 62%）。为了宣传屋上花园的效果，东京都厅的专家带我们参观了几处屋上花园。专家强调，屋顶绿化可以在土壤和植物的作用下，对建筑物起到隔热效果，通过降低屋顶温度为大楼降温，不但节约能源，提高建筑物的耐久性，美化城市，还可缓和热岛效应。东京都为了鼓励屋上绿化，修改了绿化标准，把在屋顶与壁面绿化的面积与地面绿化加在一起计算。

随着对热岛效应认识的加深和城市空间的有效利用，屋顶绿化的市场规模不断扩大。环境厅估算，到 2010 年，日本国内的市场规模将达到 3300亿日元。为了找出更好的热岛效应对策，研究新技术、新方法，在 2005 年由产、官、学三方联合组成了“日本热岛学会”。

1 小松制作所总部的楼上花园。（东京）

2 六本木地区楼群中的屋上花园。（东京）

3 爱知世博会上展示的壁面绿化技术，150 米长的“绿墙”，能有效控制温度的上升。

4 东京的“绿色率”约有 62%，图为东京楼群中的绿地。

4

高山民俗村

日本中部接岐阜、富山、长野县境是高原山地，群山屹立，3000以上的高山有好几座，数条峡谷伸展，山村散见其间。内陆性气候使这里冬夏温差大，湿度低，气候凉爽，植物丰富。

高山地区的文化是在吸纳南北文化中发展起来的。在江户时代高山地区曾是幕府的直辖地，受京都和江户的文化及生活习俗影响，构筑了独特的山区文化，历史上产生过不少木工等能工巧匠和舞乐演奏家，留下一片自然与历史文化遗产。

高山地区属于岐阜县，市政当局致力于地方的文化财产保护，建立了历史民俗资料馆和民俗村，把散落在各地的旧民居和生产、生活用具集中起来，还建立了与此地有过交往的文人墨客的诗碑等文化碑。近年来随着纵贯本州中部的汽车专用车道建成，越来越多的游客来此，重温在其它城市已经看不到的有形与无形传统文化。

1 民俗村里的“一刀雕”雕刻师。
2 做针线活的高山妇女。
3 传统的古民居。
4 形如车轮的稻田，称为“车田”。
5 高山市的民俗村风景。

1

“科斯普莱”

2

1 东京原宿的“科斯普莱”少女。(2004 年)

2 “科斯普莱”少女以展示奇装异服为乐。

在东京原宿街头，常看到身着奇装异服的女孩。她们的着装如同进了童话《爱丽斯漫游奇境记》，人称“科斯普来”时尚(Costumeplay)。

科斯普莱，有人解释为“时代剧”，也有的称之为穿上某个时代的服装在街头展示的“角色扮演”，或称颓废派少女时尚。每到周末，一些女孩子便穿上自己喜欢的衣服，结伴聚集在原宿车站前的广场上尽兴游玩，饿了便席地而坐，吃点自带的盒饭。她们并非没有钱去饭馆，而是觉得席地而坐，尤其是觉得在街头亮相很“酷”，通过表现与众不同的自我，能转换心情，释放日常生活中的紧张。

原宿是年轻人光顾的地方，也是东京的街头时尚信息发源地。各国时装界人士注视着原宿、涩谷等地，精选有个性的服装品牌、新生产的休闲时装，并从年轻人的着装中汲取设计灵感。

动漫被视为日本的新文化，也受到其他国家年轻人的喜爱。科斯普莱的出现与发展和漫画文化，尤其与动漫相关。年轻人受漫画影响，认为能成为动漫中的人物的是科斯普莱，于是在服装上模仿漫画中的人物，研究什么姿势最讨人喜欢，什么打扮最上相。年轻人喜欢随着动漫中的音乐跳舞，举办舞会、摄影会，后来出现专门出售科斯普莱服装和装饰道具的商店，还创办了名为《C-NET》、《COSMODE》的专门杂志。从 2003 年起，以日本为中心发起举办科斯普莱世界峰会，通过科斯普莱表演直观地介绍日本现代动漫文化，得到日本政府部门的支持。在 2005 年爱知世博会期间，40 名科斯普莱们聚会世博园，受到数千观众热烈欢迎。2006 年的科斯普莱高峰会上，有中国的年轻人赶去参加表演，“科斯普莱文化”渐成气候。

据说日本的年轻人中有一种倾向，不讲吃住，重视喜好，追求精神感觉。不在意住窄小的房子，愿意把钱和精力花在比如玩电脑、搞音乐，看动漫等自己喜欢的事上。

展示婚服

现代日本人的婚礼，至今多数采用神前结婚仪式。图为中国高级代表团访问日本时，身穿和服的青年男女向中国客人展示介绍日本传统的结婚服装及迎亲仪式。

（2003 年 9 月，东京迎宾馆内）

剪影岚山

从渡月桥通向龟山公园的小路上，两次见到路边的剪影人，围着不少行人驻足观看。用不了几分钟，一张惟妙惟肖的剪影在她手中诞生。

（2005 年 4 月，京都）

掠影

赤旗节

一年一度的东京“赤旗节”是日本共产党举办的大型游园活动。赤旗节的活动突出群众性，重在参与，除了举办政治讨论会和党史展览会，还有文艺演出和体育活动。日共成立于1922年，在日本现有政党中成立最早。赤旗节也是在各政党举办活动中规模最大的活动，每年都有十几万市民参与。图为在东京梦之岛公园举办的赤旗节会场。

(2002年11月)

掠影

街宣车

在街头缓慢行走的“街宣车”，是日本城市中的一道奇异的风景。日本约有1000家结社团体，活动最频繁的是标榜“国家主义”、“反共”、“尊皇”的右翼政治结社团体。“街宣车”在日本的定义是：为了宣传自己的主张、商品、商业活动，用大音量播放音乐、演讲、呼喊口号等使用的汽车。虽然日本有限制噪音的条例，警察当局也依照法律进行限制，但“街宣车”依然不绝。

(2003年8月，东京天观寺桥)

掠影

当回孕妇

东京的惠比寿地区举办“护理节”活动，义务为过往行人健康咨询。其中一项是请男士们当一回孕妇，体验妇女在怀孕期间身体要承受十来公斤的重量负担，要求男人们更加体贴爱护女性。

（2004 年 5 月，东京惠比寿）

掠影

双胞寿星

长野是日本的长寿县之一。须坂市的这对双胞寿星在谈到健康秘诀时，直夸那里的水好、空气好，还说她们的健康秘诀是多做活儿。

（2003 年 6 月，专野县须坂市）

不堪重负

旅居东京期间，住目黑区三田町。横跨目黑、涩谷两区的惠比寿花园小区高楼鳞次栉比，今非昔比。但附近的街路上的电线杆却依然如故，极不协调。

究其原因，据说一是因市政建设费用不足，再就是私产不可侵犯的制度与有限的公共路面的矛盾，彻底改造难度极大。因而当住户需要增设电信设备时，越来越多的电线层层相加，电杆不堪重负。

图为笔者曾居住过的街道上的蛛网般的电线杆。(2003 年 10 月)

蓝色帐篷

泛舟隅田川，见岸边有用蓝塑料布搭就的帐篷。舟中人说，那是流浪汉的“蓝宫”。

蓝色帐篷在隅田川河边有，代代木公园、闹市新宿的通道里也有所见。日本支援流浪汉自立特别措施法规定的对象是，“无故把城市公园、河边、路旁、车站及其它设施，作为起居场所的日常生活者。”因居无定所，他们很难找到稳定的工作，只能临时干点回收塑料瓶、旧书报杂志的活儿，用塑料布或纸箱子搭个睡觉的地方。

流浪汉是被社会边缘化的弱者。他们之中，有的是被公司减员、辞退的失业者，有的是受过挫折、失去工作欲望、丧失生活的自信的人，还有的是自暴自弃或厌世的人。东京虽很富裕，但不是弱者的天堂。

(2003 年 4 月，东京隅田川畔)

掠影

游方僧人

日本僧众除了在寺院修行外，还要定期"巡礼"，遍访师家、僧堂、灵场拜师、礼佛。图为一位僧人来到镰仓的高德院大佛前参拜后，手持金刚杖、斗笠，准备继续巡礼朝圣。头陀袋上的字"同行二人"，意为得到弘法大师(9世纪初曾在大唐长安青龙寺学习密教，回到日本后创立真言宗的空海)护佑，如同与大师同行。

(2003年6月，镰仓)

掠影

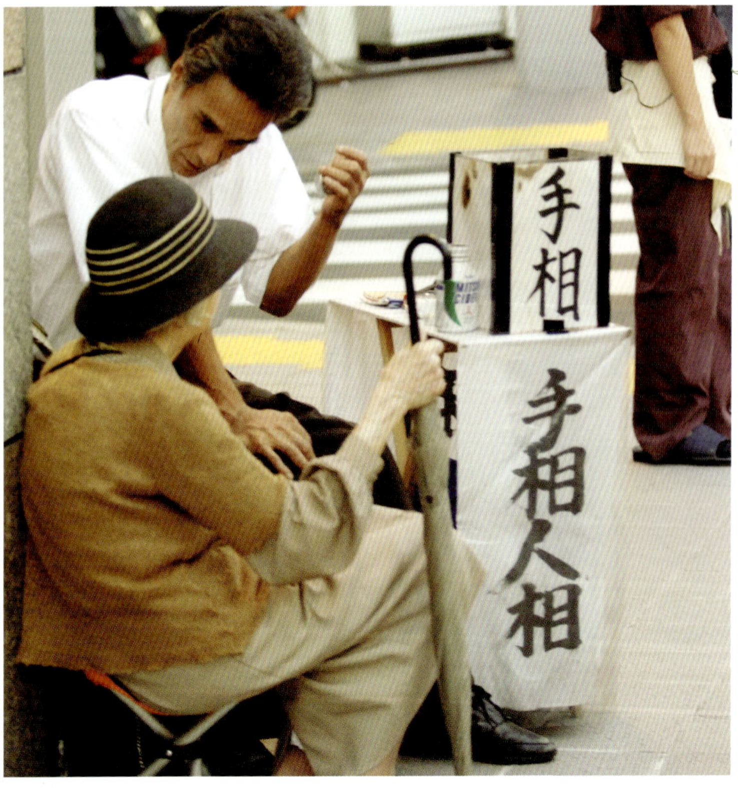

占卜人生

观人相，看手相——日本也有三教九流。在东京闹市地区，不时见到临时摆起的为人占卜人生的地摊。没有人相信所说是否灵验，在快节奏的社会里，也许人们只把它看做一种缓解精神压力的"心理咨询"。

(2005年9月，东京涩谷)

大道艺

浅草是东京都以浅草寺为中心，现存的保留着江户大众文化的游乐地。浅草杂艺团是著名的大道艺演出团体，图为浅草大道艺术家为市民表演。(2003年10月，东京浅草)

掠影

阴阳石

生殖神信仰是日本生殖崇拜的古俗。日本有多处祭祀性的神社，图为“阴阳石神社”，火山活动溶岩形成的“灵石”，当地人作为祈求男女结缘、安产、开运之神受到祭祀。

(2005年，宫崎县)

掠影

行路标

在北海道行车，可见每隔几十米就有一根标杆吊在道路上空。一打听，原来是下雪时的指示路标。北海道冬天积雪深厚，往往看不清哪是路边，有了指示标，可以沿指示线放心行驶。

（2005 年 7 月，北海道）

掠影

护美箱

日本各地都有保持洁净的公德意识，道路的休息站都设分类垃圾箱。这是镰仓市的一个公园里设的垃圾箱，按日语的谐音将垃圾箱称为“护美箱”。

（2003 年 6 月，镰仓）

掠影

乌鸦作战

东京市民每天与乌鸦为伴。每当收放垃圾时刻，乌鸦成群上下翻舞，或落于电线，或隐于树丛。乌鸦筑巢造成多次断电和火灾事故，甚至袭击行人。过多的乌合之众导致黄莺、燕子等益鸟消失，市民叫苦不迭。

为控制乌鸦繁殖过多，环境局决定在代代木公园等乌鸦经常光顾的场所设置110个圈套进行诱捕，并组织记者采访。代代木公园林木茂盛，园内西北角放着4个铁笼的，内放乌鸦喜爱吃的鲜肉。乌鸦绝顶聪明却敌不住肉香诱惑，闻其味飞入求食时有进无出，中计落网。

(2003年8月，代代木公园)

掠影

红薯烤香

陪朋友游富士，下山小憩之际忽闻薯香，原来有家挂着红灯笼的车载小铺，叫“老源烤红薯”，招牌上写着“脸长得不自信，闷烤红薯有把握”、“老源的烤物，顽固老头儿营业中”。一打听，每块要500日元，于是要了3块。店主倒也痛快，付钱时只收1000日元，还搭上2块小的。

快活诚实老头儿叫西岛，他说家住在伊豆，离此地有些距离。他烤的红薯的确很香，不是吹牛。

(2005年5月，富士山麓)

1

承托祈愿

日本汉字能力检定协会(本部设在京都)2005年12月12日在京都的清水寺大舞台宣布，表现2005年社会世相的年度汉字为“爱”字，在场的媒体记者和访客认为“爱”字十分贴切，报以热情的掌声。

当年的汉字评选共收到来自全国各地的约8.5万张选票，选择最多的字是“爱”字，占总数的4.7%。另外进入前5名的分别是“改”、“邮”、“株”、“笑”字。汉字检定协会理事长大久保升介绍说，选择“爱”字的原因，一是像皇女纪宫成婚、皇孙女爱子有可能成为女天皇、青年人追求纯真的爱恋，还有文体明星的结婚潮等社会新闻较多，人们从日常生活中感受到培育爱的重要；二是爱知世界博览会“爱·地球博”的举办成功，在巴基斯坦地震、美国特大飓风灾害中，世界各国人民向受灾者伸出友爱之手，人们从这些报道中感受到人类之爱。与此同时，也有不少选票有感于社会事件频发，如春天发生的因火车脱轨造成重大人员伤亡的事故、手段残忍的少年犯罪、无故杀害儿童、奸商在建公寓楼时偷工减料，少用钢筋等威胁居民安全的豆腐渣工程等缺德少爱的事件，从反面强调了爱的重要。另外从“笑”、“幸”等明快的字眼进入前十名，也印证了人们对爱的期待。

在新闻记者等在场的人们的注目中，清水寺贯主(住持)森清范饱沾浓墨，在长1.5米、宽1.3米的白纸上大笔一挥，一气呵成，写下刚柔相济的“爱”字。他表示：世间有不少爱，但也缺少爱，希望明年消灾避邪，和谐致祥。

日本汉字能力检定协会是以提高国语学力而成立的法人团体。该协会有感于日本人的汉字能力下降，为传授汉字之深奥，在全国发起通过一个汉字表现日本每年度的社会风

2

气的评选活动，从 1995 年起，到 2005 年是第 11 届。表现前十年日本世相的汉字分别是：震、食、倒、毒、末、金、战、归、虎、灾。这天这些文字也摆到清水寺大舞台前向人们展示。

清水寺是法相宗（创始人为中国唐代的玄奘大师）寺院，以 107 岁高龄辞世的清水寺前贯主大西良庆长老是位多年致力于日中友好的高僧，与中国佛教协会已故会长赵朴初居士是至交。清水寺曾是日中佛教友好交流的事务窗口。挥毫结束，清水寺僧众在森清范贯主的率领下，对“爱”字做起了祈祷的法事，向人们散发灵符。法事结束后，我特意去贯主的办公室请教。森清范先生也是位友好人士，他曾起意捐出演讲费，为在日本学习的中国学子助学。他对我说，佛教徒最讨嫌战争，最希望和平。佛教讲“缘起”，广结善缘，人与人的关系是你中有我，我中有你。孔子说做人的根本是“忠恕”，忠是对人没有伪心，恕有谅解人的心胸之意。“爱”不是把自己所爱强加给对方，而是设身处地体察对方心情，做对方满意的事；国家领导人应从全亚洲考虑问题，应想着为对方的幸福做些什么。贯主的讲话表达了他对中日友好的热望。

森长老亲自把我送出门外，不经意地指着眼前的一片红叶对我说：“您看有多美！”抬头一看，火红的枫叶在夕阳下分外绚丽。

3

4

5

1 清水寺僧侣举行法事，对“爱”字诚心祈祷，悉心加护，祝愿来年世事和谐致祥。

2 时令正值初冬，清水寺里的红叶格外艳丽。

3 森清范长老（贯主）在寺内接受笔者访问。

4 清水寺长老大笔一挥，写下代表 2005 年的汉字“爱”。

5 清水寺大舞台展出历年表现日本社会世相的汉字书法。

百業競技 篇

百工竞技　真实不虚

日本是个有“工匠”气质的民族。与中国文化中的写意相比，日本人更注重写实，崇拜技能。在日语中，“匠”字与“巧”字同音，匠人备受推崇，大师级的工匠被尊为“人间国宝”。

日本把技术工匠称为“职人”，下面的这组内容就是有关“职人”的。他们之中有染织、木工、冶铁、造纸、编织、金箔等行业的大师，在各自的行业里尽显其能，各安其分，锲而不舍，把追求“巧”的极致织进自己的人生岁月。

列岛山水滋养出一批批能工巧匠。社会上有崇拜技能之风，制度上也为能工巧匠的产生提供了条件。在美术馆、博物馆里，绘画、工艺品同为鉴赏对象，寒光闪闪的日本刀与悱恻缠绵的美人画同列，古老文物与民俗器物同展。各地的文化保存会、文化会馆里少不了陶艺、剪裁，建筑、木工、料理等“生活教室”，鼓励市民们踊跃习技艺，对达到一定水平者发给资格证书。

为了传承工艺技术并培养后人，日本实行工艺士认定制度。“传统的工艺品产业振兴协会”对从事工艺活动12年以上、经考试合格的工艺师授予“传统工艺士”称号。到2006年，日本全国有4596名工艺士。还有“传统的工艺品”指定制度，工艺品被视为“用之美”的器物，其产生与使用均来自于生活，在原料、技术、技法等方面，工艺品是在使用中不断完善的。所谓“传统的”工艺品，是指用于红白喜事、祭祀、节日等生活的器物；是指用手工制作、用传统技法制造的器物。技术靠磨练，秘诀靠积累，日本人认为能在百年以上的时间里保持，必定是经过许多人手进行做过多次改良，这里面就包括了大量生活智慧。到2007年3月，经过政府批准指定的“传统的工艺品”有210品目。

“重要无形文化财保持者”（即“人间国宝”）的认定制度，是日本的继承传统的创新。早在19世纪的明治维新时期，鉴于传统文化受到欧美文化的冲击，日本开始制定法律保护文化遗产。日本在1950年在世界上第一个制定了《文化财保护法》，其中提出了“无形文化财”的概念，使在工艺技术（陶艺、手工织染、铁工锻打等）与艺能表演两大领域身怀绝技的工匠们能够实现自身的艺术价值，担负起传承技艺的历史责任。从1955年实行认定制度以来，五十年间在工艺技术与艺能表演两大领域共认定了306位国宝级人物。应当说，传统工艺士、和人间国宝认定制度的实施，解决了传统艺（技）术的传承与发展问题，从人类文化的角度看也是一大贡献。联合国教科文组织在2003年通过的《保护无形文化遗产公约》是受到日本做法的启发和影响。赵朴初对日本保护传统文化的做法，曾在诗中赞扬说：“堪羡此邦不忘祖，保存文物到无形。”

日本民族不善于理论、哲学思考，在理论与实际、抽象与具体中，日本人更注重实际，善于从小处着眼，从局部到全体。日本民族爱学习，有虚心拜强者为师、通过改良推陈出新的传统。从历史的角度看，日本人对先进的大陆文化的掌握与认知先是自上而下，最高水平的技术与器物先是在宫廷和上层社会中流传，然后逐步扩大到民间。这种历史上的“后发效应”，使日本从引进之初就站在高起点和高辨别力上；对外来文化以及对舶来品的敬畏，进一步增加了对技术、技能的重视。

（2007年8月）

丰田人的梦

爱知世博会正式开展前，丰田汽车公司邀请部分人士参观“丰田馆”的预展。看完后丰田的老朋友神尾先生问我：“伙计，智能机器人怎么样？”我如实回答：“表演棒极了！”

爱知世博会是高新技术与各国文化竞演的五彩舞台，各大企业都使出浑身解数宣传各自的企业文化，丰田汽车公司自然也不例外。这次丰田展馆为配合爱知世博会“自然的睿智”这一主题，通过展示伙伴机器人乐队、搭乘行走型机器人等，描绘了未来的人与车的和谐社会，成了世博会最有人气的展馆之一。

汽车是现代文明的道具，汽车文明给人们带来舒适、快捷、便利，同时又带来能源消耗、环境污染、交通安全等难题。汽车产业实际上也是在不断克服这一矛盾中发展起来的，制造出节能的车、环保的车、舒适安全的车是他们追求的三大梦想。

爱知是丰田汽车总部所在地，也是其在国内的主要生产基地。丰田的发展是从这里起步的。丰田公司起初制造的车也曾故障百出，但丰田人脚踏实地，依靠不断“改善”的创意工夫，追求车与人的协调，其经营秘诀“丰田生产方式”成了最具特色的企业文化之一。

元町工厂是丰田的主力工厂，设备先进，主要生产以皇冠牌轿车为代表的七种车型，从冲压、焊接、喷涂、机械成型到组装，年产 8 万台高级轿车，实行着严格的质量化管理。元町工厂还是丰田公司对在亚洲 11 个国家中的生产据点进行技术支援的主力工厂，厂长宝田先生兼任丰田公司“全球化生产推进中心长”，常年有五十来名自中国的技术研修生在这里学习。

组装车间各操作台上都挂着质量信息板，实行信息的共享。组装线每有移动都播放几声乐曲——不是为了欣赏，而是提醒安全。组装线上安装着“失误自检装置”。这条组装线上的

1

2

重要作业是拧螺丝，每台车需要拧紧的螺丝钉个数可以从车顶上信息接收器获取。当作业中按照规定拧紧全部螺丝，绿灯亮起；如没有按规定的个数及规定的力度拧紧，或忘记拧螺丝，红灯会亮起，生产线自动停止。汽车有3万个零件，仅组装就需要2500多个部件，8000多个品种，每个环节都不能马虎。“最好的质量就是不检查质量，不能等到最后把关”。宝田厂长说，好的产品来自好的人才，在“现场、现物”中，自我思考，自我改善。丰田是靠“带人字旁的自动化”，登上日本制造业的头把交椅（丰田在2006年度营业利益首次超过2万亿日元）。

遥望夜空的繁星，把梦想托付未来。据介绍，在“只有超越自我，才能再造丰田”的口号下，对丰田来说，上世纪90年代不是“失去的十年”而是“飞跃的十年”。90年代以前丰田是以国内生产为主，现在国内生产的比重不到1/3；以前是日本人的企业，现在成了在国外生产的跨国企业。在“零与增长”——把能源消耗、污染环境、交通安全等负面因素降到“无限接近零”、生产节能、环保、安全的车——这一新的增长战略下，正积极研发混合动力燃料技术、新一代IMT智能交通系统，试制燃料电池车。渡边社长说，“要回报顾客、回报社会，最终决定胜负的是生产环保的车与安全的车，因为这样的车顾客才会买，有了顾客才有我们。”

（2006年1月，丰田市）

3

1 新下线的皇冠系列轿车。

2 未来立体概念车“I-UNNIT”（豆荚型镍电池车）。

3 培养少年的汽车梦。（丰田公司东京常设展厅）

1

农家聊家常

旅居东京，天天相伴楼群，日子久了，更向往乡间田园。我向老友西堀提出，想找农家朋友聊聊家常。西堀现任长野县日中友好协会理事长，熟门熟路，便把我介绍给须坂市的两户农家，一户是荒井家，一户是一色家。

长野县的 GDP 中，虽然工业品占的分量很大，但从大米到高原蔬菜，长野什么都能产，在人们心目中仍是农业县。日本的许多市町村镇很难分出是乡村还是城市，须坂市 5 万人口，市内农田、果园点点，亦是半城半农模样。

2

在须坂，西堀领我们进了一家宅院，院里晾着刚洗的衣物，房前的木丛都经过精心修剪，正房配间放着农机具，典型的农家景象。主人叫荒井达也，60 多岁，与西堀是熟人。他家正房是铺着榻榻米的木造房，起居间有拉门屏风相隔，裱着大写的“人寿年丰”书法，在另外的拉门上还镶有“崇德广业”、“温故知新”、“志在青云”、“长乐无极”等条幅，是前些年请中国书法家写的。“床之间”是和式房间最高贵的位置，供着从中国请回的观音木雕像，旁边是祭祖的佛龛，看得出是户敬老讲孝且热爱生活的殷实人家。

待客间的榻榻米上摆着日本和式房里常有的被炉——桌面下方被盖着可把腿伸进去取暖的电炉，桌上女主人已为客人们沏好了热茶，透着一股温馨。大家围坐在暖炉旁，一边品尝果蔬，一边聊起了家常。

荒井老夫妇俩和一个儿子住在一起，种着 1 公顷葡萄园，其中一半是大棚，一半是葡萄园（有调节劳力和季节的因素），年产约 1.2 至 1.5 万公斤“巨峰”葡萄，年收入约 5000 万日元（约合 300 多万人民币）。西堀向荒井开起玩笑：“他家的情况我知道，钱花不完，现在用的是 20 年前的存款利息。”主人只是笑了笑，没有反驳。据说他家的收入在此地算是中上等。附近还有靠种高原青菜收入上亿日元“发了”的农户。

荒井家世代务农，原先是以种大米、养蚕为主，后来改种苹果，五年前改种“巨峰”，在场的都说他有先见之明。日本农业和中国差不多，光靠种粮食卖不了多少钱。大米1公顷种好了能产6吨，撑死了不过卖180万日元，再扣除农机具、肥料等成本也剩不了多少。荒井说农家靠的是勤劳致富，先苦后甜。经营1公顷的葡萄园其实很累，最忙的时候鸡叫前起床，青菜收获时，有时凌晨2点半起床，周围打起照明灯，头戴有灯的帽子干活。葡萄的疏果、收摘时要季节工帮忙，农协帮助将果品运送到市场，要收取40%左右的劳务费。

与荒井达也相比，一色定吉属于半路出家。一色原是位铁路上的站长，退休后回乡务农，成了须坂市种大米和苹果的农户。他的子女都在外地工作，前几年他一直在家伺候90多岁卧床的老母，去年老母去世后一人独撑起家业。一色定吉种两公顷地，既种大米也栽种苹果、葡萄、李子，劳动强度可想而知。他说，为尽量把水田和果树的活叉开，他种的是叫“秋晴”的晚稻，农忙时一年大体上雇30个工日。他种水稻采用机械化操作，稻秆粉碎还田，尽量不用农药，为防治二化螟虫和黑穗病，只是在育种时加进农药。收获季节为了惊吓麻雀，他用的是小型煤气爆音机驱赶，他说以往用稻草人、彩带，现在都不管事了。

今年70岁的一色现在独居，想必生活有些寂寞。好在他是位唱“谣曲”的能手，空闲时常与爱好者切磋技艺。供奉神佛是日本家庭中常见的现象，他敬佛敬神，家里既挂着“南无阿弥陀佛”挂轴，墙上还设有神龛“天照皇大神宫”。值得一提的是一色老人虽寡言少语但心地善良，他无偿拿出一块地皮，支持当地办起日托的“托老所”，老人们白天在这里有专人护理，喝茶、散步、入浴、午餐、聊天，傍晚有专车送回家。托老所里有条语录：“幸福是感觉，总由心情决定”。这处“快乐之家”成了一色老人奉献社会的寄托。

3

4

5

日本对农业实行保护政策，投入巨额补贴，许多田间小道都铺成沥青路。农家的生活水平一般不比城市差，通过加入共济保险可对住房、土地、车辆、作物收成投保，还实行高额医疗保险制度。西堀说他夫人四年前住了30天的医院，花了80万日元的医疗费，后来药费大部分返还，自费只付了不到7万日元。与城里相比，农村房子宽敞，上下水道普及，有煤气罐，有冲洗厕所，食品新鲜。尽管如此，一些年轻人却不愿务农，原因是不愿干“三K”(脏、累、险)的活。人口老化(须坂市65岁以上老人占21%)、接班问题、农民娶妻等成了烦心事。再就是农地面积减少，专业农户减少，小规模经营(户均0.4公顷)与劳力缺乏实难抵挡外来产品的冲击。为应对贸易自由化潮流、加强竞争力，日本正通过“农业特区”设想，探索股份制经营、借地营农的新路子。熟悉农业的西堀说，由公司经营农业看来势在必行。 (2005年10月)

1 荒井达也家的起居间。在房间最重要位置设有祭祖的佛龛，挂着祖先的照片。

2 荒井达也家的住宅，属于长野地区标准院落。

3 一色定吉和他义务办起的托老所“快乐之家”。

4 须坂市的另一位荒井也是位种葡萄能手，来自中国的农业研修生在他家学习种植技术。

5 田间的稻草人（长野姨舍）。据说麻雀越来越习惯人类的恐吓手段，一般的稻草人不大管事了。

1

木工栋梁

2

参加奈良的"木文化"采访，有幸遇到一位修复古建筑的木工"栋梁"小川三夫。在日本，技术高超的木工才能称得起"栋梁"。小川栋梁现身说法，介绍了日本的"木文化"，还当场披露了技艺，带我们参观了法隆寺古塔和他参与重建的法轮寺三重塔。

小川栋梁上高中时去奈良修学旅行，参观有1300多年的法隆寺五重塔后，立志做一名木工。他的坚定决心感动了法隆寺栋梁、已故的西冈常一，22岁时起做了唯一直传弟子。作为专门修复古木建筑的木工，小川参加了世界文化遗产奈良东大寺金堂的修复、药师寺的金堂和五重塔、法轮寺（国宝）的重建，在全国各地从事寺院的修建，名满列岛。

小川向我们介绍了作为木工的感受。他认为掌握木工技术不是用脑而是靠身体记忆；比起技术更重要的是信念。正如"工欲善其事，必先利其器"，他说工具是木工的生命，是木工的手；最重要的工具是砥石，学木工先学磨刀具，真正磨出好刀具要十年功夫。一磨，再磨，最后靠感觉。锋利的刨刀才能刨出好作品。西冈栋梁刨出的刨花如丝棉般柔软透明，“从师傅那里得到的是一把刨花”。

小川说，木材有两次生命，一是树龄，二是作为木材的耐用年限，木工的作用是尽量保全它的寿命。日本古建用材重自然，法隆寺有的立柱疙疙瘩瘩，却立了 1000 多年。凡树木都有个性，朝南的和朝北的质量不同，南侧的细硬，北侧的粗软，法隆寺的“口传”是，木材要“按树木生长时的方位使用”。

修建神社寺院，有时要进行解体修理，不仅需要高超技术也需要考古学、地质学等广泛知识。修复古建行业的木工实行师徒制度，徒弟在与师傅共同生活中修行。随着人口的老化，在继承技术上面临人才不足。能担当此任的栋梁全日本减到五十来人。小川栋梁在 1977 年设立了师徒制的公司“鸠工舍”，有二十来人在这里学习。日本重视传承工匠文化，作为国家项目有国家补助，有的产业研究团体成立了“大工育成塾”，指导培育人材。

(2005 年 11 月)

1 小川栋梁使用日本式木工用具“枪刨”进行演示。枪刨头尖，两面有刃，在台刨出现之前广泛使用。

2 日本的古寺法轮寺，传建于 7 世纪。小川作为副栋梁和他的师傅参与了寺内三重塔的重建。

3 小川栋梁刨出的木花软如棉丝。

3

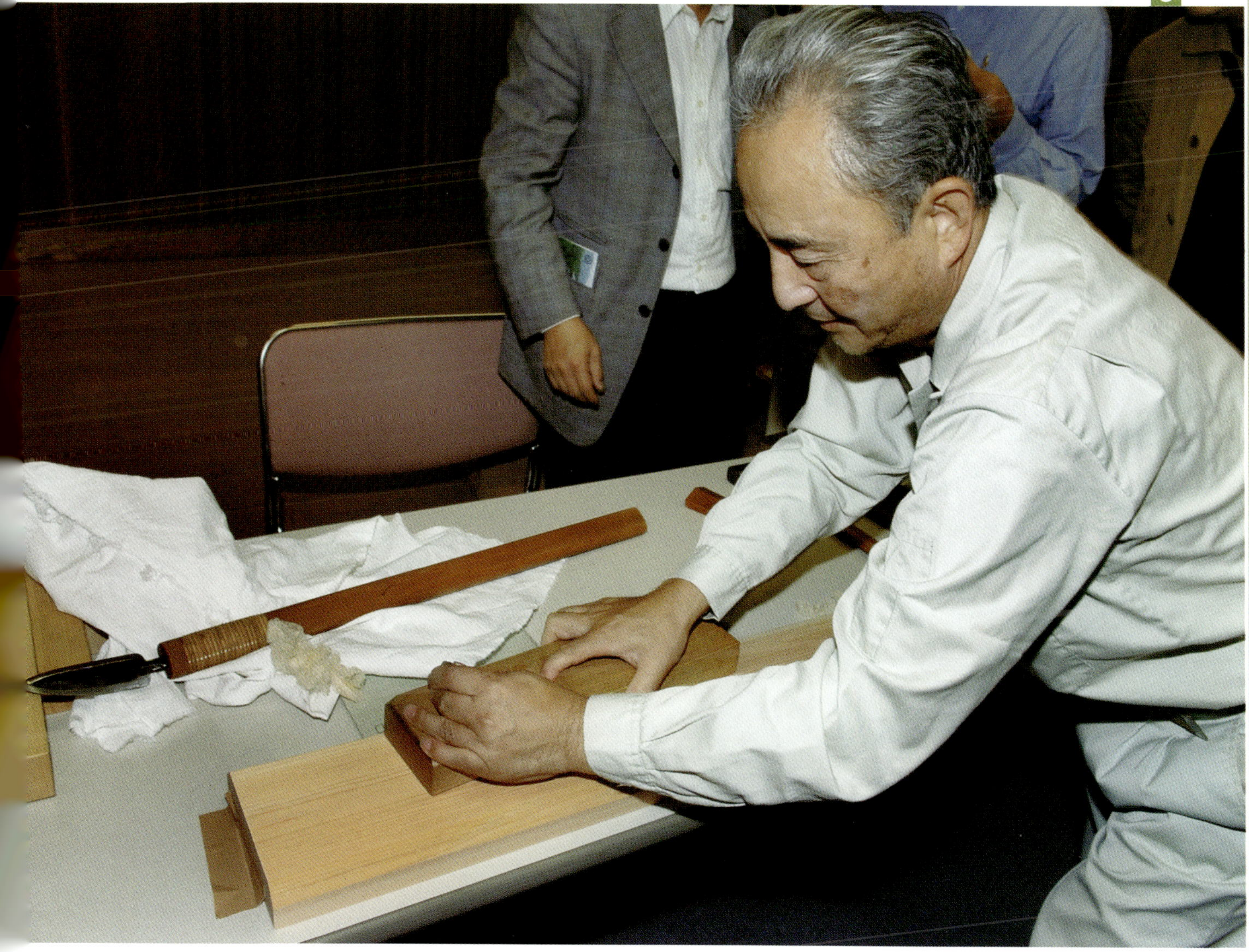

1

钢铁诗人

古时日本人尚武，随着镰仓时代武士兴起，武士制度确立，武艺成为武士第一要务，促进了刀剑甲胄制造技术空前进步。长达700年的武家社会养成了刀是忠诚与名誉的象征，刀是武士之魂的观念。日本在吸收中国炼钢技术基础上，对冶炼、淬火、造型等不断改进，到镰仓时代，其兵器制作工艺已自成一格。日本用独特的砂铁(Tatara)炼钢法炼出的“玉钢”是上好的制日本刀的材料，打造时用一层“皮铁”裹上一层“芯铁”，使日本刀刚柔同体，淬火后刀身上产生的“刃纹”，成为刀工师们的绝活儿。

日本称刀具为“刃物”，分为以“日本刀”为代表的美工鉴赏刀，和以“庖丁刀”为代表的厨房刀具。日语中的“庖丁”，令人联想起“庖丁解牛”的典故。庖丁之所以能够游刃有余，既需要过人的技巧也需靠刀的锋利。

由于刀剑被视为“武士的灵魂”，为因应武士阶级所需，能工巧匠制作过不少传世名刀。据统计，历史上的刀剑名工有名有姓者即有二万之众。自古刀剑既是日本人的武具，同时也被视为财宝。在日本的美术馆、博物馆里，修长锋利、寒光闪闪的日本刀与绘画、工艺品同列为鉴赏对象。

越前武生是日本刀具的著名产地，有700多年历史。以“越前锻打”工艺制造的镰刀、厨房刀等行销全国。锻造刀具与通常浇铸成型后研磨而成的刀具不同，传统的锻造刀具是在皮铁中夹入钢芯，放在炉中加热，经反

2

3

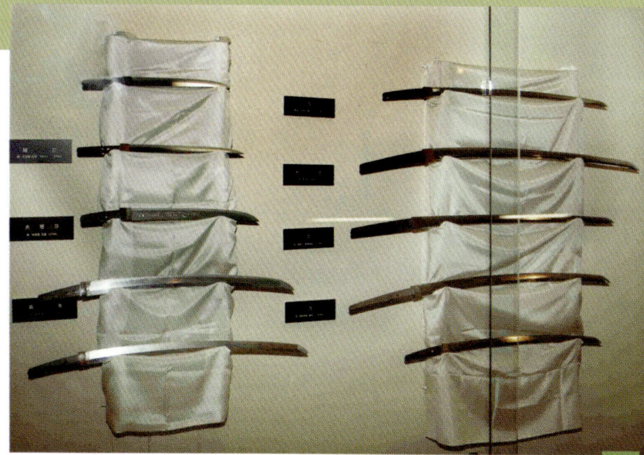

4

复锻打后制成的刀具刚中有柔。虽然因冶金术的进步和机械化批量生产，致使手工作坊与工匠现今大大减少，但传统的锻造刀广受青睐，锻造工艺传承至今。武生的“锻造物”最先被日本政府指定为传统工艺品，其作品曾被蒙特利尔美术馆等世界级的展馆收藏。在武生访问期间，我在刀钢协同组合（刀匠组成的团体）的加茂先生陪伴下，参观了著名刀匠佐治武士的作坊。

佐治武士是刀钢协同组合的理事长，山刀锻冶师的第三代传人。他从 16 岁起跟严厉的父亲学艺，后来进锻冶学校学习。学艺期间，他总是每天早晨 5 时起床点炉，夜里最后一个离开，终于在45岁时获得国家“传统工艺士”资格。“传统工艺士”是对有 12 年以上工龄、具备高度技能的工匠授予的荣誉称号。（当时拿到刀匠奖项的全日本只有两人。）由于传统工艺品的主要工序靠手工操作，需要高超的技术，且经过长期学习才能掌握，为了振兴传统工艺品产业，日本对通过授予荣誉称号提高工匠的社会地位。

佐治的锻造工房里有冶炼炉、研磨机、锻造台和机械动力锤。佐治的表情专注又执著，炉内烈火熊熊，夹着刀胚的火钳在他的手中移动，火红的刀胚在动力锤锻打下逐渐成形，多年的职业生涯，在他的脑中刻下数百种刀具形状。锻造刀胚、热处理、淬火、开锋、刻铭（logo）等工序都由佐治自己完成，不假手他人；研磨与后续加工则由女婿和徒弟协助。佐治说，“日本刀具锋利的秘诀是用真材实料，掌握火候。像山刀等砍林木的工具要求柔韧的刀刃，菜刀等正相反，刀刃要硬，软与硬全在火候的掌握上。”佐治每天在冶炼炉边听炭火声，在锻造中与钢铁对话，多年职业生涯练就了一双慧眼，只要瞥一眼炉内的炭火、手钳上烧红的铁块，佐治就知道有多少度，误差不会超过 5 度。一件件优秀的作品就在人称“钢铁诗人”的佐治的的手掌中诞生。

佐治说，作为一名锻造工匠他感到自豪。有两名来自中国的弟子在他的作坊里学艺。他的梦想是在中国市场上也能看到自己的作品。（2005 年 4 月）

5

1 “钢铁诗人”佐治武士。

2 制刀作坊有武士的刀魂，图为佐治在作坊里打造刀具。

3 佐治武士的作品，上面有美丽的水纹。（佐治提供的资料）

4 江户时代的武士刀。（2005 年 11 月，秋田角馆武士邸）

5 佐治的作品荣誉证书。

织染云霞

1

和服是日本传统服装，以京都“西阵织”为代表的绚丽染织是京都文化的象征。

不同民族间的交流首先是从“衣冠之俗”开始的。公元5、6世纪，来自大陆的秦氏家族居住在山城之地(今京都)，他们以太秦为根据地，推广从中国带来的农桑纺织技术。奈良时代唐风洋溢，公元720年朝廷下令老百姓的衣服样式仿照唐服，高官达贵们以穿“唐服”为荣，唐服成了当时身份、地位、权势的象征。平安时代，朝廷在山城设官营的“织部司”之后，锦、绫、绸等纺织业推陈出新，日本化的唐服演变为有大和民族特点的和服。

西阵织在日本历史悠久。13世纪，日本以中国丝织为样本，技术上得到极大提高。16世纪京都发生“应仁之乱”后，织工们被迫散落到外地。大乱之后，一部分织工在西军的大本营大宫附近恢复了大舍人绫(行会)，以西阵地区为中心形成丝织物生产基地，生产织锦、缎子、唐织、纱绫等高档织物，称为“西阵织”。19世纪明治维新以后，西阵织行会在京都府的扶持下，率先引进欧洲织机等纺织技术，这里成为日本最大的织造业和织造品的集散地，生产高档名贵的和服衣料的“西阵织”和“京友禅”是著名代表，前者是以先染色的丝线织造，后者是多色印染。

了解西阵织，最好的去处是参观西阵织会馆。西阵织会馆是由西阵织造行业设立的用来展示介绍“西阵织”的历史和匠人的手机表演以及展销和服的场所，可以了解“西阵织”的织造过程，体验艺妓、舞妓等穿的“十二单”和服的感觉，观赏和服时装表演。我与同伴小潘前往参观时，受到会馆的专务碇山先生和中国留学生小曹的接待。

据介绍，西阵织的织造由千家中小企业作坊组成，实行小作坊多品种小批量生产。约有织机3万多台，4万职工，主要生产和服面料及和服、和服带、围巾、领带、室内装饰物等。加上进口部分，年销1000亿日元。小作坊的好处是有个性，思考灵活，实行从设计、抽丝、染丝、整经、浆纱等工序分工生产，技术的体系化有利于改良产品和向后人传承。在京都，一家不起眼的作坊可能织出惊世之作。传统的染织行业也受到国际化潮流的冲刷，日本每年消费17万包生丝(每包60公斤)，大部分是从中国进口。配穿和服的带子(4.3米长的和服带，如同领带之于西服)有70%是“西阵织”生产的，苏州等地也为日本加工了大量丝制领带。

2

3

4

碇山先生说，西阵织最高级的技术是“爪搔缀织”。织工要在指甲上错出多道细沟，用以分线，一天只能织出 1 公分见方的面积。因其高贵，其作品常用来做婚嫁的纳彩礼。“缀织”是“缂丝”在日本的叫法，中国早在汉唐之际即有此技术，明代传到日本，是中国丝织技术的精华，苏州的工艺大师王嘉良就是缂丝名家。

“裙拖六幅湘江水，鬓耸巫山一段云”（唐·李群玉）。日本在经济发展到一定水平后，人们追求传统文化，在休闲时或礼仪场合（如在新年或成人节）穿和服的多了起来。在西方的现代合理主义思想的影响下，人们远离过去繁琐复杂的和服，更喜欢简便的“略式和服”，或夏天的单衣和服（yukata）。日本人说，以自然培育的美感为经，以时代的感性为纬，和服样式的编织不断推陈出新。（2003 年 3 月）

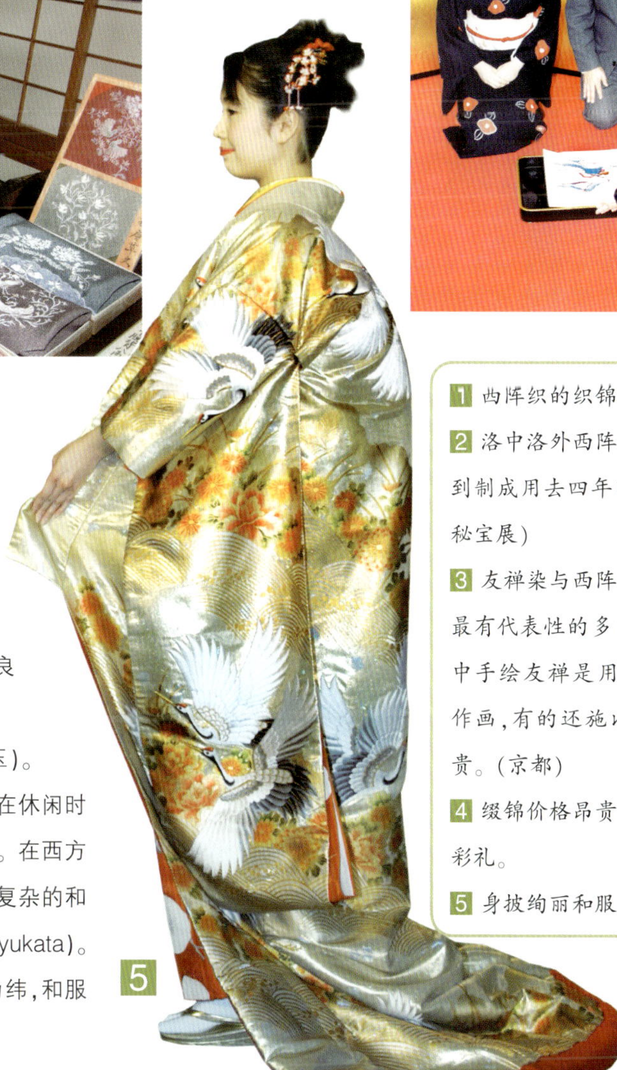

5

1 西阵织的织锦几挂。

2 洛中洛外西阵织屏风，从描绘到制成用去四年时间。（西阵织秘宝展）

3 友禅染与西阵织齐名，是京都最有代表性的多色印染工艺，其中手绘友禅是用颜料在布料上作画，有的还施以刺绣，富丽华贵。（京都）

4 缀锦价格昂贵，常作为婚嫁的彩礼。

5 身披绚丽和服的时装模特儿。

喜爱达摩

1

日本对外国文化实行“拿来主义”，在时间的作用下，进入日本的外国文化有的自生自灭，有的存留或加以改造，或适者生存。日本的佛教就与中国的有区别，中国和尚不近女色，而日本和尚却可结婚成家；禅宗始祖达摩，在日本变成了祈求升学合格、财源茂盛、佑护全家、顺利当选的“守护神”。

说不好是习俗还是迷信，每逢投票选举，都能从电视转播里看到在周围人三呼“万岁”的祝贺声中，当选者要在称为“必胜达摩”的吉祥物上画上“点睛之笔”。去高崎市采访制作吉祥物达摩的作坊，深感达摩进入了日本人的日常生活。

高崎以生产“招福达摩”知名，现有专业作坊63家，每年约生产150万尊达摩，产销量居日本第一。群马也是担任过首相的中曾根康弘、福田赳夫、小渊惠三的选区与故乡，每遇大选，有实力的政治家们在当选后为“必胜达摩”开眼的形象给人印象很深。

漫步高崎的街头，达摩的形象随处可见，出售达摩吉祥物的商店一家挨一家。一家专售达摩吉祥物的店里摆满了大小不一、形象不同的达摩。这里也是一处旅游购物点，一尊约10公分高的达摩像售价1500日元。

深谷洋一是制作达摩的工匠，经营着自家的作坊，半农半工，闲时种点蔬菜、大米自给。深谷家从祖父时起制作达摩，他家的前面立着一尊高2.8米的

2

3

4

5

“高崎开运招福达摩”，上棚里放着数不清的未完工的达摩造型。深谷说，制作达摩从成型到上色、绘画需要 132 道工序，以前用手工定型，现在用机器成型，材料是纸浆。他家做的达摩主要是祈愿用的“福达摩”，上画鹤下画龟以示吉祥，大小有 18 种，直径 9 公分到 75 公分不等。他和夫人、姐姐，再加上两 名临时工，一年可制作两三万尊。

日本的达摩吉祥物种类繁多。有趣的是达摩到了日本变了形象，有人见人爱的“喜相达摩”，有的画成靓女的“女达摩”，日本人对此不觉得有何不妥。

达摩吉祥物大体分为摆设用和还愿用，前者都画有眼睛，后者由自己画眼，先画上右眼，大愿实现时再画上左眼(取太阳升东方之意)，名为“开眼”(大愿未成或家有丧事时不开眼)；对还愿用的“祈愿达摩”求什么愿都行，家内安全、商贸繁盛、事业有成、选举必胜、喜结良缘、五谷丰登……一般在年初寺院里的“达摩市”上求购，放在家里一年，待到下年初带到寺院或神社里火化还原，被视为“通向神灵的信物”。

离开深谷家，又去参观附近的达摩寺。达摩寺开山 300 年，中国僧人心越禅师为开山祖。心越禅师于 1676 年来日本，后应水户黄门之邀入天德寺，1697 年在此建寺。日本天明年间发生饥馑，达摩寺住持以心越禅师画的达摩坐禅像为原型，教人制作“开运达摩”，作为度饥荒的副业收入，是高崎制作达摩吉祥物之始。

达摩寺内有“达摩堂”，祭着达摩雕像，堂内摆着从高崎产生的三位首相中曾根、福田、小渊三位首相当选后“开眼”的达摩。每年举行许多如开春的七草祭、达摩祭、茶会、禅研修会等活动，每天清晨 5 时半，达摩寺免费组织“大众坐禅会”。许多日本人相信，通过修练人生必有转机。达摩古刹成了指点迷津、创造人生、净化心灵的场所。

日本人为什么喜爱达摩？达摩寺广濑住持对我说，达摩面壁九年，最后成功参悟，历经七灾八难，他的不屈精神受到敬重，在日本成了不倒翁，后来演变成吉祥物。日本古书《倭名灯聚钞》记载，其原形是中国唐代用于劝酒的“酒胡子”，下尖，劝酒时放在盘上旋转，倾倒时如同酒醉，作为余兴，倒向所指的一方被罚酒。后来“酒胡子”演变成“不倒翁”，据传是通过与大明贸易传到日本的。

日本的达摩寺院与中国的空厢寺喜结良缘。数年前日本达摩会组织临济、黄檗、曹洞禅宗三派僧人访三门峡市时，决定以河南省陕县的熊耳山麓发现达摩大师的空观墓塔和梁武帝的碑文为契机，捐净财协助空厢寺重修达摩殿。两国僧众因祖师达摩结善缘，在友好交流中又添一桩佳话。 (2004 年 6 月)

1 吉祥达摩的表情种种。

2 生产达摩的作坊里摆的达摩像。

3 一家餐馆前的达摩塑像。

4 达摩制作师深谷家的作坊。(群马)

5 达摩开眼——达摩堂里陈列着祝贺中增根、福田、小渊三位首相当选的达摩吉祥物。

1

和纸之乡

中国汉代发明的造纸技术，经过丝绸之路西传阿拉伯、欧洲，东传朝鲜、日本。日本在“唐纸”的基础上创造了独特的“和纸”，它在日本人的生活中扮演着“用”与“美”兼具的角色。

福井县古称“越前国”，北部的今立町手工生产的“越前和纸”名震全国（前两年今立町与武生市合并为越前市）。我们在关西广报中心的组织下，参观了著名的“和纸之乡”。

越前和纸历史悠久，“和纸之乡会馆”（现称纸文化博物馆）记录了越前和纸的发展历史。相传千多年前，有位美丽的姑娘出现在冈太川上游，向当地人传授造纸技术，是为日本造纸之始，她被尊为“川上御前”，奉为祖神。

2

造纸技术随佛教文化由中国传入日本后，最初用于政府的文书用纸和佛教写经。日本在奈良及平安时代纸的需求量大增。日本人开始用楮木等植物皮做造纸原料学习造纸，自生的植物雁皮的使用，是日本从模仿唐纸到自制和纸的转折。手抄和纸木质素少、纤维长，有坚韧而保存期长的特性，奈良的正仓院里至今保存着8世纪初的户籍用纸。中世纪之后，和纸成为生活必需品，和纸文化在江户时代进入兴盛期，越前和纸成为公卿、武士们的公用纸，受到当权者保护。明治维新以后，越前的手抄和纸最先用于政府发行的纸币，也是横山大观、东山魁夷等日本绘画大家的用纸。

3

“和纸之乡”有80家和纸作坊，绝大部分是家庭手工作坊式。我们在今立町参观了和纸艺人岩野平三郎的作坊，见几位女工正在对造纸原料进行洗净作业。和纸的主要原料是植物皮内的“韧皮纤维”，从进料到成纸，需要进行蒸煮、去皮、洗净、捶打成浆、过滤，纸浆做好后放入漉槽，与植物粘液一起搅拌，然后用铺上极细竹帘的漉具手抄，反复数次均匀上浆后抄出，分为挤压脱水、压展、晾晒等共九道工序。

博物馆的加藤馆长说，由于是手工生产，和纸与“洋纸”相比成本要高许多，但和纸已与日本人的生活密不可分。和纸被广泛用做毕业证书、证券等的用纸。在和式建筑中是做纸门、隔扇、室内装饰、家具、灯笼的必需品，在包装、礼仪、祭祀等方面不可替代，还是日本绘画、版画用纸和制作扇面等的必备材料。手抄“越前奉书”（版画用纸等）的重要无形文化财保持者（人间国宝）、第九代岩野大师就出自今立町。和纸给日本人的生活带来便利，同时又增添了美。和纸在造型艺术方面也被看重，纸是“平面体”的固定观念正在破除。和纸被用于机器部件、化妆品面膜。与其它素材（金属、皮革、布料等）搭配，在美术造型方面亦有发展空间，不同领域正为和纸注入新的生命。

（2003年10月）

1 抄纸：在抄槽内放入纸浆和植物粘液，搅拌后用铺上极细竹帘的漉具掬取纸浆，反复数次待纸浆均匀达到一定厚度后抄出。

2 今立町的和纸会馆展出各种和纸。

3 用和纸制作的立体人物造型。

1

丰冈制包师

兵库县丰冈地区靠近日本海，又有圆山川从中流过，湿地成片，气候湿润。自古生长柳条，是有千年历史的柳编产地。

2005年秋，关西广报中心组织外国记者参观了这里的制包产业。首先参观的是丰冈市宵田提包商店街，这里有十几家制包户，能生产360多种各种花色的提包。接着，我们参观了一家柳编（杞柳细工）作坊。杞柳制品组合的田中理事长做了介绍，传统工艺士（经济产业大臣认定）宫崎和子作了柳编表演。

日本的柳编，在8世纪的史书中就有记载。奈良的正仓院里也保存着柳编实物。在17世纪后的江户时代，丰冈的柳编受到当时京极藩的扶持和保护。近代以柳编为源头的丰冈制包业不断发展。随着缝纫技术和设计水平的提高，以及新材料（牛革、合成革、尼龙线、拉链等）的使用，从传统的柳条包到现代皮革包，丰冈成了日本重要的制包产地。

田中先生介绍说，虽然在日常生活中现代的各种皮包取代了柳条箱，但是传统的柳编制品因有良好的通气性、耐久性，能吸潮、不生虫，作为衣箱、饭盒等容器仍然受到欢迎，有人宁愿以数万日元的高价定做柳条箱和柳编饭盒。

提包街上，还有一位做包50多年的工匠，他把提包批发公司让给儿子经营后，开起了“匠人植村美千男的提包修理作坊”。植村老头有感于现代社会大量使用一次性用品、不爱惜物品的风潮，强调使用货真价实的环保物品。这位制作过30多万件柳编的工匠，为柳编业的衰退和后继无人感到忧虑。他说，手工的东西，没有十年学徒期就不能算真懂。手工包有味道，是作品，“舍不得用的包才是好包”。

丰冈的制包业向客人承诺：维护传统，锐意创新，诚实勤勉。但在人们的消费意识变化、需求多样化和国际竞争面前，制包业者同时面对挑战。设计更符合顾客需求、既保持传统又有新意的产品不是易事，关键是有叫得响的品牌。

2

3

4

1 丰冈的柳编作品。

2 柳编传统工艺士宫崎和子现场表演。

3 匠人植村美千男最近收了一位自愿继承制包业的弟子。

4 植村说，作品就像自己的孩子，必须用心去做。

金泽金箔师

金泽市以有名园兼六园、还有金箔工艺知名。访问金泽，不能不见识一下金箔。作为金箔制造之都，日本全国98%的金箔出自金泽。由于时间关系，离开金泽的当天，走进一家路边小店参观，老师傅不仅没有怪我这个不速之客，还热情作了讲解。

老师傅说，纯金因有脆性，要掺加微量的银或铜才能打成金箔，一般金箔中纯金约占95%至98%，要把合金材料夹进专用特殊纸里打压，直到延压成1/10000毫米厚，据说1克合金能打出3千多平方厘米金箔。老师傅说，金箔不但用于工艺品，因金子有消毒作用，其下脚料碎片还可食用，日本在上世纪80年代的经济泡沫时期，掺进金箔的面条就时兴过一阵。

日本的金箔工艺约始于7世纪的飞鸟时代。16世纪时，金泽的金箔工艺在加贺藩主扶植下得到发展。现在金泽的金箔匠人主要制作佛坛等宗教工艺品，以及漆器、陶瓷、屏风、壁纸、看板等生活工艺品，金箔工艺在日本国民的信仰和文化生活中得到传承发展。

（2003年6月，金泽市）

1 金箔师讲解金箔延压工艺。
2 工艺师用金粉在漆器上绘图。
3 施以金箔的隔扇。

富山汉药师

日本人提到富山县往往想到"和汉药"。所谓"和汉药"是指日本草药与中药。富山是生产非处方药的大县，每年生产非处方常备药 200 多亿日元，占日本全国一半以上。富山每万人中有 55 人从事医药生产，人均也是日本第一。

提起富山药，最有名的是遍及全国的常备药行商。"富山卖药"有 300 多年历史，卖药人从富山出发，背着柳条箱穿山越岭，把药送到千家万户。他们以"先用后利"的行销方式与客户建立信赖关系，懂医药知识的行销员把所需常备药送到各个家庭，每四至六个月家访结算补充，更换过期药，按用药付钱，既方便了消费者又不会浪费，数百年间一直受到欢迎。药商们还用积蓄的资本创立了电力、金融等近代产业，造福乡梓。

2003 年 10 月访问富山，参观了市内一家出售"和汉药"的百年老店（1830 年创业）池田屋安兵卫商店。这家药店生产二十来种草药并出售数百种和汉药。肠胃药"越中返魂丹"是它的招牌药，人称"返魂的妙药"。药师经常现场演示丸药的制作，普及医药知识。药剂师还坚持传统的"坐堂"方式为患者调药，向顾客提供咨询。

中医药在唐代传入日本，江户时代日本出版过《大和本草》，但从明治时期后西风东渐，中医药研究停滞式微，被认为"和汉药不治病，只能改善体质"。虽然近来人们面对西医难以治愈的疑难病症又把目光转向中医药，但至今未把"和汉药"列入处方药。富山县是唯一设立药事研究所和药用植物指导中心的县，近年来在"产官学三位一体"体制下加大研发力度，创造传统医学与尖端技术的融合的新产业。

1 富山卖药者塑像：富山行销和汉药从 18 世纪起风行全国。他们背着 20 公斤重的装满药的柳条箱，每天走二三十公里的路赴各地卖药。

2 池田屋安兵卫药店的药师现场演示丸药的制作。据说实际从事制药的丸药师在全日本也只有两位。

3 日本天保元年（1830）创业的池田屋安兵卫商店专销"返魂丹"等和汉药，同时也经营药膳。

1

深山木偶师

日本东北六县产木娃“KOKESHI”，其童女形象透着东北山区人纯真与质朴，是当地有名的民俗木工艺品。

木娃“KOKESHI”，其历史并不久远，始于约200年前。原是在深山老林里从事木加工行业的人哄孩子用的，其后作为山村里孩子们的玩具受到欢迎，经过东北地区各地的温泉地的传承，现在成为大人们也喜爱的工艺品。

东北地区为何兴做木娃?有玩具起源说、育儿用具说、民间咒物说等等。有种说法是，日本东北的山区在江户时代是生活贫困地区，孩子多了养不起，有的人家只好溺婴或送人养育，为了慰藉心灵，起初制成木偶放在家中供养纪念。“KOKESHI”一词在日语中有“把孩子去掉”之意。因过于悲惨，此说不再提起，木偶演变成了带来吉祥的木娃。

我在2006年去宫城藏王町出席由国际研修协会举办的国际研讨会期间，参观了这里的传统产业会馆，看到了展出的5000多个木娃，这里陈列着全国11大流派的作品。割田温泉地是做木娃的发源地，技工辈出，木娃也最有名。此间的资料说，木工艺在5、6世纪从大陆传到日本，在江户时代得到发展。在偏远的山区，当地农民们在农闲期有泡温泉的习俗，时常把孩子放在家里，为了哄孩子，便买些木娃给孩子玩，后来演变成乡土玩具。上世纪七、八十年代为振兴地方经济，推行“一村一品运动”，木娃在1981年指定为传统的美术工艺品。(2006年7月宫城藏王町)

2

1 藏王传统产业会馆里的木娃。

2 藏王町的木偶制作师。

大泽洗相师

东京惠比寿车站附近有家洗相店，是大泽兄弟所开。因为冲洗的照片质量好，色彩不失真，颇得好评，他们的事迹还上了报纸。以前新华社驻东京的摄影记者老钱，以及其他中国记者，也常去那里冲洗胶卷。

这几年在东京常驻，少不了也去冲印，不过，主要不是胶卷而是数码，这里服务周到如初，只要提出要求，一定会准时洗好。多年不见，哥俩都添了些许白发，去的次数多了，渐渐熟了。为兄的大泽明说，他们的店从父亲时起就在这里开，已经 60 年了，原来的两个店合成一店，除了做冲印服务，也卖些胶卷、旧相机、镜头什么的。开始时冲洗数码还要自带 USB 插头，过不了多久加了设备，现在店里有两台数码机器，可以自动接活儿。

我问，现在数码技术日新月异，胶卷市场萎缩，数码相机膨胀，从质量上看哪种好？大泽明毫不犹豫地说："我是胶片派。虽然 135 胶卷没几下就用玩了，数码闪存卡能反复用，但 1000 多万像素的数码与相当于 3000 多万像素的胶片比，在质感、'味道'上还是比不上。"虽说如此，在变化的潮流面前，大泽兄弟不得不面对现实，业务逐渐以数码为主，交给第三代当班。

时代在变，大泽兄弟的敬业精神不变，不卑不亢中透着对职业的执著与自豪。 (2005 年)

1

2

1 东京惠比寿的洗相师大泽兄弟。

3 大泽(兄)说，虽然数码相片正在成为照相的主流，但在质感上还比不上传统的胶片。

1

日餐有美食

不同的人文地理环境造成不同饮食习惯。人们说，日本料理的特征之一是“用眼睛吃”。此言虽属夸张，但重视真材实料，餐具精巧，饭菜讲艺术造型、给人以美感却是真的，越是高级的餐馆越是精美，常令食者生出“食之可惜”之念。

日本外国记者协会是专门负责外国驻日记者采访与管理的机构，为了便于外国记者理解日本文化，组织了一次“五感体验日本食文化”活动，请专家讲解日餐文化，并示范制作寿司。活动地点是在东京女子营养大学校园，由香川营养技校的远山勇老师担任主讲，有 20 多位驻东京的外国记者参加了这次活动。

据介绍，日语中有“晴”与“亵”字。在民俗学上“晴”是指正式的、特别的喜事，“亵”是指非正式的、普通的事物。日本人在日常生活中也把“晴”与“亵”加以区别，当每逢喜庆、新年、立春等来临，要吃以“晴”为代表的喜庆食品，例如吃加吉鱼、“寿司卷”等。寿司俗称饭团，常佐以鱼片等进食，是一种有 200 多年历史的传统料理，在江户时代时是离东京不远的房总半岛上的农（渔）家的节日食品。寿司也分为细卷、粗卷、内卷等，为

2

3

了增加美感，可以做成70多种有各种花纹的寿司卷。这次要做的是带蝴蝶花纹和玫瑰花纹的，所用的材料包括米饭、蛋饼、鲜豆荚、菜梗、紫苏叶、紫菜等，还有少许的醋（加点醋不沾手）和盐、专门卷寿司用的小竹帘。在老师手把手热心教导下，几乎所有老外们都成功地做出漂亮的寿司卷，结果皆大欢喜。

日餐的另一特点是清淡。日本人临海而居，无论住在何处，向海边走不出200公里必见到海，故而日餐食材中少肉类而多海产，少油而多鱼。现场的一位营养专家说，日本人的长寿虽得益于清淡的饮食习惯，但现在的问题一是营养过剩，二是不知如何健康饮食，大米反复冲洗，青菜煮得过烂。50年前在日本只有20万的糖尿病患者，在现在的“饱食时代”却猛增到1600万人，该是认真反思的时候了。

(2006年1月)

4

1 日餐与中餐不同之处是实行分餐制，无论席地而坐还是桌上用餐，每人一份。(长野,2004年11月)

2 高级日餐十分讲究食材的鲜度，新鲜的生鱼片配在鲜嫩的荷叶上，催人食欲。(2005年7月,名古屋)

3 香川营养技校的远山老师正在演示制作寿司卷。(2006年1月,东京)

4 欧美记者对自己完成的作品,惊喜不已。(2006年1月,东京)

5 大和地区的料理有千年古风。(2005年,奈良町)

5

城市有矿山

小坂町是日本秋田县北部的镇，临风景胜地十和田湖。初夏的十和田湖周围一片葱绿，鸟语花香。前去访问时正赶上这里槐花飘香，不由得想起了大连。大连以洋槐花知名，一些日本人还为此成立了“洋槐之会”。小坂町原来出铜矿，因洋槐能抗污染，所以遍植洋槐。一打听，得知当地也与大连结好，一部分洋槐就来自大连。

环保合作是中日间一致的共识。环境问题没有国境，它是人类共同的课题。访问期间，我们参观了这里一家从事金属资源再生的同和制炼所。技术人员介绍说，自从同和矿山关闭后，企业坚持走可持续发展的路，利用掌握的冶炼技术，每年从废弃的手机、电脑等电路板中提取出 15 吨黄金、800 吨白银、7 万吨铜等 17 种金属元素，是日本规模最大的回收冶炼企业。

令人感兴趣的是介绍的“城市矿山”的概念。就是说，与自然矿山相比，家电、手机、电脑、汽车等工业废弃物是“城市矿山”。散落在各处的“矿山”有更大的开采价值，提炼成本不比自然矿山更高，而且对产生的残渣、残灰经过无害化处理后进行掩埋，还净化了环境。在厂区，我们登上一处高坡，从高处看了正进行掩埋作业的现场，第一印象是极为整洁，难以相信这里会是想象中的垃圾掩埋场。该公司在中国也有合作伙伴，愿与中国同行搞环保合作。小坂町通过治理矿山污染恢复了青山绿水，又通过开发“城市矿山”回

1

2

3

收了贵金属，净化了环境，宝贵的资源通过循环再生又回归自身，是与自然相亲相近的大智慧。

从商品到商品，从废物中寻宝。上世纪 90 年代，松下公司发表“环境宣言”，表示要在完成企业的社会责任的同时维护自然环境。前几年参观该公司对回收的废旧电视、空调、洗衣机等进行资源再生的工厂时，得知可回收大量玻璃、塑料、钢铁、铝材等资源，从每台空调中回收的铝可做 190 个啤酒罐。三德利公司的群马啤酒工场实行垃圾分类，回收废旧玻璃、灯泡、干电池、金属屑、电器制品，基本实现了再资源化的“零垃圾”目标。

靠近日本海的富山也重视废物的回收，这里发动市民回收塑料袋很有成效。有家回收中心对废汽车进行解体作业，拆卸可用的部件后，按车身、发动机、玻璃、轮胎等分类处理。日本虽缺乏资源但善于保护利用资源，家电产品在出售给顾客的价格中已包括了将来回收的成本，建立了一套很有成效的回收体系。中国将成为一个“城市矿山”的“富矿”国家，这些做法很值得效仿。

(2007 年 7 月)

1 座落在群山中的小坂町同和制炼所，每年从废家电、手机中分解出 15 吨金、800 吨银、7万吨铜等 17 种金属元素。

2 图为对经过无害化处理的废渣进行掩埋的垃圾场，为了防渗，底部铺上了胶垫。(秋田小坂町，2007 年 6 月)

3 从电路板等废品中提取的金条与银块。(小坂町同和工厂)

4 塑料袋回收处理工场(富山县)。

5 为实现资源的再生利用，三得利公司群马啤酒厂实践控制垃圾为“零”的目标。 这是工场内的分类回收箱。

6 “城市矿山”的“矿石”——电子线路板等废弃物。

7 企业对回收的废汽车进行解体作业，拆卸可用的部件后，按车身、发动机、玻璃、轮胎等分类处理。(2003 年，富山县)

8 从每台空调中可再生出铝、铁、铜等金属，其中的铝相当于 190 个啤酒罐。(2003 年，松下公司的再生工场)

4

5

6

7

8

掠影

冲绳红型染

冲绳传统的“红型染”，是14至15世纪的琉球王国时代，在王府保护下作为王家和贵族的礼服面料发展起来的染色工艺。

红型在发展过程中吸收了东南亚的染色工艺和中国明代的型纸技法。红型工艺家介绍说，中国的故宫博物院里，至今还珍藏着当年琉球王国送给中国的极品的红型染。图为冲绳的红型染工匠在进行染色。

(2006年8月，冲绳那霸)

掠影

东京理发师

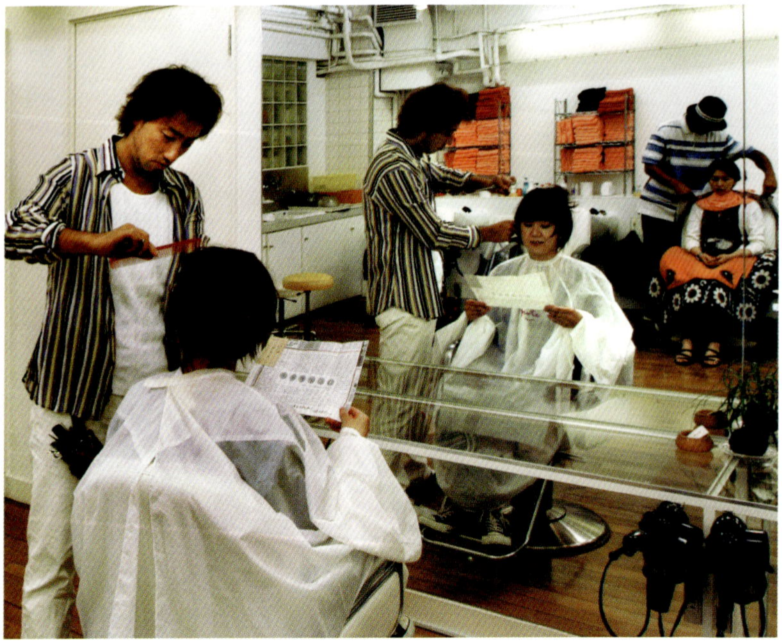

去住处附近的理发店“卡波特”理发店。师傅做活儿实行流水作业，理发、洗头、卫生各有分工。理发师都很“牛”，不管是男是女，腰里都跨着牛皮袋子，插着各种工具。第一道工序是洗头，围上围巾躺下，接着把一枚麻纱布的小手巾盖在脸上，想必这是为了避免水溅到到脸上。洗完后先用热巾捂捂脸，再递上干手巾擦脸。剪发是主理师的活儿。小伙子染着一头“茶发”，三下五除二，头发被整理得清清爽爽。日本人讲究上下秩序，主理师刚要抬手，一旁的助手立即把吹风机递到他手上。

东京也有只理不洗的简易理发，头发渣不是吹到地上，而是用类似吸尘器的东西在头上来回吸，保持着地面的洁净。

(2004年，东京)

掠影

木曾桧编人

江户时代，连结江户与京都的干线道路，沿东海通行的有“东海道”，从山区穿行的有“中山道”，它与奥州、甲州、日光街道并称“天下五街道”。中山道全长550公里，途中有69个旅站。西部日本地区的大名前往江户“参勤交代”时指定走中山道，是江户幕府实行统治时的重要通道。

在观光立国的口号下，昔日中山道的驿站木曾、马笼、妻笼等地区成为旅游胜地。木曾地区盛产桧松，江户时期的旅行者戴的用桧松编的斗笠是长野县指定的传统工艺品。图为编桧笠的工匠在作演示，以吸引游客。

（2004年5月，长野木曾）

掠影

相识加油工

旅居东京，出行常以汽车为伴。有家加油站离办公处不远，加油方便，服务也好，从上世纪80年代起，笔者自然成了这里的老主顾。

这家加油站属武田石油公司经营。前几年我再去东京常驻时，以前认识的小伙子川村仁当上了公司的董事营业部长，管着两家加油站。川村个子不高，见面常带笑容，常常教给我汽车知识。看我的车子脏了，时不时还为我免费水洗。知道我要去下雪地带采访，他再三叮嘱行车安全第一。听说我要上高速路，还主动为我测量车胎气压，说跑高速在2个压最合适，高了跑不稳，低了跑不快。还在车里贴了张小条，提醒我何时更换机油。

川村虽然一天忙加油站的事，也关心社会问题。他说，有机会很想去中国看看。

（2005年12月）

掠影

男性保育员

在皇居附近路遇一位推着小儿车的男青年，交谈后方知是位保育员。青年说，虽然男青年当保育员的还不多，但他喜欢这个职业，愿意接触孩子。

男青年涉足保育员的职业是近几年的事。1999 年，日本通过法律，取消了保育员只招收女性的制度，允许有保育员资格的男士进入保育园工作。男保育员的比例目前在日本已超过 2%。社会上有关保育员是女性的观念正在发生变化。

日本学龄前儿童的教育设施分为保育园和幼儿园。保育园虽不属教育设施，但从业者需要专门知识，取得保育员资格。据认为，男保育员有自己的优势，一是可以连续工作，不像女性在结婚后辞职；二是保育园里既有女性也有男性，孩子增加了与成人接触的机会；三是男保育员能增加园儿的安全感，可以做些刺激性大的游戏，有利于孩子的成长。

（2004 年 11 月，东京）

掠影

未来小工匠

骏府曾是江户大将军德川家康的隐居地，现在是静冈市的著名公园，在园内有为市民开设的技能教室，许多小朋友在课余时间来此学习工艺技能。图为骏府公园里的未来的工匠。

（2004 年 11 月，静冈市）

实名销售

小町堂是古代日本歌仙加美女小野小町的故乡，著名的秋田小町米的产地。走进一家出售蔬菜水果的商店，发现各个菜摊上都标有产地及销售者姓名和照片。摊主说："吃小町苹果会变成美人"。

（2005 年 11 月，秋田）

田间小憩

日本农业虽然实现了机械化作业，但对小块稻田和自家食用米的水稻仍愿意使用传统的镰刀收割。图为一家农民在田间小憩。

（2005 年秋，长野）

睦邻春秋 篇

永远的邻居

隔海相望的中日两国，是不可改变的邻居。远古时期就相融相交的两个民族，注定关注着对方。

访问日本，接触日本人，都会感到此邦文化似曾相识。清末出使日本的黄遵宪在《日本杂事诗》里记述日本人“坐起皆席地，两膝据地，伸腰危坐，而以足承尻后……皆古礼也”。现在只在电影和古书里才有的“举案齐眉”、“席地而坐”之类情景，在日本皆可见到。日本的文人雅士言谈中引用中国典籍中的佳句，被视为有教养；有关的来自中国的格言、成语出现于报章，被认为有格调。

交流是人类进步的阶梯。日本如同一个只有入口没有出口的湖，里面装着源源流入日本的文化之水，各种五彩异文化相互交融，成为推动日本变革的催化剂。风景画大师东山魁夷说：“日本民族文化的形成，大陆民族的移动，渡海而来的民族古老记忆，积淀在日本人意识深层，意识到在海的那边有另一个故乡。”此语可谓是理解日本民族传统文化的钥匙。

秦汉之际，日本史称的大陆“渡来人”移居日本列岛。随着农耕与冶铁等生产技术东传，促进日本列岛从渔猎采集为主的绳文时代，进入以农耕为主的弥生时代。公元1世纪，倭奴国正式向中国派遣使节。飞鸟时代，统一日本的大和朝廷开始向中国遣使。持续二百多年的遣隋使与遣唐使，是日本移植大陆文化的伟大创举。日本通过公元645年大化改新建立中央集权的律令制社会，是学习大陆文化的直接结果。奈良时代与平安时代，肩负移植大唐文化使命的遣唐使们，率领优秀官僚、留学生、学问僧，不顾“暴雨穿帆，戕风折柁。随波升沉，任风南北”(入唐僧空海文)的艰险前往中国，如饥似渴地钻研中国经典，律令、礼仪、音韵、历法，并把所学带回日本，唐文化先是风行于贵族、宫廷，后来逐渐扩散到民间。有学者说，连接东方与西方的丝绸之路，是一条文化交流之路。在这条大路上，向西送去的是五彩的丝绸，向东运去的是散发着墨香的书籍。遣唐之路也是一条传播中国文化的书籍之路。

移植中国文化是创造新文化的第一步，日本在此基础上推陈出新。汉字的东传极大丰富了日语词汇，在汉字基础上创造出假名文字（日本人称汉字为“真名”）。中国佛教、儒学东传，经过长期消化与改造，成为日本社会的道德规范。就是在遣唐使中止派遣之后，从唐末、宋、明直至清朝前期，民间文化交流从没有中断。禅宗文化及宋明理学传到日本，对长达700年的日本武士社会有极大影响。持续吸收外来文化是防止日本文化老化，保持民族活力的最佳途径。

日本民族崇拜强者，善于吸收强者文化，同时又保持着自我。如果用色彩形容其文化特质，那就是能与任何色彩搭配的灰色。近世之前，日本崇尚“和魂汉才”，和魂为“体”，汉才为“用”。对“用”，却是有取有舍的。周作人说，日本文化虽取资中土，“然而其结果乃或同或异。唐时不取太监，宋时不取缠足，明时不取八股，清时不取鸦片”。即使是吸收的东西，也是加以改造，并非原汁原味。日本的儒学不突出“仁”而更强调“忠”；中国传统的忠是表现在忠于良心、天下，日本人的忠，更重视对主君、村落、集团尽忠。一般说来，与中国人重视哲学理念相比，日本人更重于务实。中国重文，视文章为经国之大业；日本尚武，把文学搞成远离庙堂的闲适。中国的大殿建筑极尽色彩，日本的社殿崇尚自然。中国讲左右对称，诗句对仗；日本崇尚不对称、非平衡，俳句成单……日本的元号，其字皆取自中国典籍，而当今仍使用元号的，只有日本。

文化交流从来是互惠、互润的。如果说在古代主要是日本学中国，近代更多表现为中国借鉴日本。19世纪中期以后中国逐步沦为半殖民地社会，为寻找救亡图存的道路，孙中山、李大钊、陈独秀、周恩来等革命先行者与有识之士纷纷东渡求学、考察。社会主义理论在亚洲的传播，首先是在日本。近代日本走上军国主义的侵略扩张之路，给中华民族带来深重灾难，即使在当时，也有众多正义之士同情与支持中国的革命。在文化方面，近代汉语中的词汇，特别是在哲学、医学、政治、经济等领域有许多来自日语。例如，“理念”、“运营”、“职场”等日语词汇已完全进入现代汉语。日本在战后创造的“家电文化”影响亚洲，日本的“动漫”亦为中国青年所喜爱。

两千年中日交往中恩恩怨怨。既有动人的佳话，也有刀剑相向的对抗。“女王制册封亲魏，天使威仪拜大唐。一自覆舟平户后，有人裂诏毁冠裳。”黄遵宪此诗写于甲午战争前，前两句是写中日睦邻，后两句是写中日交恶。此后从1895年起的50年，是中日关系中最黑暗的时期。经过战后27年的冷淡，终于在1972年实现邦交正常化。进入21世纪，民间交流规模空前，每年都有400多万人往来于中日之间，两国变成相依共处的伙伴。

以和为贵，是中日两个民族都崇尚的美德。和平共处，世代友好，互利合作，共同发展的政策引导着中日关系的健康发展。邓小平说，中日友好相处是两国人民之福，也是历史发展的潮流。中日战略互惠关系的建立，其前提首先是两国人民间心与心的沟通与交流。

睦邻春秋之追忆

1

吉野里寄情

吉野里,一个令考古学家为之心动的名字,一个蕴含着日本史前文化,勾起人们发思古之幽情的地方。

历史性的发现往往事出偶然。吉野里不过是九州佐贺平原上一片不为人知的丘陵地,上世纪 80 年代末进行例行的文物调查时,发现了罕见的瓮棺才引起人们注意。历时三年的发掘,终于撩开厚厚的面纱,证实这里竟是一处两千年前的"环濠群落",巨大坟丘墓俯视南北,瓮棺密集,有双重环沟的宫城。铜剑、青铜器模具等大量文物出土,巨大的环濠群落的发现,令考古学家为之惊叹。

吉野里遗址具有从弥生时代初期至后期的文化特征。它向人们提出一个思考题:日本民族从哪里来?依岛而居的日本人何以受中国文化影响甚深?怀着对历史的神往,我走进了吉野里。

吉野里遗址建在一块高坡之上,面积约有 40 公顷,被指定为国家特别历史遗迹,一处供人温习历史的公园。吉野里北依脊振山,南临有明海,海的西面就是中国大陆。考古证实,有明海是列岛与大陆交流的海上通道。站在坡上四周望去,平缓的稻田伸向远方。遗构由木栅围绕,内部空地上散建有不少半地下茅屋,几座十数米高的望楼把持入口,古朴中透着威严。遗址是仿照中国史书《三国志·魏志·倭人传》中描述的邪马台国"宫室、楼观、城栅严设,常有人持兵守卫"的样子复原的。

吉野里遗址是历史的密封舱,记录着以大陆文化为主体的弥生文化密码。吉野里的环濠群落,时间上跨自公元前 2 世纪至公元 3 世纪的数百年间,包含了弥生时代的发展过程。作为一个地区的政治、经济、宗教中心,反映了自稻作开始以来一个原始国家的形成与发展。吉野里人在环濠群落里日出而作,日落而息,坡上建屋,坡下种稻,既有丰收的喜悦,也尝过战争的苦难,透过两千年时空,感受到生活的气息。

吉野里遗迹中最高的部分是直径 40 米、高 2 米的龟形坟丘墓(土墩墓),从里面出土了象征权势的把头式样的有柄铜剑、细形铜剑、玉管等陪葬品,被认为是吉野里的族长首领的墓地。令人惊叹的是,在 1 公里多的墓道两旁,纵列密集排列着瓮棺群,出土了两千多口瓮棺、400 多具人骨。吉野里的弥生人身高体大,与低矮的土著绳文人有明显不同。据认为,个子较高的弥生人的诞生,是带着稻作文化从大陆移居九州的"渡来人"与绳文人混血的结果。吉野里遗迹中极有特点的瓮棺葬,有学者认为是当时的厚葬形式,反映了死者再生的愿望,与长生不老的神仙思想有关。由于弥生文化源自大陆文化,这里极有可能是把先进的文化带到日本的大陆"高技术集团"及其后裔。众多而排列有序的瓮棺、有柄铜剑、高架式仓库群,使人感到了"吉野里王国"的宗教和秩序力量。

吉野里遗址蕴含的历史浪漫有待于人们进一步发掘。有消息说,吉野里遗址还出土了中国 1 世纪初发行的铜币"货泉"。王莽王朝的铜币何以到了吉野里,如能加以考证,定是远古中日交流的浪漫曲。

2

1 发掘出的成人和小孩用的瓮棺。

2 出土的有柄细形铜剑。(遗址资料)

3 从北坟丘墓发现的 8 个涂朱的成人瓮棺中,出土了 8 把有柄铜剑与 80 枚玉管装饰品,反映了被葬者生前的地位。(遗址资料)

4 吉野里远望。有学者把佐贺平原比定为秦人徐福到达的"平原广泽"。

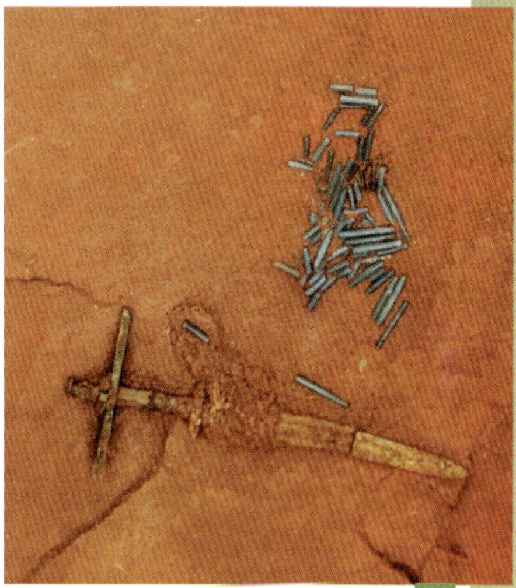

3

4

1

新宫敬徐福

秦人徐福东渡的传说，在中日两国间是千年不衰的话题。

1978 年 10 月，邓小平访问日本时幽默地说，听说日本古称蓬莱，有长生不老药，我来日本很想取这种药，但说不定已经没有了，想把贵国的科学技术经验带回去。当时的新宫市长闻说此事，把当年徐福在熊野发现的“仙药”——“天台乌药”(樟木科常绿灌木，可入药)三株树苗送到中国。

徐福东渡传说最早见于司马迁的《史记》。据记载，公元前219年，秦始皇遣方士徐市(fú，同福)等入海求仙人。又称，公元前210 年，秦皇又使其入海求神，“遣振男女三千人，资之五谷种种百工而行。徐福得平原广泽，止王不来。”徐福研究家认为，徐福是方士，也是齐国的王侯。治学严谨的司马迁笔下的徐福并非架空人物，他写《史记》时仅距徐福东渡百余年，口述徐福最后一次出海的楚人伍被，他出生时只离徐福东渡相差仅 20 年，时间上也大大增加了可信程度。

徐福到底去没去日本？“平原广泽”又在哪里？《汉书·三国志》等史书都没有明确记载。后周(公元 951-960 年)时期，开元寺僧人义楚写的《义楚六帖》中才明确说，“日本国亦名倭国，东海中。秦时徐福将五百童男童女止此国，今人物一如长安……又东北千

2

3

余里，有山名富士，亦名蓬莱……徐福止此谓蓬莱，至今子孙皆曰秦氏”，大有身临其境之感。据说义楚的记述来自日本僧人的介绍，至少说明那时在日本已流传徐福之事。日本最早的记载见于 12 世纪的《今昔物语》，说：“始皇好仙术，求长生不老药于日本。”

有关徐福东渡的传说之地，在日本有五十几处。佐贺的诸富町、鹿儿岛的串木野等地都被说成是徐福登陆之地。富士山麓的富士吉田市还有徐福祠，奉为纺织之神。日语中富士的发音与“不死”相似，传说其名与徐福有关。吉野里遗迹发现后，有研究家主张九州的筑紫平原或许就是徐福称王的“平原广泽”。日本有不少人自称是徐福的后裔，秦氏被认为是“渡来者”的姓氏，飞鸟时代的秦河胜来自大陆，前首相羽田孜也称自己是秦人（羽田与秦同音）后裔。

受徐福东渡故事吸引，笔者曾两次去和歌山新宫市访问。1988 年去访问时，发现新宫市从市长到职员的名片上都印着徐福像，徐福东渡已写进市歌。和歌山古称纪州，传说熊野的波多须村是徐福的登陆地，并仙逝于此。波多须又写成“秦栖”，意为秦人居住地。此地有山称“蓬莱”，高约 50 米，古杉、桧松密植，山下的天台乌药枝叶连片，望之气势不凡。当地人说徐福要找的山就是这座灵山。蓬莱山下有座“阿须贺”古神社，附近原有的徐福祠在百余年前毁于台风，现已片瓦不存。市历史民俗资料馆奥野馆长指着一块祭石说，这里原来就是徐福墓。有志者在附近立一方《祖元禅师徐福祠献香碑》，诗云“先生采药未曾回，故国山河几度埃；今日一番联远寄，老僧亦为避秦来。”祖元是 13 世纪去日本的高僧，说明此地至少在 13 世纪就有了徐福祠。

前几年去新宫时，发现这里以徐福墓为中心建成有中国式楼门徐福公园。园内建有徐福雕像、不老池、徐福功德碑。山东龙口市还赠送了徐福东渡的始末碑。新宫市民高度评价徐福的功绩，认为是徐福唤醒了熊野这块神秘土地，他向当地人传授垦荒耕种、网鱼捕鲸、抄纸等技术，是传播中国文化的大恩人，长期以来墓前香火不绝，每年都举行“徐福供养祭”。

徐福东渡的传说比汉光武帝在公元 57 年赐倭奴国王金印要早二百多年，那时日本列岛，特别是先进的九州地区正处在从绳文时代向弥生时代过渡的文化变动时期，与稻米传入日本的时期相重合。上古悠藐，形影难追。徐福东渡的传说蕴含着丰富的文化遗传密码。虽然传说不等于事实，但却反映了在弥生时代，有数以百万计的大陆人携带以稻作为中心的大陆文明到达日本。

日本民族形成于原居民与外来人的融和。哲学家梅原猛说，日本神话传说中天神和国神的对立与和解，实际上反映了遥远的民族记忆。日本文化的源流是弥生时代的稻作文化，而弥生文化是外来文化，后来融合进绳文文化。以徐福为代表的大陆人，正是传播弥生文化的伟大使者。

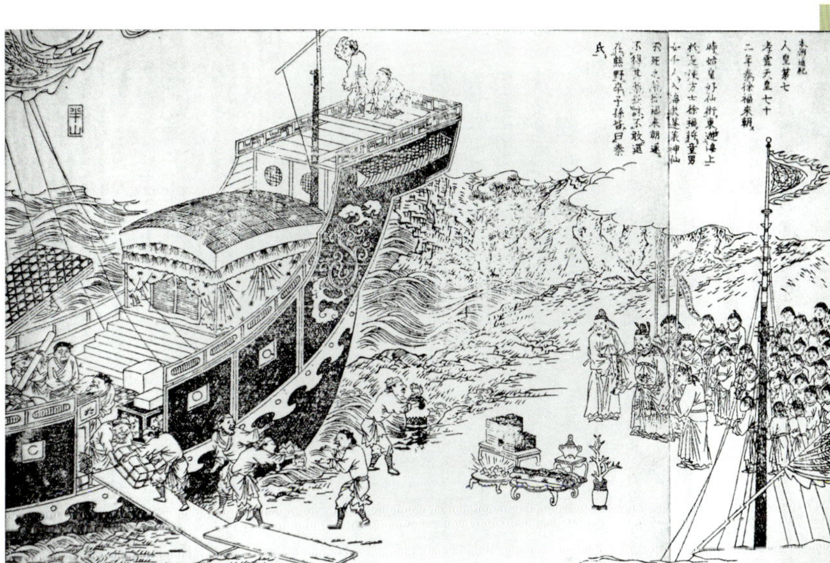

4

1 和歌山新宫市的徐福公园。

2 徐福纪念公园内立着近 2 米高的汉白玉徐福雕像，后面的“不老池”内种着被视为仙药的天台乌药。

3 徐福之墓。（新宫市，所建年代不详）

4 徐福东渡东瀛之图。（江户时代，新宫市资料）

1

漫漫长安路

公元7至9世纪，是日本创建律令制中央集权国家，学习并引进隋唐文化的时期。向中国派遣隋使与遣唐使则是吸收中国文化的重要途径。

通向长安的路是漫漫长路。大和朝廷从公元600年起曾4次派使遣隋。唐朝以后，从630年第一次派遣唐使到894年的200多年间，共任命20次遣唐使(其中16次成行)，随行的留学生和学问僧不顾风涛险阻，以极大的献身精神如饥似渴地求取中国文化。

6世纪末的东亚处在承前启后的时期。公元581年，中国结束了数百年的分裂与战乱，建立了隋朝。新罗国也在朝鲜半岛崛起。日本的大和政权因国内的豪族叛乱而面临危急。公元592年推古女王即位，面对新的形势，大和朝廷决定加快仿效大陆政体的学习步伐。敬佛尊儒、锐意改革的圣德太子摄政后，把直接引进中国先进文明作为重要的国家战略。

2

《隋书》记载，开皇二十年(600年)倭王遣使诣朝；公元607年倭王遣使朝贡；公元608年隋炀帝派裴世清使倭，同年遣隋使小野妹子陪送访倭的隋使回国时，有8名留学生来中国留学。数十年后，当年的留学生和学问僧南渊请安、高向玄理、僧旻等学成回国，这批见证了隋的灭亡与盛唐气象的留学生，以大唐为蓝本，协助朝廷制定了一系列法律、政体制度，为在“大化改新”中建立中央集权的天皇制国家起到重要作用。

日本遣使来华的目的，除了考察处于东亚文明中心的大唐社会，主要还通过吸收大唐文化壮大自我，对外提高国际地位，对内实施改革巩固皇权。遣唐使节通晓经史，回国后大多位列公卿，在移植大唐的制度和文化中起到极大作用。

到奈良、平安两朝后，随遣唐使来华的留学生每批少者二三百，多者达四五百人，不少留学生进入国子监系统学习。留学生阿倍仲麻吕、吉备真备，学问僧玄坊、空海、最澄、圆仁、圆珍，大使藤原清河等人建立的业绩名垂青史。阿倍仲麻吕在公元717年随遣唐使团入唐，苦学十年考中进士，封为左散骑常侍，官至秘书监(国立图书馆长)，因返国时遇风浪受阻，最后埋骨盛唐；同期入唐的吉备真在唐习学经史18年，后来做了奈良朝廷重臣。入唐僧空海到长安后拜青龙寺惠果为师，回国后创立了日本真言宗。学问僧圆仁在唐近十年，他的《入唐求法巡礼行记》是了解中唐时期社会经济的宝贵文献。

漫漫长安路，是向东方延伸的丝绸之路。与通向西方的丝路不同，日本遣唐使承运的是大唐文化，行囊中散发着书卷的芳香。

奈良时代，从律令、佛学到道德规范，从雕刻、绘画、书法、唐乐、茶道，到服饰、习俗，大唐文化全面开花。遣唐使回国后身穿大唐所赐朝服朝见天皇，夸赞其雅，诸人效仿，移风易服。天皇多次下诏："朝会之礼、常服之制，一准唐仪。"奈良高松冢古坟壁画上绘的四神相应图及男女群像的服饰的大唐风韵就是佐证。

"调风化俗，莫尚于文；润德光身，孰先于学"（《怀风藻序》）。深谙中国文化的遣唐使深知典籍之重。吉备真备回国时带回《大唐开元礼》130 卷以及历法、音律等典籍；空海带回佛经 216 部及诗文书籍、名家书法真迹；入唐僧玄坊回国后献给朝廷经论五千卷。唐开元年间，遣唐押使多治比县守把身上所有的钱用在购书上，"所得锡赉，尽市文籍，泛海而还"。公元 875 年编纂的《日本国见在书目录》辑入 1597 部 1.6 万余卷典籍，未列入朝廷图书馆的、传抄、翻刻而流入民间的更是难以计数。遣唐使们运回的书籍如同种子，千余年间在日本民族中生根发芽。唐朝的大量文学作品输入日本，使奈良、平安两朝的文坛掀起学习唐诗热潮。平安时代，《白氏文集》与《文选》并列成为贵族的必读书。8 世纪中叶，日本人写的最早的一部汉诗集《怀风藻》问世。9 世纪初出版的首部敕撰集《凌云集》是汉诗而不是和歌。

从模仿到创新，在外来文化刺激下产生了"国风文化"。国风文化是唐风文化与国内文化自然融合的产物。奈良时代，日本编纂了用"万叶假名"写的史书《古事纪》和用汉文写成的广涉中国经史的《日本书纪》。11 世纪，用假名书写的文艺作品相继问世。世界上第一部由女性创作的长篇小说《源氏物语》堪称文学巨著，文中多处引用了唐代诗文。日本最古的书籍是用汉字写成。如同把大和写成"山常"，把山写成"邪麻"，日本人创造以汉字为音符的"万叶假名"可谓煞费苦心。随着对汉字理解的深化，创造出以汉字偏旁部首为音节的"平假名"和"片假名"，至今日本使用 1945 个常用汉字，汉字词汇在现代日语中仍占相当比重。或许这就是中国人访问日本时，为何对日本文化总有种"似曾相识"印象的原因。

（2005 年 10 月）

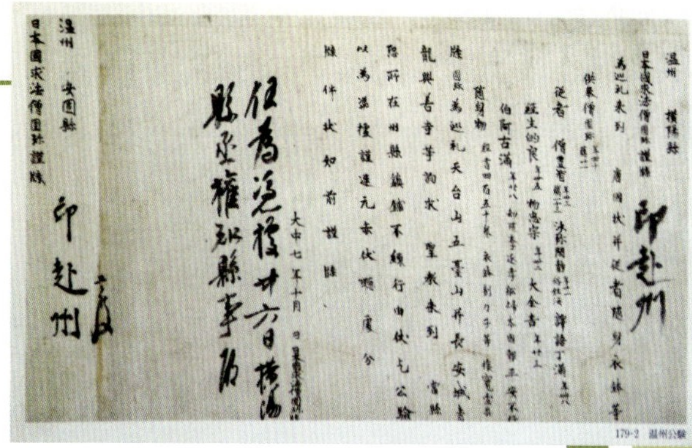

3

4

1 京都御所紫宸殿是举行天皇即位等重要仪式的场所。殿前植两株树，左为樱，右为橘，象征着日本文化在吸收融合大唐文化的基础上推陈出新。

2 1972 年在奈良县明日香村发现的高松冢古坟，建于 7 至 8 世纪初。墓内的男子群像、女子群像壁画有隋唐风韵，技法受到唐文化影响。

3 公元 853 年，日本僧人圆珍入唐游学五年，返日时带回典籍千卷。图为圆珍一行途经温州时当地发给的"温州公验"，被指定为日本国宝。（资料）

4 奈良时代，宫中的朝服与唐服相同。皇宫女官的"女房装束"外层为"唐衣"，又称"唐衣装束"。图为京都西阵织制作的日本化的胡服。

5 奈良平城宫大极殿遗址。

5

1

墓志惊日本

2

“公姓井，字真成，国号日本。才称天纵，故能(衔)命远邦，驰骋上国。蹈礼乐，袭衣冠，束带(临)朝，难与俦矣！岂图强学不倦，闻道未终，口遇移舟，隙逢奔驷。以开元廿二年正月口日，乃终于官弟，春秋卅六。皇上口伤，追崇有典，诏赠尚衣奉御，葬令官口……”

陕西省历史博物馆 2004 年 10 月公布，日本遣唐留学生的墓志在西安发现，再次唤起人们对中日交流史的追怀。

这方仅有 171 字的墓志，蕴藏着重要信息：

其一，墓志的发现，为日本古代史增添了新史料。中国最早记载有关日本的典籍始于秦汉。日本史称“倭”，后称“大和”，后来取“日出之处”意改称“日本”。现存最古的写有“日本”名称的文字是在公元 746 年，而井真成的墓志铭中明确写明“开元廿二年”(公元 734 年)与“国号日本”，是迄今最早的文字实物，表明日本作为一个国家得到正式承认。

其二，为中日文化交流史增添新内容。自公元 630 年至公元 894 年是日本派出遣唐使的时期，当时随遣唐使到大唐的日本留学生肩负图谋国家富强的重大使命，如饥似渴地学习大唐行政、法律、文化，在钻研学问中等待回国的使船。其中多达 557 人的第九次遣唐使团于公元 717 年到达中国，使团中包括奈良时代的贵族文人阿倍仲麻吕和吉备真备、学问僧玄坊。学者推断，井真成时年 19 岁，年龄与阿倍、吉备真备等相仿，极有可能是同期留学于唐的。仲麻吕博学宏才，深受玄宗皇帝宠爱，任职于大唐，官至秘书监兼卫尉少卿；吉备真备入长安学习经史，历时 18 年，带回《大唐开元礼》130 卷，回国后做到朝廷的右大臣；学问僧玄坊因其学习优秀，玄宗皇帝曾赐以紫衣袈裟，回国时带回佛像和五千卷经论。才称天纵的井真成如果不是早逝，说不定也能大展才华。

其三，墓志为中日文化交流增添想像空间。事情发生在唐开元年间，唐玄宗在日本也是知名的历史人物，一位日本留学生的英年早逝能让玄宗皇帝悲伤，国费厚葬，并追授予“尚衣奉御”（管理皇帝衣服的服饰官）职衔本身就有刺激性。奈良大学东野教授说，不仅发现遣唐留学生的墓志是首次，对于留学生的学习状况和死后待遇都说得很具体，皇帝追赠以高级职务，连举止都符合礼仪，证明井真成确实是位知书达礼、学而不倦的优秀青年。

“井真成”是何许人也？相关史料中没有记载。但是能参加遣唐使团的不是极有才能，就是有家族背景。当时日本留唐学生不少都有中国名，阿倍仲麻吕叫“仲满”，752 年的遣唐大使藤原清河叫“河清”。国学院大学教授铃木推测，“井”姓也许与以大阪地区藤井寺市一带为根据地的“井上忌寸”家族中特别优秀的人物有关，该家族是从大陆到日本的，有不少人被派往大唐；还有学者推测，墓主也许来自“葛井”家族，葛井是贵族家系，“井”是葛井（Fujii）的方言讹音，从飞鸟时代到奈良时代有不少人参加过遣唐使团。还有的说，井真成一定是位特别优秀“或有门路的人，也许是位通过了高级官僚考试的人物”。

3

井真成墓志的发现，最感到高兴和反应强烈的是藤井寺市。市民们数典不忘祖，自发成立了市民团体，又是做法事追忆故人，又是举办国际讨论会研讨，还在市内立起“井真成生于此”的木牌，攀起了老乡。藤井寺市的市民“举着墓志照片，眼含热泪”，向王毅大使强烈要求无论如何要让墓志到日本展出。在各方的支持推动下，2005 年 5 月，井真成的墓志终于运到日本，先是在爱知世博会中国馆亮相，后来送到东京国家博物馆展出。

“明镜所以照形，古事所以知今”。遣唐留学生的墓志是开启历史之门的钥匙，171 字的墓志压缩了时空，为中日关系史新添了浪漫的剧情。如日中友好协会会长平山郁夫所言，井真成墓志的发现，“就像听到了超越 1200 年的声音，呼唤日中两国人民要友好相处！”

1 专家观看井真成墓志。(2005 年 6 月，东京国立博物馆)

2 井真成墓志在爱知世博会中国馆展出。

3 井真成墓志铭的墓志盖。

4 在爱知世博会中国馆参观遣唐使墓志的观众。

4

1

明月耀天平

唐代高僧鉴真大师东渡是中日文化交流史上最富传奇色彩、被广泛传颂的故事。郭沫若诗赞曰:"鉴真盲目航东海,一片精诚照太清。舍己为人传道艺,唐风洋洋奈良城。"江户时代的俳圣芭蕉,在新绿滴翠的季节前往唐招提寺瞻仰大师坐像,吟出"愿摘一片新叶,拭去尊师泪痕"的咏叹。

鉴真坐像是其弟子在大师坐化时制作的,不仅年代久远,而且艺术高超,文人学士瞻仰见仁见智,或感慈悲, 或感坚强,或看到安详,或看到笑容。

鉴真作为名满江淮的一代宗师, 他接受日本僧人去日本弘法、传授戒律的邀请,毅然发愿东渡,从此开始了长达 12 年的凄绝历程:遭遇风涛之厄、疫病之困,颠沛流离,艰苦备尝,虽九死一生却舍身为法,初心不改。期间先后有 36 位弟子罹难,二百人下落不明,自己也因长途跋涉,暑热染病,双目失明。直到天宝十二年(753)乘回国的遣唐使船第六次东渡, 终以 66 岁高龄的盲目之身, 与 23 名众弟子抵达日本。九州的秋妻屋浦(又称秋目)是鉴真一行登陆之地,那里已辟为纪念公园,建有"鉴真大和尚凌沧海遥来之地"纪念碑,碑文上写着:"鉴真大和尚在此上陆,首次踏上日本国土,本国的文化由此更增添光辉。"虽然在参观时看到的秋目海湾水波不兴,偶有小船水中游弋,但不难想象大师一行在海上遭遇过怎样的狂涛。

鉴真大师以血肉之躯铺就了传播文化之路,抵达日本后受到朝野的盛大欢迎。翌年 4 月,大师在东大寺卢舍那佛殿前设立戒坛,亲自为圣武太上天皇、光明太上皇后、孝谦天皇等皇室、公卿及僧人共四百余人授戒, 这是日本佛教史上首次正规的登坛受戒。鉴真也因辛勤弘扬佛法,建立律宗,被授以"大和上"尊号。

鉴真一行不仅是弘法的僧团,还是把大陆文明带到日本的文化使者。他率领的僧众中有画师、刻缕、铸写、修文、镌碑等能工巧匠。他带去的物品不仅有佛教经典,还有建筑、雕塑、绘画、文学、书法等书籍,还有医方医药、印刷术等科学技术。

千余年间,无论是在中国还是在日本,人们都在怀念鉴真,赞颂大师在传播文化上的卓越贡献。1963 年 3 月,中国隆重举行了大师圆寂一千二百周年纪念的盛大活动。1980 年 4 月,在鉴真东渡千多年后,唐招提寺供奉的大师坐像由时年 79 岁高龄的第 81 代住持森本孝顺长老陪同,回到故乡"探亲"。森本长老送给扬州大明寺鉴真纪念堂一座石灯笼, 与唐招提寺的另一座长明灯,遥相辉映。对这一千年盛事,邓小平和大平首相都表示祝贺,赞扬鉴真大师"打开了两国友好之门"。像在如人在,千载一时、一时千载的盛举,唤起了两国人民对友好历史的回忆。从大师坐像在烟花

2

三月的春雨绵绵中回扬州，到转道北京返回奈良，笔者有幸躬逢其盛。森本长老写的长屋王“山川异域，风月同天，寄诸佛子，共结来缘”的诗句、赵朴初会长接受采访时写的“看尽杜鹃花，不因隔海怨天涯，东西都是家；去住夏云间，招提灯共大明龛，双照泪痕干；万绿正参天，好凭风月结来缘，象教住人间”的俳句，至今保存在我的采访本里。

令人感动的还有东山魁夷献给鉴真障壁画。他以无限景仰之心，为唐招提寺的御影堂（安放大师坐像的大殿）绘制了以《山云·涛声·黄山晓云·桂林月宵·扬州熏风》为题的大型障壁画和安放大师坐像龛的门画《瑞光》，完成了慰藉大师的全庄严。

从 2000 年起，为重现天平时期的建筑文化，在经历了 1200 年风雪之后，奈良决定对以“天平之甍”（房顶的鸱尾）闻名的唐招提寺的金堂（大雄宝殿），做解体大修，预定在 2009 年全部完成。2002 年底参加日本新闻中心组织的采访时，登上大修中的金堂顶部，见识了 1200 年前天平年间制作的鸱尾等宝贵文物。

唐招提寺千多年间香火不绝。其保存的艺术瑰宝被登记为世界遗产。唐招提寺是中日文化交流的见证，中国人有理由为大师的功绩感到骄傲。

3

4

1 鉴真大师干漆夹纻坐像，至今有 1200 多年历史，被奉为日本的国宝。

2 唐招提寺礼堂东室。

3 唐招提寺第 81 代住持森本孝顺长老在 1980 年 4 月陪同鉴真大师坐像时隔 1200 多年“回国探亲”。（摄于扬州）

4 唐招提寺金堂正在大修，发现了支撑屋顶四角的“邪鬼”和抗大梁的力士木雕，经调查是奈良时代的作品，使用的是当时中国大陆传统的雕刻技法。

5 鉴真大师登陆日本之地秋目。岸边辟为登陆纪念公园，立有“鉴真大和尚凌沧海遥来之地”纪念碑。

5

喜爱杨贵妃

京都有座真言宗佛寺泉涌寺。1218 年由月轮大师取宋代法式在此建立伽蓝，时因寺内有清泉涌出，于是改寺号为“泉涌寺”。因从 13 世纪起历史上有 25 位天皇长眠于此，于是成为京都东山地区的皇家寺院。

进入泉涌寺，离院内入口处不远的左侧有座小院，指示牌上写着“杨贵妃观音堂”，这里祭着唐玄宗的爱妃杨玉环的木雕像，人称“杨贵妃观音菩萨像”，自古也是洛阳（京都）33 所观音菩萨巡礼膜拜的对象，泉涌寺的寺宝（木造圣观音菩萨坐像，重要文化财）。贵妃观音像色彩鲜艳，手持极乐花，头戴宝相华唐草透雕宝冠，美貌与慈悲浑为一体，观者无不感动。

杨贵妃像来自中国。相传是月轮大师的弟子、渡宋学法的名僧湛海和尚在 1255 年从南宋带回日本，安置在泉涌寺内。16 世纪时战国武将织田信长建立了观音堂。这尊“秘佛”此后每百年才开橱观瞻一次。战后从 1956 年起对公众开放，现在每月 18 日的上午都在贵妃像前举行法事。出于“祈愿美人信仰”，女性和美容师都前往参拜，求美人“护符”。

杨贵妃的名字，通过白居易的《长恨歌》在日本家喻户晓。日本人不认为杨贵妃的天生丽质是她的过错，对这位正值盛年的美人去世惋惜不已。许多日本人相信贵妃当时没有死，《杨贵妃外传》、《杨贵妃复活秘史》的作者从《长恨歌》中得到灵感，从“不见玉颜空死处”，推断她登上虚无缥缈的海上仙山，而海上仙山即指日本列岛。

除了泉涌寺的贵妃观音像，最有名的还有山口县长门市油谷町的贵妃墓。町里二尊院内的杨贵妃墓是座五重小石塔，西向大海，朝着中国。寺内的文书说，“天宝十五年七月，唐玄宗爱妃杨玉环乘空栌舟登岸于久津唐渡口。”当地人说，古时确有不少中国人是顺着海流乘船从此上岸。

杨贵妃登陆日本的传说流传了千百年。中国歌剧舞剧院创作演出的歌剧《杨贵妃》2005 年在东京公演，又把观众带回千年前的美丽传说。日本人相信化作观音的杨贵妃慈悲为怀，护佑世人。十几年前我带摄影组前往采访时，曾瞻仰过这尊平日秘不示人的观音像。前年再去参观，见观音堂依然树木青青。

1 杨贵妃观音木雕像。从中国传来的这尊塑像安放在堂内，平日秘不示人。(泉涌寺资料)

2 日本皇家寺院里的杨贵妃观音堂。(2005 年摄)

1

长崎孔子庙

自明清之际，长崎就与中国有频繁的交流。江户幕府虽然执行闭关锁国政策，却把长崎作为日本对外联系的窗口、文化与贸易交流的渠道。当时中国的“唐船”秋天随季节风到长崎，第二年春天再返回中国，所谓“秋来春归”。著名禅宗大师隐元就曾在此讲经，后来到京都建万福寺，创立了日本的黄檗宗。由于这种关系，人们形容长崎与中国“鸡犬之声相闻”。不但距离近，文化联系也多。唐人屋、唐寺、眼镜桥、中国菜……

孔子庙列入长崎著名景点之一。坐落在长崎市大浦町，祭奉着中国的“学问道德之神”。

长崎孔子庙建于 1893 年，是继“四大唐寺”之后，由长崎的各大华侨“乡帮”出资，由当地华侨兴建的文化建筑。东京虽然有著名的汤岛圣堂，但长崎的孔庙却是纯中国式的建筑。1945 年长崎遭受原子弹轰炸时孔庙也受到破坏。上世纪 60 年代，长崎华侨决定重新整修，新建的孔庙呈现华南文庙的风格。1983 年为纪念孔庙建立 90 周年，又在庙内新建成了中国历史文物展览馆，作为日本唯一的陈列中国文物的常设博物馆，在此可以看到大批中国的国宝级文物。

两次去过长崎，一次是 1983 年采访胡耀邦访日，另一次是在 2004 年。进入孔庙，首先映入眼帘的是仪门，门前有一对石狮相对而视，“德配天地、道冠古今”的功德碑也立在仪门前，两株来自中国的枫杨郁郁葱葱(当地把它称为楷树、“孔子木”)。进入院内，即见 72 位贤人等身大的大理石雕像，一块镌刻着《大学》开篇的句碑立在大成殿前。大成殿是孔庙最重要的主建筑，据说里面的祭器都是仿孔子的家乡曲阜孔庙的制式制作的。从 1986 年起这里恢复了祭孔盛典，每逢孔子诞辰，孔庙都依照古代仪式，穿上古时服装隆重举行祭奠活动。

长崎孔子庙和中国历代博物馆由华侨管理，是长崎的百景之一。听说在长崎的外国人中有一多半是中国人，令人萌生出一股亲情。

2

1 长崎的孔庙。

2 长崎孔庙内的贤人雕像。

弃甲慕诗 寄情山水

——谒京都诗仙堂

“结庐在人境，而无车马喧……”，约在360年前，有位武士脱离战列，在京都东郊的山坡上建起庭院，过起读书、做诗、园艺的隐居生活。武士名叫石川丈山（1583—1672），少时跟随德川家康打天下，家康爱其武勇忠诚，收为家臣。但在1615年德川与丰臣决战的“大阪夏天之阵”中，因违犯军规，被令蛰居。丈山一度剃发为僧，先是师从大儒藤原惺窝学文，后随清见寺说心和尚学禅。出于对汉诗的陶醉，他在山庄里建一厅堂，请名家绘制陶渊明、苏东坡等中国汉晋唐宋36位诗人的诗作与画像于堂上，起名“诗仙堂”，结果“山以堂而增美，堂以诗而不朽”，后世留芳，成就一段佳话。

诗仙堂在京都松町，从京都站乘车，在一乘寺松町下车登坡路步行10分钟，右侧被林木遮掩的幽静处所就是诗仙堂。拾阶而上有小门，旁边有山茶花，门内有老梅数株，称“老梅关”；进正门往前走是禅宗式庭院，与书院相邻的就是诗仙堂。

诗仙堂不大，榻榻米房间约十来平米，抬头即见排列四壁的彩绘像，左以苏东坡为首，右以陶渊明打头，共36位。画像是江户时期巨匠狩野探幽所绘，像上的诗篇皆出自丈山手书。丈山自撰的“诗仙像图并序”记载，图中人物年貌体势衣冠绅笏，皆参考“历代古画职官与服志及文献通考”诸书，其衣服形貌，或紫袍绯袍、绿衫青衫、金带银带、象笏木笏，各有等差而不逾矩，可谓奇观。

连接诗仙堂的庭园，院前有修整成圆石般的杜鹃树丛，象征群山，茶色石砂铺地，意为大海。不时发出清亮声响的，是被叫做“添水”的竹筒。“添水”原为农夫为惊吓野猪、麻雀之用，当溪水流入竹筒，水满下沉，撞石发声，更显闲寂幽玄。当年丈山的好友林罗山（儒学者）曾在“诗仙堂记”中描述观景感受：“滴一路之空翠，洗九陌之市红……”

1

2

石川丈山清心寡欲，日本书刊说他“刚而直，廉而洁”，“不求世俗所欲，只愿衣食仅足”，一生不近粉黛，多次谢绝出仕，后以九十高龄终寿。江户时期的武士文武双修，儒学教养不可缺。隐居后的丈山平日坐卧不离刀弓，老年外出亦让仆童带刀。丈山喜风雅，不仅爱诗，且诗书俱佳，汉学修养十分了得。园内的十二景，“满蹊樱花，前村梨雨，砌池印月，洛阳晚烟，园外松声，鸭河长流……”，还有啸月楼、百花坞、洗蒙瀑等，皆以汉语命名。这座曹洞宗禅宗庭园现由京都市管理，被指定为文化遗迹。

3

4

1 从书院望诗仙堂庭园。

2 诗仙堂内部，绘有36位中国古代诗人。

3 丈山手书。

4 诗仙堂入口处。

1

隐元犹在　黄檗长青

京都宇治地方有座禅宗寺院叫万福寺，是日本黄檗宗的大本山，来自中国的隐元禅师在 1661 年兴建。江户时代的俳人菊舍尼有一次访问万福寺，步出山门时有感而发，曾吟出“忽闻飘来采茶歌，方知此身在扶桑”(大意)感叹。

菊舍尼是以采茶女的歌声衬托寺内纯中国文化的氛围，与“鸟鸣林更幽”的诗句异曲同工。

万福寺华风洋溢。寺内大小三十余座殿堂均为明代寺院建筑风格，内外悬挂的许多匾额、楹联雄浑飘逸，是隐元及其传人的手笔。大殿内栩栩如生的佛像是出自中国的佛师之手。钟楼上的梵钟铭文自然是汉语，每日朝夕击打的“巡照板”上写着“谨白大众，生死事大，无常迅速，各宜醒觉，切勿放逸。”万福寺的历代住持中有木庵、即非等 16 位是先后渡日的中国禅僧，寺内的佛事、僧人的生活也是按中国传统方式进行，更有奇者，甚至读经赞佛也按福建方言诵读。

17 世纪中期前后，中国出现了从明至清的王朝更替，日本也处在江户时代前期，采取锁国政策的幕府需要精通中国文化的学者传播知识，像儒学者朱舜水、隐元禅师等有不少饱学之士到了日本。

隐元禅师(1592~1673)名隆琦，俗姓林，福建福清人，临济宗黄檗派住持，名满江南。1654 年，时年 63 岁的隐元受日本僧众及幕府的再三邀请率弟子东渡，备受皇室和大将军德川家纲礼遇。隐元先是在长崎的兴福寺等唐寺弘扬禅法，翌年应妙心寺日僧龙溪邀请去摄津(今大阪)普门寺协助修建禅堂，重塑佛像，弘扬宗风，名声大振。1659 年，幕府和皇室赐地 9 万坪(约 29 万平米)，请隐元在大和山(今京都宇治)建寺，1661 年创建“黄檗山万福寺”。将军家纲寄赠白金 2 万两和云南的柚木材，许多武士与商贾

也多有寄进。新建的万福寺是典型的明代寺院样式，寺规、禅风全依福建黄檗山万福寺旧制，中轴线上依次有山门、天王殿、大雄宝殿、法堂，两侧回廊联接钟楼、鼓楼、伽蓝殿、方丈室。殿堂内的释迦牟尼、弥勒等塑像是在福建泉州的佛师范道生的指导雕塑的，法堂等诸殿成为京都宇治的一大寺院。

隐元率领的禅僧东渡，传播了明清文化，是继唐鉴真和尚之后的又一位文化使者。禅净（净土）融合的宗风，给处在锁国状态下的日本禅宗界带来了活力。黄檗宗鼎盛时在日本有上千所寺院，独树一帜，与临济宗、曹洞宗并列成为日本三禅宗。

隐元博学多才，精于建筑、医药，工于诗文。隐元及众僧带去的文物涉及美术、医术、建筑、音乐、史学、文学、雕版印刷、煎茶等各个方面。他在72岁时退隐松隐堂，由弟子木庵继承法席。退隐后的隐元潜心著述，接受各寺礼请讲经弘法，留下《隐元禅师语录》、《普照国师广录》、《弘戒法仪》、《云涛集》等著述。隐元与弟子木庵、即非的书法被誉为“黄檗三笔”，由他亲题的大量匾额、题赞、书幅、诗偈等，对江户文化有较大影响。寺内还珍藏着其传人根据隐元带去的万历板《大藏经》刻制的5.6万多张经板。万福寺中僧众所用的“隐元豆腐”、“黄檗馒头”等中国风味食品，净素持斋、主客围桌共食“普茶料理”，明代的煎茶法，隐元与弟子们带去的四季豆（“隐元豆”）、西瓜、莲藕、孟宗竹等，影响到日本人的生活。作为日本代表性的禅宗伽蓝建筑群，是至今仍保持着创建初期样式的唯一寺院，其23栋主要建筑、回廊、匾额、对联等，被指定为日本的“国家重要文化财”。

“隐元犹在、黄檗长青”。日本黄檗山万福寺的香火旺盛，法席代代相传。上世纪70年代以后，万福寺及所属各寺与福建福清的黄檗山万福寺祖庭（建于唐贞元五年的禅宗寺院）恢复联系，多次前往寻根谒祖。在隐元法师诞辰400周年之际，两国僧众举行了盛大法会。新老黄檗交相辉映，是中日文化交流的纽带与见证。

1 万福寺的山门。

2 万福寺内巨大的“开梆”（木鱼）。

3 瑞气集门——寺内悬挂着参拜者祈福的“绘马”木牌。

朱舜水誉满扶桑

每次去水户，都想起明末大学者朱舜水。与茨城县的朋友交谈，他们都以水户有朱舜水为荣。

朱舜水，字之瑜，号舜水，浙江余姚人。出身官宦世家，身在明末清初乱世，心怀忧国忧民。他精通经史，以经世致用为治学根本。1644 年清军入关后，明室倾覆，反清势力退居舟山群岛。为匡扶社稷，他奔走于浙江、福建、日本、南洋，曾六次去日本借兵，但没有成功。参与抗清将领郑成功的北伐，挫败后眼见复明无望，遂于 1659 年再渡扶桑，开始他二十多年在日本的讲学生涯，直到去世。

朱舜水到日本后，初旅居长崎。柳川藩儒学者安东省庵素来仰慕舜水，执弟子礼，见他生活困难，将自己一半俸禄接济。许多学者慕名投其门下。1665 年，江户幕府副将军、水户藩主德川光国敬其道德学问，聘为宾师，迎至水户讲学。在他 70 岁寿辰时，光国"行养老礼，亲授几杖，谒诚尽敬"，赞扬他"学贯古今，思出风尘。道德循备，家宝国珍"。

朱舜水在日本的 20 多年里，提倡经学致用，注重"实理、实学、实用"，"尊王贱霸，重礼尚实"，是舜水施教之要义。他把中国的服制、礼制、官制、学制介绍到日本。在讲授中国的四书五经、唐宋诗文的同时，还把中国的农业、医药、建筑、工艺等传授给民众，还参加过庭园、庙宇、桥梁的营造。1670 年日本造学宫，朱舜水绘画图纸，亲临现场指导，以他设计的"学宫图说"，在东京汤岛建造了孔子圣堂。他结合西湖与庐山的风景，设计了著名的东京小石川后乐园。德川光国在水户设置彰考馆，由他的门生安积觉为主编，他被聘请指导《大日本史》的编纂。日本大儒安积觉说他"格物穷理，志虑精纯……凡古今礼仪大典，皆能讲究，致其精详。至于宫室器用之制，农圃播殖之业，靡不通晓。"听他讲学的，"虽老者白须白发，亦扶杖听讲，且赞儒道大美，颇有朝闻夕死而可之意"。他去世后，德川光国编《朱舜水文集》28 卷，收录了他在海外的撰文、书札。

朱舜水的品格和学识在日本知识层中有深远影响。学者评价说日本儒学"以经世治民为要道，不务空理虚论，皆舜水所赐"；明清之际，"给日本精神文化影响最大的是明朝遗臣朱舜水。"(木宫泰彦《中日文化交流史》)梁启超也评价朱舜水"倡导实学，栽成多士，影响声施，数百年不衰"。他的"尊王贱霸"的思想影响到后来的明治维新，其重礼尚实之教化及日本国民。

朱舜水在日本无时不怀念故国，虽身居异域，依旧身穿明服，至死不易。1682 年，朱舜水以 83 岁高龄辞世。葬于水户大田乡的瑞龙山德川家的墓地，德川光国按照明朝仪式为他建坟立碑，亲书"明徵君子朱子墓"，我曾前往瞻仰过，记得墓前还有前方后圆的"方圆池"(取天圆地方、外圆内方意)，周围树木参天，树根浮出地面，宛若游龙。水户市内的朱舜水铜像是在十年前建立的。

(2005 年)

1 "日中心交，道义一贯"——建于茨城西山庄旁的朱舜水纪念碑。

2 朱舜水当年设计的东京小石川後乐园。

3 水户市教委建立的朱舜水雕像。

1

冲绳石敢当

漫步那霸街头，好几次看到形态各异的“石敢当”。那霸市内的“三越”百货店前拐角处立着“石敢当”，旁边还有篇《石敢当记》碑文，大意是：“石敢当”是冲绳自古以来的风俗。中国古代的阴阳家说，丁字路口地相凶险，有鬼怪游荡，立石敢当碑，可以镇百鬼，驱灾祸，使该地繁荣。碑文特地指出，人类伴随世界机械文明的进步，太过于相信自身之力而忘却祈祷神灵之心，故立石敢当之碑以存古风，并祈祷敝店之兴隆，云云。

冲绳不仅在街巷的路口有“石敢当”(也有写成“泰山石敢当”的)，在餐馆、居家的围墙上也有，旅游商品的销售店里也摆着各种可爱的石敢当工艺品。除了冲绳外，据说日本的内地，如九州地区也有立“石敢当”的风俗。

小时候在山东老家，记得村子里的丁字路口也立着块石头，人们有事没事都在那里会聚，大人们说那叫“泰山石敢当”，是辟邪的。多少年后再回老家，已是人非物亦非，村路变成了水泥路，石敢当早已不知去向，年轻人也不知道啥是“石敢当”了。

中国立“石敢当”的习俗从何时开始？据考证，石敢当最早载于西汉史游《急就章》：“师猛虎，石敢当，所不侵，龙未央。”《辞海》中解释说，旧时人家正门，正对桥梁、巷口，常立一小石碑，上刻“石敢当”三字，以为可以禁压不祥。立石敢当不仅是齐鲁之俗，闽南民间建筑也习惯在“路冲”之处或门前立石敢当，祈求阖家平安。莆田县出土的唐大历五年的石铭记载：“石敢当，镇百鬼，压灾殃；官吏福，百姓康；风教盛，礼乐张。”说明中国自古有“石敢当”压灾辟邪之俗。

冲绳古称琉球，有“万国津梁”之誉，与中国有很深的文化联系。14世纪时，大明与琉球建立藩属关系，来往密切。经琉球国的请求，大批有技术、有文化的中国人移民琉球，从福建到琉球的移民聚居在久米村，居住着“闽人三十六姓”。进贡使和册封使的往还、留学生的派遣、大量中国移民的进入，中国的民间习俗融入琉球社会亦在情理之中。

(2005年)

2

3

1 商店里出售的石敢当工艺品。

2 立在那霸市街头的石敢当。

3 冲绳南部一家店前的石敢当。

“李鸿章道”

下关就是过去的马关，中国人到了下关常常联想到《马关条约》，春帆楼就是当年条约的签订地。2005 年 11 月，我因从萩市前往九州途经下关，这个“历史的现场”不可不看。于是利用转车前的空闲的去了下关的春帆楼，还有“李鸿章道”。

春帆楼所在地，最早是阿弥陀寺的一部分，日本推行“毁佛弃寺”时成了废寺，有人在其遗迹上盖过医院，后来改营客馆。因地处关门海峡，阳春时节在此可一揽白帆点点，来此品食河豚的伊藤博文（日本首任总理）为店家起名春帆楼。

春帆楼虽是一家客馆，却是改变中日关系史的地方。

中日甲午战争，是近代中日之间大规模接触的事件。在甲午战争中惨败的清政府为与日本求和，派遣全权大臣李鸿章与日本全权办理大臣伊藤博文在春帆楼举行“日清讲和会议”。1895 年 3 月 19 日，李鸿章一行乘船到达下关，第二天出席和谈，4 月 17 日在此签订了中日《马关条约》。条约规定：清政府割辽东半岛、台湾、澎湖列岛及附属岛屿给日本；赔偿日本军费白银二亿两；开放重庆、沙市、苏州、杭州为通商口岸；允许日本在中国的通商口岸开设工厂，产品运销中国内地免收内地税等条款。后因美、俄等国出面干涉，日本把辽东半岛归还中国，另索取 3 千万两白银的“赎辽费”。这个极不平等的条约，在中日关系史上写下悲怆的一章。

原建的春帆楼因在 1945 年毁于战火，当年的旧貌已不复见。现在的春帆楼是于 1985 年改建的四层建筑，至今对外营业。院内西侧有用汉文写成的“讲和碑”说明原委：“……甲午之役，六师连胜，清廷震骇，急遽请弭兵。翌年三月，遣李鸿章至马关，伯爵伊藤博文奉命樽俎折冲，以此楼为会见所。”院的东侧是“日清讲和纪念馆”，作为历史遗迹现在由下关市管理，免费对外开放。

1

2

3

1 李鸿章当年出席谈判时经过的小路，被命名为“李鸿章道”。
2 院内的“日清讲和纪念馆”。
3 进行谈判时的旧春帆楼。现在此楼已不复存在。（资料）

纪念馆建于 1937 年，里面陈列着当年谈判时用过的椅子、灯具、暖炉、砚台盒、墨壶以及印泥等，按当年会场复原。椅子旁摆放着样子有些像中国痰盂的炭火暖炉，室内挂着签字时的写实画。

甲午之战，日本打败了千年来为之仰视的中国，中国在日本人中的形象由尊崇一变而为轻蔑。有资料记载，1895 年 3 月当李鸿章一行走下汽船踏上海岸时，从聚集在码头上看热闹的人群中发出了“支那！支那！”的鄙夷喊叫。史家说，甲午战争是日本发动的一场以“国运相赌”的侵略战争。历时近 5 个月的战争最后以清政府的割地赔款而告结束。强加在中国人民身上的《马关条约》是一副沉重枷锁，加剧了中华民族的危急和中国的衰败。对于日本，通过战争夺走了台湾，控制了朝鲜，勒索了巨款，膨胀了财富。这笔折合三亿六千万日圆的巨额赔款在超过了当时日本全国三年的税收，促成了日本“金本位制”的确立，强化了日本的武库和近代产业的发展，日本迅速跻身于帝国主义列强行列。怪不得“讲和碑”文惊叹：“呜呼，今日国威之隆，实滥觞于甲午之役！”

日本政府与清政府议和的地点为何选在下关，有种种推测。除了出身于萩市下级武士家庭的伊藤博文钟情于下关外，有说法认为选择春帆楼是因为有山坡下就是关门海峡。日本军舰在谈判期间穿梭往来，不单是为了军事调动，更多的是要给李鸿章以威吓。

春帆楼院落的前面，有一条通往西面的小路，小路宽不过 2 米，沿山坡上蜿蜒而上，路牌上分明写着"李鸿章道"。事情的原委是，1895 年 3 月 24 日下午，结束了交涉后的李鸿章一行正要搭轿返回附近的行馆“引接寺”时，围观的人群中突然蹿出一名"暴汉"，照着李中堂就是一枪，李鸿章被击中脸颊，流血不止。据说 72 岁的李中堂被击中后反感庆幸，因为枪击外国使节，引起世界震惊，多了个谈判的筹码。事后日方为防止再出意外，沿着山腰修了条代表团专用的小路。李中堂伤势恢复后，后来几天出席谈判时避开大路，从这条小路往返于下榻的《引接寺》。不好推测日本何以把这条小道命名为"李鸿章道"，中国人见此心中都会感到苦涩。可以肯定，面对大清的衰败而又无力回天，当年的李中堂走在小道上一定是心情沉重，步履艰难。

历史悠悠，又过去 110 多年。站在“李鸿章道”边眺望，清晨的关门海峡风平浪静。当年的白帆早被不时通过的巨轮替代，中日两国以友好睦邻取代了昔日战场上的对抗。历史给人的启示是，凡是以不义之举夺取的东西必定得而复失。不平等条约带给中国人民的屈辱促进了中华民族的觉醒，演化成自强的动力。遭受过巨大灾难的中国不计前嫌，以德报怨，没有要过日本的一寸土地，自动放弃了本来有权要求的巨额赔偿。

1

2

宫崎家的珍宝

在中国近代史上，宫崎滔天是名垂史册的人物。他以侠肝义胆之心，振兴亚洲之志襄助中国革命，与孙中山、黄兴相识相交，终生敬慕，矢志追随。在他辞世时，孙中山评价他“对于吾国革命历史，尤著有极伟大之功绩”。

宫崎滔天终生飘泊，没有为后代置办什么家产。但是他却为后世留下无价珍宝——他与中国的领袖交往的宝贵文物，现在由滔天的直系孙女宫崎蕗苳女士保管。

宫崎蕗苳女士住在东京都西池袋，她的家是一处典型的和式木建房屋，这里是滔天的晚年居住地，这栋房屋是 1914 年黄兴拿出一千日元资助建成的，虽然后来经过修建，但仍完整地保留着旧有风貌。作为中国的一位老朋友，蕗苳女士多次出席过中国举办的纪念辛亥革命的活动。

宫崎家的客厅，有十个榻榻米大小。正面悬挂着孙中山书赠滔天的“推心置腹”四字横幅，黄兴书赠给滔天夫人的“儒侠者流”四字横幅挂在对面。

我初次参观她家的文物是在1986年，那时蕗苳的丈夫智雄教授还在世。当得知我是为赏宝而来时，特地从书房里拿出黄兴手书的“朗照”挂轴，落款为“滔天主人属黄兴左书”。黄兴曾在 1911 年一次作战中失去右手两指，估计此书当写于受伤之后。

智雄教授说，滔天故居中的文物，有孙中山、宋庆龄、黄兴、何天炯、李大钊、毛泽东、鲁迅、田汉、于佑任等人的墨宝，其中信件等约五百封，书法、条幅、题字约二百幅。此外还保存着大量的珍贵历史照片。

1897 年夏天，孙中山从伦敦脱险到日本，与滔天相识。两人为商讨革命方略，曾进行过长时期的笔谈，当时的手迹至今仍保存在滔天故居。此外，还有 1907 年孙中山委任滔天为中国同盟会在日全权代表，“办理筹资购械接济革命军”的委任状，1911 年辛亥革命胜利后，滔天赶赴香港会晤时孙中山手书的“纪念。清之亡年十二月二十日重逢香港舟中。宫崎先生属，孙文书”的信件。1910 年孙中山旅居新加坡，感于滔天的穷困，曾致信慰问：“近闻先生贫而病，弟心殊为戚戚，然客途无力，爰莫能助也，故久缺音问，今仅奉寄日银百圆……知杯水车薪，莫能济事，不过聊表区区而已，幸为爱照。”

3

滔天献身中国革命，他的家也自然成了中国志士的活动场所。宫崎家有一幅高约一米、宽一米多的集体签名留念“寄书”挂轴，上面签名题辞者有六十余人，都是辛亥革命前后的中国著名人物：黄兴、廖仲恺、吴玉珊（吴玉章）、宋教仁等革命家的题字，也有蒋中正、汪精卫、戴天仇（季陶）、胡汉民等人的签名。廖仲恺所题“侠肠”二字，既概括了滔天的人格，也表达了他对滔天先生的敬重。

4

宫崎家的珍宝中，有一封毛泽东写的信，是毛泽东在学生时代写给宫崎滔天的亲笔信，信中说：“白浪滔天先生阁下：久钦高谊，觌面无缘，远道闻风，令人兴起。先生之于黄公，生以精神助之，死以涕泪吊之。今将葬矣，波涛万里，又复临穴送棺，高谊贯于日月，精诚动乎鬼神。此天下所希闻，古今所未有也。植蕃、泽东湘之学生，尝读诗书，颇立志气，今者愿一望见风采，聆取宏教……”

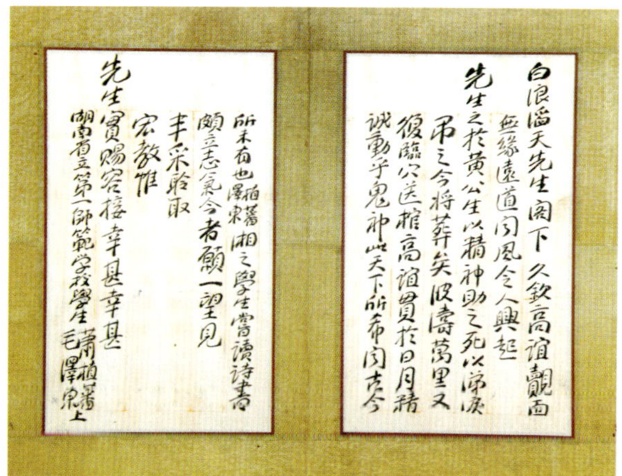

5

此信虽为两人署名，但滔天之子龙介在1967年的文章中认为确是毛泽东所写。1956年，龙介与夫人白莲女士应邀去北京参加五一节庆祝活动，在天安门城楼上通过廖承志翻译与毛泽东交谈时，毛主席曾表示记得给滔天写信事。据说当时滔天见信后如约与毛泽东相见，并应邀前往第一师范学校讲演。

滔天故居是近代中日关系史的宝藏。滔天的后人深知这些文物价值。二战时东京曾多次遭受空袭，宫崎龙介父女为使文物不受损失，曾在院内挖穴隐藏。这些记录着先驱者足迹的文物，是宫崎家的“家宝”，又是日中两国人民友好情谊的珍贵记录。2006年11月，宫崎女士来中国出席了纪念孙中山诞辰140周年的纪念活动。年逾80的蕗苳担忧这些文物今后能否妥加保存。她也希望两国有关团体能够出资，对滔天故居和有关文物加以整理保存。

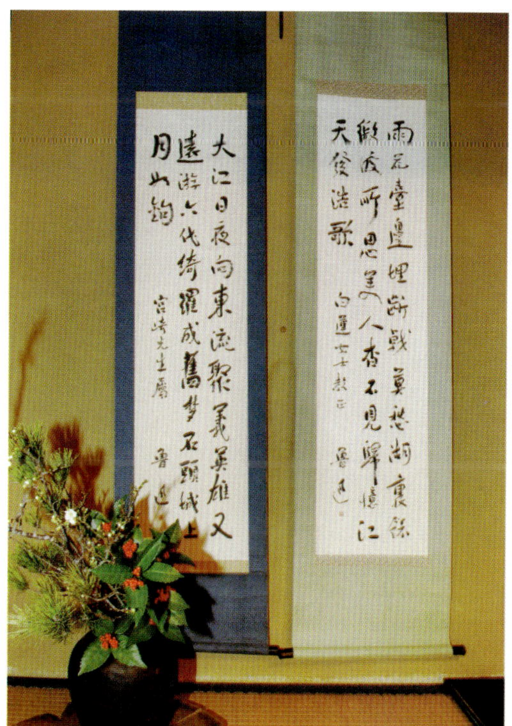

6

1 宫崎蕗苳女士拿着当年黄兴送给滔天先生留作纪念的武昌起义时的弹壳。(2005年12月)

2 黄兴赠送滔天先生夫人的书法

3 宫崎家接待室里总是挂着孙中山写的“推心置腹”的匾额

4 宫崎女士介绍中国革命志士当年写的“寄书”。(1986年)

5 毛泽东在长沙师范就读时写给宫崎滔天的信。当时滔天前往长沙出席黄兴的葬礼。

6 鲁迅先生书赠给宫崎滔天长子龙介夫妇的书法。

1

2

周恩来日本求学

中国人一提起京都岚山，立刻会想到周恩来诗碑，想起他留学日本时写的雨中岚山的诗：雨中二次游岚山，两岸青松，夹着几片樱……

1917 年 9 月，年方 19 岁的周恩来怀着救国救民的理想前往日本求学。在日本生活过一年零八个月。周恩来这一时期在日本的活动，部分反映在他 1918 年 19 岁时写的《东京日记》中。一起留学的中国学生回忆，青年周恩来生活朴素，学习热心，思想求自由，做事求实在，学问求真切，“想比现在还新的思想，做比现在最新的事情，学离现在最近的学问”。他知识渊博，不尚空谈，博闻强记，思路井然，言时必论国家大事、民族前途。周恩来又是大孝子，日记中记载他在异乡的孤独、经济的窘迫，对国家的迷茫，也曾焚香一柱，泪眼展读母亲的遗墨。

青年周恩来为了考取日本的大学，进入东亚高等预备学校学习日语，住在东京神田地区的一家公寓的二层。但他的注意力始终放在如何使自己的国家更强大上面。到东京不久，十月革命爆发，受革命思潮影响，他参加了反帝反封建、振兴中华的新中学会。周恩来在留学日本的生活中，觉得无处不可以求学问，事事都可以“用求学的眼光，看日本人的一举一动、一切的行事”，不把只是终日守着课本看书才算求学。

周恩来虽然因没有学完在东亚高等预备学校的课程，没有进入日本的大学，但他经常去早稻田大学听讲。1918 年下半年到 1919 年 4 月期间，周恩来在朋友的接济下到了京都。当时国内反帝爱国运动高涨，他为社会主义思想所吸引，对日本马克思主义理论家、京都帝大经济学教授河上肇的思想产生共鸣，成了河上先生主办的《社会问题研究》杂志的热心读者。学业上的不顺与国内革命形势的高涨，使他在求学与革命之间做出“返国图他兴”的选择。1919 年 4 月 5 日，周恩来在回国前夕游览京都美丽的雨中岚山时有感而发：“人间的万象真理，愈求愈模糊，——模糊中偶然见着一点光明；真愈觉姣妍。”国内五四爱国运动爆发十天以后，周恩来从神户乘船回国。

留学日本的生活是周恩来人生的一大转折，“面壁十年图破壁”的周恩来，在彷徨中看到了祖国的未来和希望。5 月中旬回到天津后，青年周恩来立即投入到反帝反封建的爱国运动的大洪流中，从此走上了革命家的道路。

历史度过 60 年后，为纪念 1978 年 10 月中日缔结和平友好条约，表达人民世世代代友好的心愿，京都市民

3

决定在这个渊源之地建立周恩来诗碑。诗碑的文字由中日友好协会会长廖承志书写。

1979年4月16日，在周恩来《雨中岚山》抒怀整整60年后，周恩来的夫人、中国全国人大常委会副委员长邓颖超出席了诗碑的揭幕仪式。邓颖超在揭幕式上说，“去年，邓小平副总理欣赏了雨中岚山的美丽景色。刚才我们前来岚山途中也下了雨，到达这里以后雨就停了。同周总理六十年前和邓副总理去年欣赏的岚山相比，雨后初晴的岚山显得更加美丽。”她接着说：“这次我来岚山，虽然是第一次，但并不感到陌生，而是感到很亲切……我的伴侣周恩来青年时来到京都游览过岚山、园山，给他留下了美好的印象。尤其是你们这里绚丽的樱花，在自然法则的作用下，万树千花同时开放，而又豪迈地无所留恋地谢去，这一切对他追求人间真理，给予很大的启示。他把当时的感受写入了几首诗中，借描写岚山景色的姣妍，抒发自己在思想境界中看到光明的喜悦。”

随同访问的赵朴初即席赋诗一首：“苍松夹岸几株樱，绕石流泉澈底清。景物未随人世改，诗心长共海潮生。濛濛时雨三生石，霭霭停云万古情。从此岚山留胜迹，弟兄相见更相亲。”

4

1 周恩来当年就餐过的中餐馆汉阳楼。

2 汉阳楼陈列着有关周恩来的书籍资料。

3 京都岚山周恩来诗碑在盛开的梅花丛中。(2005年4月)

4 东京千代田区日中友协于1998年在东亚高等预备学校旧址前建立的周恩来留学纪念碑。

松本楼的钢琴

东京的日比谷公园内有处绿树掩映中的餐馆——松本楼，进门处的左边摆放着一架旧钢琴。上世纪初，这架钢琴曾伴随宋庆龄在东京度过一段幸福时光。

钢琴的原主人是为辛亥革命作过特殊贡献的梅屋庄吉。松本楼由梅屋的后人小坂主和子和小坂哲瑯管理。

梅屋庄吉(1868—1934)是位经营摄影业的企业家。曾在新加坡、香港等地开照相馆，又在日本创办电影公司，积累了一大笔财富。1895年1月，梅屋与孙中山在香港相识，他为孙中山的革命理念所倾倒，两人订立盟约，全力支持孙中山及其领导的革命活动。史料记载，辛亥革命爆发时，梅屋曾派人冒着炮火去现场拍摄。1915年梅屋被委任为中华革命党顾问、中华革命军东北军武器进口委员。他曾在日本滋贺县建立航校，为孙中山领导的革命党人培养飞行员，为支援中国革命、筹办枪械等筹措了巨额资金。孙中山逝世后，为了让人们记住这位伟人，梅屋在家道中落中克服困难，甚至变卖家产制作了四尊孙中山铜像运到中国。

日本曾是中国革命志士海外活动的重要据点。除了革命活动外，孙中山在生活上也得到梅屋一家的接济。在"二次革命"失败后流亡日本期间，孙中山就住在梅屋家。1915年10月25日，孙中山与宋庆龄在东京举行婚礼，梅屋及德子夫人一手操办，婚宴就在梅屋家里举行。那段时间，爱好音乐的宋庆龄到梅屋家里弹钢琴。据梅屋的女儿千世子(国芳夫人)记忆："孙夫人弹出的曲子音色极美，结婚那天宋庆龄头戴软帽，穿着镶着花边的礼服，太漂亮了！"

"富贵在心"——财富与尊贵存于心中是梅屋庄吉喜欢的格言。"期成中国革命，完成孙文与我的盟约……一切均不可言传"——梅屋生前禁止家人说出自己对中国革命的贡献和对孙中山的援助。1934年，时年65岁的梅屋怀着睦邻的信念，计划"做和平工作"时，突然在东京车站昏倒，成了不归之人。他去世后，日本报纸说他是"日华亲善的伟杰"。

我在东京时，曾去松本楼访问过梅屋的后人小坂哲瑯。小坂是日本宋庆龄基金会的理事，和夫人一起在中国援建过好几所希望小学。

1 孙中山1914年在东京与梅屋庄吉夫妇合影。(资料)

2 宋庆龄与孙中山在日本时曾在梅屋家弹过的钢琴。(东京日比谷松本楼)

1

2

来的都是客，饭后当思量：增进相互友好，正确称呼中国。

老侨胞的心愿

神田属东京的旧街，小铺子不少，尤以书店闻名。因小店繁多，普通市井短衣也不时来此光顾，所以也有不少以开餐馆谋生计者。

从神田神保町地铁站向北，沿白山通向水道桥方向走不多远，路左边有家中国饭馆，名叫“北京亭”。铺面不大，门前陈列中国名酒十数种，立“中国正宗菜”为记。店内宽不过五米，进深不过十米，左侧设五张小桌，右侧的柜台一字摆放，如有十来名客人同时进餐便要“盈门”了。

3

北京亭是午餐及小酌的去处。因其味道正宗，倒有不少政治家、名流光顾，并题词书赠。日本人喜用“斗方”写字，“北京亭”里名人的斗方挂了一溜，著名政治家村山富市曾来店小饮，当了首相后特地写下“贵不骄，贱不佽”赠送店主。以画广岛原子弹爆炸图知名的画家丸木位里画的是祈求和平的鸽子；画家吴作人挥毫写的是“中国烹调驰名世界”。

北京亭的掌柜叫江颖禅，祖籍浙江，战前来日攻读理科，后来滞留日本，所学非所用，只好下功夫研习烹调，又数次回中国进修，果然技艺精进。“北京亭”不搞大鱼大肉，但这里的猪耳朵、牛肚、鸡肝、锅贴等家常菜、下酒菜的味道极其正宗，所以不少中国料理通们是这里的回头客。

多年来，从事与中国相关事务的圈子里流传着北京亭老板的“怪”：这里的菜虽好，又以礼待人，童叟无欺，但江老头倔得很，就是不许把中国叫成“支那”。我与江先生相识多年，初次见面也是因为讨论“支那”的称呼问题。江先生对此不仅很有研究，而且为维护祖国的尊严数十年如一日身体力行。这次一进门，又见到那熟悉的筷子套，上面赫然印着的店掌柜的敬白：

“世界上，无论哪国的人都会对自己的国家有自豪感，无论是大国还是小国。我们中国人，对有的日本人把中国叫成‘支那’感到难以忍受。

“中国人不把中国叫成‘支那’。同样使用汉字的日本人把中国叫成‘支那’，就会令人想起日本侵略中国、欺侮中国人的那段历史。

“为了两国人民的世代友好，希望不要叫‘支那’而称为‘中国’，正式的国名是‘中华人民共和国’。”

中国人读到这样的话保准心头发热。八十高龄的江先生只是一介布衣，在日本谋生不易，按说没有必要为这事费神。兴许是战前尝够了做亡国奴的滋味，战后也有过遭人白眼的艰辛，萌生出“位卑未敢忘忧国”的责任感吧。江先生对我说，来北京亭就餐的日本人绝大多数都是正派人，称赞江先生的爱国热诚，很多客人还把筷子套拿回家做纪念。

时隔十载再度小住东京，深感这些年中国的经济快速发展改变了许多日本人的看法。普通中国人和日本人都在以较为平等的心态看待对方。至今故意称中国为“支那”的日本人几乎绝迹，但在某些地图上，却仍然用日文平假名字母把东海写成“东シナ海”，不知为何不肯用汉字标出。(2003年)

1 江先生与他的北京亭。

2 北京厅为顾客准备的筷子套。

3 东京“北京亭”外景。

前辈相交 后人牵手

——仙台纪念鲁迅留学百年

1

仙台是日本东北地区的中心城市、宫城县首府，因文化巨人鲁迅曾留学此地内外知名。

1904年9月，在东京弘文学院求学的鲁迅来到仙台，进入医学专门学校学习，后来弃医从文离开仙台。虽然在仙台只有一年半时间，但他与恩师、解剖学教授藤野严九郎先生的知遇，是他人生的一大转机，他写的《藤野先生》一文广为流传。

2004年10月，日本东北大学(仙台医专的前身)、仙台各界人士隆重纪念鲁迅留学仙台百年。

10月19日是鲁迅辞世的日子，仙台市民每年都在鲁迅纪念碑前举行"碑前祭"。纪念碑建于1961年4月，竖立在青叶山下的苍松翠柏之中，"鲁迅之碑"由郭沫若题写。是日天朗气清，宫城县知事浅野史郎、仙台市长藤井黎及各界人士集会于碑前，来自清华、北大、南京大学、浙江大学、吉林大学、复旦大学的代表，藤野先生的令孙藤野幸弥，鲁迅的长孙周令飞、孙女周宁也来到现场，人们纷纷在碑前献上一束束鲜花寄托思念。仙台市长藤井说，日中关系的本质是人与人的交流，要重温鲁迅和严九郎先生的精神和信念，照顾好中国留学生。留着小胡子的周令飞现为上海鲁迅文化发展中心主任，长相、神态特像祖父。令飞对我说，今天他特别激动，人生百年，友情百年，祖父与藤野先生播下的友谊种子，我们有责任继承下去。

仙台东北大学是纪念活动的主角。校内举办的《鲁迅——动荡历史中的留学生》特别展览，展出了鲁迅的学业履历书、入学志愿书、与友人的通信等不少珍贵史料。当年藤野先生为周树人用红笔密密麻麻添改过的笔记也陈列在展览室里。1904年的《东北新闻》报道说，"清国人周树人本年22岁，1902年游学本邦，这次允许入本市医专日前来仙，眼下因找不到有支那料理的寄宿地颇感困惑……周氏虽来朝不久，却操流利日语，秉性快活……"鲁迅在入学不久写给友人的信中谈到对周围学生的印象，"近数日间，深入彼学生社会间，略一相度，敢决言其思想行为决非居我震旦青年上，惟社交活泼，则彼辈为长。"

校方的纪念仪式在当年鲁迅听过课的阶梯教室举行，这座建筑物作为文化财富被妥为保存。教室中间第三排最左边的座位是鲁迅当年经常坐的地方标上特殊标志，不少前来访问的中国代表团的成员都愿意在这里坐上一坐。23日的纪念仪式上，周令飞坐

2

3

在了当年祖父的座位上，藤野幸弥被安排在周令飞的旁边。

鲁迅是东北大学历史上第一位外国留学生。纪念仪式通过幻灯片回顾了鲁迅在仙台的求学生活和思想转变历程。东北大学校长吉本高志说，鲁迅先生在仙台的留学生活，既是他作为文学家的出发点，也是我校与中国交流的原点。上世纪 30 年代曾有不少中国留学生在该校留学，包括获得日本首位外国人理学博士的陈建功、数学家苏步青等。现在校的 1100 多名外国留学生中，中国留学生占 421 名，绝大多数是硕士研究生。以纪念鲁迅留学百年为契机，校方新设了“鲁迅纪念奖”和“鲁迅奖”。“鲁迅纪念奖”主要奖给优秀的中国留学生，“鲁迅奖”奖给为中日文化教育交流做出贡献的中国人。有 4 位品学兼优的中国留学生获首届“鲁迅纪念奖”，清华大学校长顾秉林获得“鲁迅奖”。

为寻找鲁迅当年在仙台生活的遗迹，仙台地区中国学友会长李翔、副会长蔡斌为我们当起向导，两人都是博士后高材生。离东北大学不远的路旁有两栋破旧的木板房，看上去已年久失修，据考证这里是当年鲁迅曾住宿过的地方。鲁迅给友人的信中曾提到此地“风景尚佳，而下宿则大劣”。为传承后世，仙台市准备把鲁迅投宿过的旧址整备为纪念公园。

来访的北京大学的代表赋诗一首，记录如下：“百年留学地，后人远道来，恩师如雨露，友情成奇传，文章日月耀，思潮涌波澜，往事如烟去，友好逾万年。”

4

1 鲁迅的长孙周令飞、孙女周宁和她的两位女儿在鲁迅雕像前留影。

2 周令飞(右)与鲁迅当年的恩师藤野严九郎之孙藤野幸弥(左)在鲁迅当年听过课的阶梯教室里出席纪念活动。

3 鲁迅留日百年纪念活动在东北大学的阶梯教室举行，现在作为纪念鲁迅的文化财加以保存。

4 两国人士在纪念活动后集体留影。

5 仙台鲁迅纪念碑(建于 1961 年 4 月，鲁迅夫人许广平出席了揭幕式)。

5

耿谆的慰灵之行

在中日近代关系史上，强征劳工从事苦役是日本侵华战争中的暴行之一。1942 年底，东条内阁决定虏掠中国劳工到日本从事有关工程。被强征到日本的中国劳工有 41,760 人，他们之中有学生、农民、商贩，还有被俘的士兵。除途中被虐待致死者外，约有四万名中国劳工被分送到日本全国各地的 135 处工地现场，在宪兵和警察的监视下做苦役。被写入教科书的“花冈事件”就是一个典型例证。

花冈事件是在秋田县花冈町（今大馆市）发生的一桩悲壮的事件。1945 年 6 月 30 日深夜，面临严重死亡威胁的约 600 名劳工在大队长耿谆的带动下，举行暴动，遭到宪兵、警察、在乡军人会等的血腥镇压，50 名劳工当场被杀，113 名惨死于拷问，前后共有 418 人遇难，是被远东国际军事法庭判为战争犯罪的迫害中国劳工案件。

时隔 40 年后，日中友协会长宇都宫德马、国会议员田英夫、社会党委员长土井多贺子等友好人士本着“前事不忘，后事之师”的心境，联名向当时率众举行暴动的大队长耿谆发出访问日本的邀请。1986 年 6 月，耿谆在时隔 40 年后再访日本，并前往秋田县大馆市祭拜死难的劳工。

田英夫议员在东京为耿谆举行的记者招待会上说，我们在七七事变前夕悼念花冈暴动殉难者，就是为了不让世人忘记日本军国主义侵略中国的历史，捍卫世界和平，发展日中友好。耿谆说：“我这次受和平人士的邀请来到日本，是以愉快的心情走下飞机。中日之间友好亲善的局面出现，让我非常激动。那次战争中，中国遭受深重灾难，大量的家破人亡，日本人民也受到很大灾难。战争只有危害，带不来什么幸福。”

6 月 30 日，在日本朋友的陪伴下，73 岁的耿谆来到花冈，秋田县大馆市政府和各界代表同日在十濑野公园内的“中国殉难烈士慰灵碑”前举行第 42 次追悼活动。身穿银灰色中山服的耿谆重访了当年遭受迫害的地方，凭吊了大馆市人民为死难烈士建立的慰灵碑。耿谆在当年参加过花冈暴动的战友、札幌华侨总

1

会顾问刘智渠陪伴下，在碑前上香祭酒，献上白菊寄托哀思。然后走到碑后，看到刻着418名殉难劳工的名字，飘动着山羊胡的脸上泪流满面。

耿谆向现场的记者介绍："那时劳工们每天要做12至14小时的超强劳动。严冬时节仍身着单衣，足穿草鞋，手脚冻裂，还要在泥水中干活儿。在饥饿劳累加上遭受监工们的打骂摧残下，每天都有好几人死亡。"从1944年8月到1945年8月，住在"中山寮"里的986名劳工中，被残害致死的劳工竟达418人。

2

耿谆说："一名叫薛同道的劳工，因饥饿难忍，在路上捡一苹果核充饥，被监工发现后惨遭毒打，当场毙命。住在中山寮的全体中国人无不悲愤填膺，在忍无可忍的情况下决心以死反抗，于是爆发了6月30日夜间的暴动……" 就是在这种情况下，为了避免危及当年同情中国劳工的日本监工越后谷，而把暴动的时间推迟了3天。在东京的记者招待会上，越后谷展示了当时耿谆送给他的"日华友邦，同心协力，君我良朋，一心一德"的书法。耿谆说，"越后谷有同情心，同胞当年被杀时他也流了泪，良心不允许我把他与残害我们的人同样对待。"

日本记者问耿谆恨不恨日本。耿谆说，中日友好数千年，磕磕碰碰近百年。现在又进入了友好的新时期，不要再问恨不恨了。但是我们都不要忘记过去，只有记取了历史教训，才能实现真正的友好。

花冈暴动被残酷镇压后不到两个月，日本宣布无条件投降。1948年3月，联合国远东国际军事法庭设在横滨的战犯军事法庭以杀害虐待俘虏罪，对"鹿岛组"花冈驻在所的4名监工以及2名警察处以死刑和20年徒刑(后均被释放)。对于这段震惊日本社会的虐待和残酷镇压劳工的史实，负有直接残害劳工罪责的鹿岛建设公司却长期沉默。石飞仁、田中宏等早在1971年就参与调查花冈事件的人士，从1984年起协助受害者向加害企业交涉索赔，最后在2000年鹿岛公司以提供"和平基金"的形式达成和解。

对于花冈事件，大馆市的几任市长都道过歉。1985年，大馆市决定由当地政府出面举行慰灵祭，大馆市长说，"有些政治家说，'我们道歉到什么时候？'他们想道过一次歉就把历史封存起来。这样的话，历史的悲剧一定会重演……"1990年3月田英夫在国会向海部首相质询，海部表示"对中国劳工所遭遇的不幸深表遗憾，并感到痛心"。耿谆回国后，有位日本女青年给他写信："中国人是怀着怎样的心情死去的?他们是怀着怎样的心情承受残酷虐待的?饭不能吃饱，还总是遭毒打，天天被强迫劳动，饥寒交迫。想到连在祖国死去的机会也被剥夺，我难过得坐立不安……对耿谆先生来说，花冈一定是怀恨之地，但您却始终说'这是战争造成的灾难'，连一句抱怨的话都没有，目光和蔼善良。我的心被耿谆先生宽广的心胸和宽容的态度所感动，被您那始终温和慈悲的目光所感动……"

这位女青年的道歉有化干戈为玉帛之力。每当读到这些真诚话语，他们的形象使在心中高大起来。

3

1 耿谆在时隔40年后再访花冈，祭奠死难中国劳工。(1986年6月，大馆町)

2 耿谆和参加过花冈暴动的刘智渠（时任札幌华侨总会顾问）在殉难烈士慰灵之碑前。

3 座落在秋田县大馆市的中国殉难烈士慰灵之碑。日本友好人士每年都在这里悼念中国劳工。

1

踏访“毒气岛”

乘新干线西行，入广岛县地界，转乘去忠海港的列车，下车后便看到濑户内海。站在港口远望，可见海中有个绿色小岛，这里便是过去的“毒气岛”。

毒气岛的正式名称叫大久野岛。行前约好与研究“毒气岛”历史的山内先生见面，赶到海港时正遇上山内先生忙着接待前来参观的中学生，我们也临时入队参观。山内原是中学教师，退职后成了毒气资料馆负责人，他的名片上写着：“前事不忘，后事之师——从大久野岛学习战争加害的历史”。

大久野岛不大，周长约 4 公里，如同漂在海中的一片枯叶。此岛与军方挂上钩始于 19 世纪末。甲午战争后，日军“为了保卫军都广岛和军港吴港”，这里变成了军事要地。1927 年开始在岛上建立毒气厂，两年后投产。知情人说，为了掩盖秘密，采取了极严的措施，“车子经过都要掩上帘子”，从此成了“在日本的地图上消失”的地方。直到 1945 年战败，大久野岛在 16 年间都是日本陆军的兵器厂，主要生产芥子气、路易氏毒气、氰化毒气、催泪毒气、喷嚏性毒气 5 种，从这里制造的毒气装进炸弹后送往战场。1937 年后毒气生产剧增，最高时年产 1200 吨，生产总量约 6616 吨。

我们参观了几处制造毒气的遗迹。当年供全岛电力的发电厂现在成了废墟，外面爬满了青藤，令人想起日军 731 细菌部队在哈尔滨的遗迹，各处被堵塞的防空洞还能依稀想象当时的情景。山内说，“凡是现在变成空地的都是当年厂房的所在”。现在整个岛都归环境厅管理，防空洞不能打开，里面还放着多少毒气罐谁也说不清。

“毒气资料馆”是由毒气受害者与和平人士共同出资修建的，每年有 4 万多人前来参观。馆内陈列着各种毒气容器、液化毒气制造装置、防毒面具和历史资料。其中有两份文件，一是《在中国使用武器战例教科书》，是日本军校使用的教材，里面记载着防毒、放毒和辨认毒性的方法，列举了日军在中国河北、山西等地发动的几场毒气战；二是日军总参谋长载仁亲王 1939 年 5 月 13 日发给华北方面军司令杉山元的密件，令其在山西使用“黄剂(糜

2

3

4

烂性毒气）等特种资材”，“研究其作战价值”，并要求在实施中“绝对保密”，特别对第三国“更不能承认”。1938年4月，载仁指令日军在山西等地使用“赤筒、赤弹”，做到“严格秘匿，不留痕迹”。1942年5月，上坂少将指挥的日军在河北省定州的北疃村向地道里注入毒气，造成上千名居民死亡。有统计说，二战期间，日本一共发动过2000多次毒气战，直接造成10万多人死亡。战争结束后又把大量化学武器丢弃，遍及中国十数省市。

长浦贮藏库是岛上最大的贮藏设施。环境厅立的牌子上说：“从1929年到战争结束，旧陆军在该岛上秘密制造过毒气，主要制品是芥子气和路易氏毒气，皆为糜烂性毒气，使皮肤溃烂，年产量达1200吨。”据调查，二战结束后大久野岛及周边地区遗留约3240吨毒气液和16000发毒气弹，“相当于全世界的人都能致死的量”，战后在美军指挥下或投弃海洋或即行燃烧或就地掩埋。毒气就地掩埋导致长期残留，参加处理的人中患上胃病、肺病过早死亡，有的至今仍受后遗症折磨。1996年对“毒气岛”调查时发现，土壤大量含有砷化物（俗称砒霜），污染浓度最大达470倍。大久野岛上地下水不能饮用，靠从外面输送。政府被迫投入巨资把毒土挖出，送到秋田县的工厂进行清理。我们看到带口罩的工人正在岛内工地上把挖出的泥土密封在白色袋子里。

住在竹原市的藤本安马是“毒气岛”历史研究所的顾问。藤本14岁时进入毒气厂工作过三年多。到他家访问时，他说战争期间虽然没有去中国，但自己也是“加害者”。他说参与制造过毒气的人中差不多都有后遗症，最多的是支气管炎，患癌、胃病、肺病的几率比正常人要高四倍。藤本回忆，当时岛上有宪兵监视，不想干的人马上会被送往战场，越到战争末期工作量越大。战后还被迫签了“誓约书”，对任何人都不能说出“毒气岛”的秘密。前几年在电视里看到在中国发现的毒气罐时浑身哆嗦，“这就是当年在大久野岛生产的，它还在害人！”沉默多年的藤本主动揭露真相。2004年8月，藤本访问了中国，现身说法揭露日军暴行。在河北省的北疃村，藤本紧握着幸存者李庆祥的手：“我制造了毒气，我有罪！”在那次毒气战中失去弟弟妹妹的李庆祥说，“侵略是铁的事实，但日本人民也是被骗后送上战场的，我们一起尊重史实、争取和平吧！”藤本从中国回来后放下了心中的压力。他说“以前我是鬼，现在作为人，要揭露真相。”（2005年6月）

1 大久野岛内最大的的毒气储藏库遗址。

2 岛上历史研究所负责人山内介绍毒气贮藏设施。

3 在毒气展览馆参观的小学生。

4 作为社会课到毒气岛参观的当地中学生。

5 大久野岛内正在对污染的毒土进行清除作业。

6 岛上的野兔，是当年作为毒气试验品遗留在岛上的。

5

6

秋田是本州北端的县，依山临海。当地人说，秋田的山美、人美、水也好。秋田的日本酒、小町米、山中的温泉“秘汤”都是名牌。但这次（2005年深秋）去秋田，非为欣赏秋田的林泉之美，而是探访一位曾被中国农民救助照料过的旧日本伤兵。

中日间的恩恩怨怨产生了无数悲喜故事。河南省南召县太山庙镇梁沟村的农民孙邦俊家三代人照料旧日本伤兵石田东四郎事迹就是其中之一。1947年秋，孙邦俊像往常一样前往邻村的黑石寨做生意途中，遇见了一个衣着褴褛、浑身脏兮兮的乞讨者，听人说是个日本伤兵，已流浪了一年多。那时抗日战争刚刚结束，许多村庄也遭到过蹂躏，当地人对日本的印象极差。“要不是日本打咱中国，他咋能弄成这样，”心地善良的孙邦俊看着这个在异国流浪的日本人很是可怜，为不让他饿死，就把这个伤兵领回了家，一家人拿来衣服为他换上。从此这个既聋又哑且失去记忆的日本伤兵成了他家里的一员，而且一住就是47年。

1

人道跨越时空

石田的故乡在增田町。时下日本正在搞町村合并，增田町编入横手市增田地域局。町田地域局次长高桥诚先生听说我去增田，不仅专程驱车迎接，更是热心介绍情况，联系与石田老人见面，还带我参观了町里的果园和大半个秋田的山地。高桥为老兵的事多次访问过河南，向我细说石田老人回国过程以及增田町与南召县的交往。

中国农民与这个日本老兵的故事，本人并不陌生。为此事所感动，我曾在1998年与日本朋友中井毅先生前往郑州，在人民日报河南分社长李杰协助下，向太山庙乡的小学校长和孙家的亲属面交了协助建希望小学的捐款，以表达敬意。后来又从纪念战后中日关系60年的大画册《共筑和平与繁荣》里再次读到这个故事。

在高桥次长安排下，第二天上午93岁高龄的石田老人在78岁的妹妹照子的搀扶下来到我投宿的“林旅馆”。石田身穿蓝上衣、灰裤子，头戴礼帽，修饰得干净整洁。留给我的印象是，身材矮小，表情呆滞，背驼得历害，虽有些哮喘，但气色尚佳。

在旅馆的有榻榻米的房间里，我把《共筑和平与繁荣》的画册送给石田老人。当翻到记载着这位日本伤兵与中国农民交往的画页时，原来毫无表情的石田立刻“噢！”了一声，伸出有些颤抖的手指向画册，注视良久。他认出了里面有他本人和孙宝杰一家人的照片。当明白我把画册送给他时，老人立时抱在胸前，摆好姿势让我拍照。我发现老人的日常生活不能自理，一切行动都要听从妹妹指挥，叫站就站，叫坐就坐，十分听话。事后得知，石田现在白天住在附近的老人养护设施“福寿园”里，晚上接回妹妹家。高桥说，石田老人回国后，医务人员曾想方设法使他恢复记忆，无奈医疗乏术。前些年，曾有人拿出纸笔试图请他写字，不知是想表达现在的心境还是什么，他画出的图形状似两条鱼，旁边还加上4行看不懂的笔划。

东四郎是什么人？为什么来中国？都干过什么？除了从他那刻有深深皱纹的脸上推测解读，已无人知晓。只知道从1937年到1945年日本战败，石田整整在中国活动过8年。据日本方面的零星报道，只知道1912年出生的东四郎，在石田家16个兄弟中排行老六。妹妹回忆，石田在家时是位体谅人、爱学习、很顾家的兄长。是军国主义的社会风潮把他推向战场。东四郎17岁时应征入伍，兵役结束后曾一度在县厅就职。1936年石田再次入伍被派往中国大陆。第二年又作为“宣抚官”进驻河南封丘一带。所谓“宣抚官”，实际是侵华日军在占领区内混到中国人中专事搜集情报的谍报员。1945年夏天的一次战斗中，他因负伤失去记忆。日军投降后他被抛弃在河南。石田家的人一定认为东四郎没有回国是已陨命沙场，于是在石田家的墓地石碑上多了一块为东四郎刻就的“勇道居士”的戒名。直到他回国后才用红笔抹去。

普通农民收养照料敌国的士兵，绝不是常人可为。对侵略者的仇恨、对“老日”的养护治疗、艰苦的农村生活都长期考验着村人和孙邦俊一家。尽管文革时期儿子孙保杰因家里有“老日”被取消上高中的资格，尽管家境困难，一家人对这个伤兵的救助却初衷不改。在孙家行为的感动下，村里人慢慢对“老日”有了认同，遇到发救济粮分自留地都有“老日”一份。超越国境的人道只能在有宽阔胸怀的人群中产生。

收留日本伤兵的孙邦俊心中的愿望是为他找到亲人。在他患病弥留之际嘱咐家人一定照顾好日本大叔，日后有机会帮他找到亲人。中日邦交正常化以后两国交往频繁，经过多次向当地政府、中国红十字会等投书找寻，终于在各方协助下找到他的亲人。1993 年 6 月，东四郎以 81 岁之身，在照料多年的孙保杰陪同下回到离别 56 年的故乡。其弟石田小十郎在感谢信中说：“您一家三代不顾身受灾难，仍在四十多年里以人道主义精神收养和救助石田东四郎。我哥哥九死一生，遇上您全家是他的幸运，不然早就命赴黄泉，真是感激不尽……”

中国农民与日本伤兵的故事，并没有因东四郎在故乡安度晚年而划上句号。增田町的村民感谢中国农民对日本伤兵的救助，坚持与太山庙镇结好。为支援太山庙镇的经济建设，还在日本发起过募捐活动。增田町是苹果的名产地，町里先后捐赠 600 万日元在南召县建立了占地 250 亩，种植药草、柿子、苹果的“中日友好太(太山庙镇)增(增田町)植物园”，还把南召县的青年请到增田町进行技术研修。访问中，高桥次长取出町里珍藏的河南赠送的字画和象征和平友好的锦旗等纪念品展示，我看到当过 20 年的老町长的石山米男写给太山庙镇的感谢信，赞扬河南的农民“至诚通天”，说东四郎能奇迹般地返乡，“全系孙氏一家 47 年的精心照料和全村人民的博爱精神所赐”。“度尽劫波兄弟在，相逢一笑泯恩仇”。日本伤兵与中国农民的故事，将在中日交流史中永远为人记取。

(2005 年 11 月)

2

3

1 被中国农民收养过 40 多年的日本老兵石田东四郎。(2005 年 11 月，增田町)

2 石田失去记忆，但当他看到报道他的画册时，却作出了看懂了的反应。

3 中井先生为中国农民的情怀感动，1998 年由笔者陪同前往河南郑州慰问孙保杰的爱人王成香，并交给村小学校长筹建希望小学的捐助款。

抚顺的奇迹

上世纪 50 年代初，新生的中华人民共和国关押过 1062 名日本战犯，其中绝大部分关押在抚顺战犯管理所。最高人民法院特别军事法庭于 1956 年对日本战犯分三次宣判，绝大部分免于起诉，释放回国，另有 45 人判刑的战犯也于 1964 年 4 月全部释放回国，没有一个死刑。这些从中国回国的旧军人发誓弃恶从善，为反战和平奔走……

2004 年一个蒙蒙细雨的春日，我在东京出席了纪念《中国抚顺战犯管理所职员的证言》一书出版纪念会。发起团体是中国归国者联络会(简称"中归联")，也有"抚顺奇迹传承会"的朋友。该书是已故摄影家新井利男的采访记录，他在原抚顺战犯管理所所长金源等的协助下，查阅了许多档案，取得大量证词，拍摄了大批图片。他认为战争的加害者和被害者必须去掉民族蔑视和憎恶，抚顺的奇迹应当作为人类遗产加以传承。

1

耄耋老人倾诉衷肠

曾在抚顺管理所生活过的八位老人坦诚剖析自我。他们说，"抚顺的思想与精神才是挽救人类的最善之举。为了切断仇恨的连锁，希望把这种精神传到全世界。"

年届 90 岁高龄的绘鸠老人说，他深切感到中国的政策首先是"把战犯当人，通过教育使他们恢复人性"。他认为抚顺战犯管理所是毛泽东、周恩来等中国领导人建立的"世界第一、有史以来最高水平的监狱"，中国管教人员重学习，重教育，懂得引导，"认罪运动是中国人道主义的成果"；伊藤是当时的"学习组长"，他说那场战争是明明白白的在中国土地上的犯罪，而中国却对战犯在生活上表示了温暖，使他们感到了中国共产党人的"人性"；曾是 731 细菌部队的少年兵的筱冢良雄老人回忆，日本投降时，"师参谋长叫我们不当俘虏，他们却最先当了俘虏。自己病得不省人事时是解放军全力抢救的，原来自己非常顽固，是中方人员的热心教育才有了转变"。

山中、铃木、小山老人纷纷表示，抚顺管理所是活的人生大学，从士兵到中将，在中国关押的战犯转变了立场，他们的"基本看法经过 50 年都没有改变"；专程从名古屋赶来的 86 岁的渡部老人热泪纵横："我就是书中说的 459 号……"。渡部作为少年兵入伍，1941 年在中国杀过人，1952 年进管理所，起初抱着过一天算一天的抵触心情，后来却是较早觉悟的一个，他患过严重的精神分裂症，情绪狂躁，是当年的中国医生治好了他的病。他说，"过去的犯罪事实我一天都不能忘，战犯管理所职员的证言给了我全力赎罪的更大勇气。"前中归联事务局长高桥说，"我们都把后半生献给了'反对战争，和平友好'，这一精神深深印在每个人的心底。中国把战犯当人，立足教育的高尚政策超越了人间的痛苦、仇恨、悲伤，砍断了怨怨相报的仇恨连环。"

由鬼变人的法宝

历史记载，当中国最高法庭对战争罪犯进行宣判时，没有一人提出抗诉，每次宣判都从被告席上传出悔恨与感激的哭声。参加旁听的外国记者评论："虽然检察官与战犯、受害者与战犯、审判者和被审判者之间各自立场不同，但在严肃的法庭上，所有人都异口同声地揭发日本帝国主义暴行，这在国际审判史上绝无先例。”

在战场上是枪对枪的敌人，在管理所里是管制与被管制的对象，经过一段曲折双方成了朋友，长期保持着友谊的交往。

究竟是什么法宝使笃信军国主义的战犯们认罪的？他们为什么能改恶从善，历半个世纪不改初衷？全部的答案就在于中国对战犯不是“胜者对败者的报复”，而是坚持把战犯当人，实行改造与教育，政治斗争与人道主义相结合的政策，一切都是为了转变其立场。

前管理所长孙明斋、金源证实，参加管教的中方人员都有一本血泪帐。上级却要求对战犯不能打骂，态度要温和，开始时“气得趴在床上直哭”。组织上教育大家把家仇放在一边，要“恨罪不恨人”，严格按政策办。周总理曾亲自做工作说，教育在战争中犯了罪的人充分反省，将体验告诉日本人，比我们中国共产党人说话更有用，日本人民也一定会理解。党的政策使大家认识到，战犯也是人，并不是生下来就坏，是军国主义不好，他们被军阀赶上战场，被剥夺了人性。因此看守人员做到对战犯不侮辱、不虐待，尊重其人格。在当时粮食供应极为困难的情况下尽量改善伙食，战犯们吃的是大米，而工作人员却吃高粱米。医务人员对有病的及时治疗，这一切如同春日融冰，唤起的战犯们做人的本性。战犯们变了，在认罪学习运动中开始彻底批判自己。

传承历史的遗产

新中国的领袖们以历史的视野、宽阔的胸襟，把战犯当人的政策感化了战犯。他们回国后成立了“中国归还者联络会”，昔日的战犯成了和平的斗士。

战后初期，日本社会上对战争罪责意识淡薄，对侵略战争认识贫乏，他们的反战和平、日中友好活动被扣上“清一色的总忏悔”、“受中共洗脑”的帽子，受到公安当局监视，倍受歧视，找工作都困难。尽管如此，他们勇敢站出来揭露侵略罪行，坚决反对敌视中国。六七十年代，他们积极从事推进恢复邦交正常化活动；中日复交之后，仍不断以自己的亲历控诉战争。

为了悼念中国爱国烈士和表达反对侵略的意志，不少人以对历史负责的态度把自己的战争体验撰写成书，出版了《侵略》、《三光》、《天皇的军队》、《从中国归来的战犯》等几十种著作。前日军39师俘虏监督官兼情报宣抚主任鹈野，曾相信“中国领土全部归于日本，日本将征服全世界”，在他参加侵华战争的4年里残害过大量百姓，他写的《菊与日本刀》，谈他如何受军国主义毒害，犯过的罪，所受的教育，如何得到宽大的过程，震惊了社会。1988年10月，中国归还者联络会在抚顺战犯管理所内建立了“向抗日殉难烈士谢罪碑”，刻下了为和平与日中友好的誓言。鉴于完成了历史使命，成员都已高龄，“中归联”在前年宣布解散，另由年轻人成立了“抚顺奇迹继承会”，继续举起反战和平友好的旗帜。

中国人民应当自豪，因为抚顺战犯管理所创造了奇迹；曾在那里生活过的日本旧军人们也应当庆幸，因为中国人的宽阔胸襟，使他们的心灵得以升华。

2

3

4

1 日本朋友在抚顺战犯管理所院内建的向抗日殉难烈士谢罪碑。

2 昔日的战争罪犯、今天的和平战士，老人们深情地回忆当年在管理所的生活。

3 国友俊太郎在会上展示当年战犯管理生活的刊物《人道与宽恕》。

4 86岁的渡部信一回忆在抚顺战犯管理所的生活泪流满面。

1

企盼和平

日本人爱立碑。在各大中城市乃至偏远乡野，不难看到有各种碑石：附庸风雅者如诗碑、句碎、歌碑等；具有纪念性的如工程竣工、历史事件、慰灵之类几乎皆有碑。与中日相关的，各地有几十处反战和平纪念碑。岐阜与杭州互建和平反战纪念碑就是其中的佳话。

岐阜是由战国武将织田信长命名，因尊崇中国的周文王在岐山而“凤鸣岐山”取其名。早在上世纪六十年代初，岐阜市就与杭州市往来交好。岐阜的和平人士对在战争中岐阜军出身的军人在上海、杭州一带作恶极感惭愧，为表达日本人民，特别是岐阜市民不再卷入战争的愿望，1962 年 9 月，时任岐阜市长的松尾吾策访华时提出建议，在杭州和岐阜两市各建一座反对侵略战争的纪念碑，得到杭州市积极响应。岐阜市向杭州赠送了“日中不再战”碑文，杭州市长王子达则以“中日两国人民世世代代友好下去”的碑文回馈。翌年，双方的纪念碑分别在岐阜市公园、杭州的柳浪闻莺公园落成。邦交正常化后，两市以此为缘结为友好城市。中日友协会长孙平化在 1993 年两市建碑 30 周年时表示，“中日友好城市像雨后春笋一样不断增加，然而可以说，杭州与岐阜市是中日间实际上的第一对友好城市。”

2

我曾数次访问过岐阜，多年前初访岐阜时，瞻仰过另一座“岐阜杭州友好盟约纪念碑”，记得盟约有诗云：“悠悠钱塘水，滚滚长良川，相汇结友好，子孙万代传。”前年去岐阜，得知岐阜公园的北侧建成了“日中友好庭园”。除了那座盟约碑外，岐阜县民为悼念战争中牺牲的中国劳工，1972 年中日复交前夕，在旁边又建了“中国人殉难者之碑”。碑文记载，太平洋战争末期，有 4 万多中国劳工被掠到日本为其修筑工事，其中有 6830 人不堪折磨殉难，在岐阜县的 1689 名劳工中有 73 人殉

3

难。碑文中说，“为了祈祷在异乡之地故去的人，将此事永传后世，全体县民以重温友好亲善，祈念日中两国恒久和平之情，建立此碑。”

同样，杭州市民期盼中日睦邻的心情不改初衷，岐阜的“不再战碑”在柳浪闻莺公园敬重保护。2006 年 10 月去杭州时又参观了此碑，背后靠绿树的碑的周围是修剪齐整的草坪和花卉。重温历史，又阅看了镌刻的碑文：“过去由于日本军阀发动了侵华战争，给上海、杭州地区带来惨重灾难的日本军队中，有不少是岐阜市人。岐阜市的民主团体和民主人士对此事至今自感痛心。此碑文表明了反对一切侵略战争的日本人民，特别是岐阜市人民不希望再卷入战争，不再同中国人民打仗的意志。愿此碑文有助于增进日中两国，特别是岐阜市与杭州市之间的和平友好关系，有助于共同反对侵略战争。”

纪念碑前面是一片宽阔绿地，一尊“和平龙”雕塑立在绿地一角。那是日本的民间团体“日中和平龙友好会”在 1992 年建立的。铭文说，这座和平龙与坐落在岐阜公园的和平龙隔海相望，“两座和平龙是联系中日两国人民友好情意的桥梁，寄托着我们实现和平的美好愿望。”

刻石明志。杭州、岐阜两地的和平反战纪念碑扬正驱邪，表达的是以史为鉴，化干戈为玉帛的和平意愿，启示后人：“要教四海不扬波，子子孙孙毋忄”(郭沫若诗句)。

1 杭州市长书写的世代友好纪念碑，1963年在日本岐阜纪念公园里建立。

2 日本朋友在杭州柳浪闻莺公园里建立的“和平龙”雕塑。

3 岐阜纪念公园里的悼念中国劳工的中国人殉难者碑。

4 1963 年建立在杭州柳浪闻莺公园里的岐阜市长送的“日中不再战”碑。

4

睦邻春秋之情怀

明仁天皇参观唐代美术

2005年8月24日下午，日本明仁天皇和皇后陛下在中国大使王毅、日中友协会长平山郁夫等陪同下，参观了正在东京国立博物馆展出的《遣唐使与唐美术》展览。天皇和皇后怀着极大兴趣参观了在此展出的唐代文物、画卷和工艺品，以及2004年在西安发现的日本遣唐使井真成的墓志。

日本明仁天皇生于1933年，是日本第125代天皇。在战后长大的明仁受的是西方民主思想的教育，喜欢中国传统文化。1973年皇太子时代曾参观过中国文物展览，他曾向中国首任大使陈楚表示，日中两国有悠久的文化交流历史，曾在一段时间里，日本对中国做了非常有愧的事情，希望两国永远友好下去(见《出使东瀛》，杨振亚著)。

中日两国虽有数千年的交往历史，但直到20世纪70年代末，两国最高领导人还没有访问过对方国家。中日邦交正常化后，中国领导人曾多次表示，欢迎日本天皇方便时访华。1992年8月，日本宫泽内阁作出了明仁天皇访问中国的决定。10月23日，为纪念中日邦交正常化20周年，明仁天皇和皇后应邀正式访华，这是中日关系史上首位天皇对中国的访问。访问前夕，明仁天皇对中国悠久的历史文化表示出浓厚兴趣。行前在会见中国记者时谈到历史上日本对中国的友好住来。记者当时现场采访了天皇在北京的访问活动。记得在杨尚昆主席举行的欢迎宴会上，明仁天皇在讲话中提到了遣隋使和遣唐使，谈到中国文化对日本的影响，日本国民对中国文化抱有的敬意和亲切感情。表示“日中两国要回顾过去，展望未来”。那次访问给他留下美好回忆。中国人民也对明仁天皇的彬彬有礼的学者风度和对中国的友好感情留下深刻印象。

明仁天皇在访问结束后返回日本途中，曾吟诗一首：

别华夏兮把家还，览山川兮云雾间。

红霞艳兮映白雪，富士峰兮色斑斓。

2005年世界博览会在爱知县举行时，明仁天皇和皇后还高兴地参观了中国文化浓郁的中国展馆。

1 明仁天皇和皇后以极大兴趣观赏咸阳出土的唐代人物头饰。

2 陕西省考古研究所在咸阳市贺若氏墓中出土的使用金银、白玉制成的梳、簪、耳饰等300多件珍贵饰品。

1

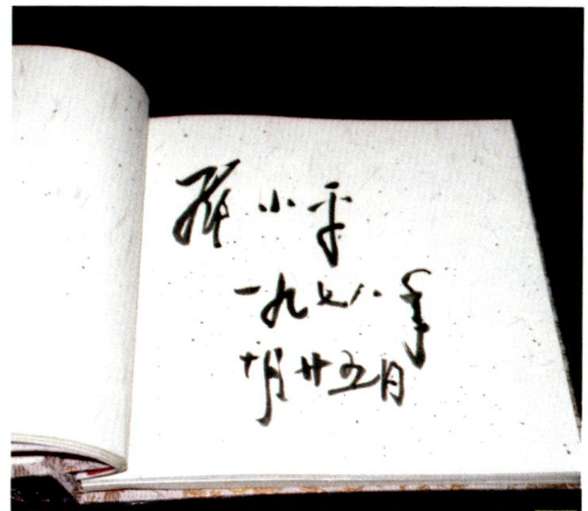

2

贵宾的签名薄

左边这幅照片，是邓小平 1978 年访问日本，出席日本记者俱乐部举行的记者招待会时签名留念的情景(签名见图)。现在作为经典照片保存在口本记者俱乐部里。

日本记者俱乐部是日本最有名的新闻团体，常常组织各国元首、政府首脑访问日本时的记者招待会。各国政要出席记者招待会，通常要签名留念。日本记者俱乐部保存着邓小平、江泽民、胡锦涛等历代中国领导人访问日本时的签名簿。

日本记者俱乐部是记者之家，因其消息灵通、资料丰富、能利用俱乐部的沙龙(由于交纳会费，这里的茶水只收成本费)，又与外国新闻中心(管理外国记者的机构)同楼办公，中国的驻日记者多是这家俱乐部的会员。老记者回国后重访记者俱乐部睹物见人，都有种“回家的感觉”。大前年，中国记者代表团前去拜访，俱乐部的人员高兴地向我们展示了有中国领导人签名的贵宾签名簿。长期在记者俱乐部工作的阿部先生说，他参加了邓小平出席记者招待会时的接待工作(图左后站立者)，那是他在记者俱乐部的工作中最难忘的记忆。

3

1 邓小平为日本记者俱乐部签名留念。

2 邓小平在贵宾簿上的签名。

3 日本记者俱乐部珍藏着有胡锦涛、江泽民、朱镕基、李鹏等中国领导人签名的贵宾签名簿。

樱花情

樱花时节，徘色如云。在风景秀丽的创价大学校园里，盛开的樱树花团锦簇，发出淡淡的清香。“文学之池”旁挺立的樱树叫“周樱”，“平安庭园”里并立的两株叫“周夫妇樱”。每到春和日暖，创价大学“中国研究会”都邀请中国朋友在这里举行联谊活动，缅怀先贤，畅叙友情。

创大学园的创办者池田大作先生是首位被中国授予“和平友好杯”的外国友人。校内的“周樱”是在池田知遇周恩来之后，与在此学习的中日两国学生共同种植的。

1974 年 12 月，创价学会名誉会长、著名社会活动家池田大作率团访华。病中的周恩来不顾医生劝阻与他相见。会见中，总理深情地回忆起青年时代在日本留学的情景。他说：“50 年前，正是樱花盛开的季节，我离开了日本……”池田表示：“愿总理有一天再到日本赏樱花。”周总理遗憾地表示：“有此愿望，但是，恐怕不能实现了吧。”

池田先生在回忆会见情景时说：“来到北京的解放军三〇五医院，尽管是在严冬，总理却一个人在那里等候……总理在会见时说：‘今后两国要以平等的立场发展友好。’日本人有种恶习，往往以上下关系看待对外关系是在自己之上还是之下。最近日本的中国论，也是在‘中国威胁论’和‘中国崩溃论’中摇摆。但是我们决不能忘记，在中国是把对等的‘友情’视为‘德’。会见中医生递了张条子，写着‘总理该休息了’，翻译林丽韫悄悄递给了总理。但总理连看都没看，继续与我交谈。虽然总理想到生命剩下的时间不多了，但如果不巩固友好桥梁，就

1

2

是死也不甘心。这就是周总理。”

1975 年，池田创办的创价大学第一次接受六名中国公费留学生。池田先生深为周恩来的高洁的人格倾倒。为缅怀周总理的业绩，同年 11 月他与在该校留学的中国学生在校园里的“文学之池”畔手植六株“染井吉野”，命名为“周樱”和中国留学生樱。1979 年，池田先生为了纪念邓颖超访日，池田先生又在山坡下的“平安庭园”里种植两株樱树，取名“周夫妇樱”，祝愿友谊“坚如磐石，花开满园”。三十年来，“周樱”和“周夫妇樱”得到精心护理，如今枝繁叶茂。两国青年每年都要在这里举行赏樱会，缅怀周恩来、邓颖超对发展中日友好的业绩。漫步樱花、雪柳和山茶互映的“文学之池”和“平安庭园”，怀念周恩来夫妇的遗德，实为净化心灵之快事。

3

1 创价大学校园里盛开的“周樱”。

2 创大中国研究会的同学在“周樱”前留影。

3 春天来了，学生们身穿节日盛装，在“周樱”前歌唱。

4 创价大学“平安之庭”里的“周夫妇樱”。

4

三千青年热访中国

1

2007年6月19日，由89岁高龄的中曾根前首相率领的日本日中青年世代友好代表团来到北京，出席了在人民大会堂举行的中日青年世代友好联欢晚会。胡锦涛主席特地出席了联欢晚会，代表中国政府和人民向他们表示热烈欢迎，希望两国青年正确把握中日关系的发展方向，自觉肩负传承中日友好的使命，使中日友好事业代代相传。

这个代表团的成员是由1984年参加过三千青年访华的代表及后人组成的。这一动人情景使笔者回忆起23年前的那段采访经历。

从1984年9月24日起，胡耀邦总书记代表中国人民邀请的三千日本青年开始热访中国。为了采访，我从大阪国际机场乘机，与参加交流活动的首批日本青年同机。好客的中国人从官到民，为三千青年访华做了精心准备，特意派出两架专机前往大阪机场迎接。日本的青年人来自214个团体，日方的客机在这天也同时分别从成田和长崎机场起飞，两国的客机在东海上空比翼齐飞，十分壮观。这天到虹口机场欢迎的中国青年有1200人，当时也只有外国元首或政府首脑才能享此殊荣。而中方参与接待的负责人，正是当时的全国青联主席胡锦涛，20年后担任了中国的国家主席。

中日青年友好联欢活动是中日交流史上空前盛会。日本各有关青年团体为此成立了日中青年友好联欢组委会，发行了题名"飞翔"的报纸，来华前都组织了学习会、报告会，了解中国的历史习俗，演练中国歌曲。中曾根首相在欢送会上鼓励青年做全日本人民的和平友好使者，面向21世纪，发展日中友好；中华全国青联等团体为两国青年提供了广泛交流的机会。在专机内，我注意到座椅上的椅巾是绘着熊猫和樱花的特制品，水果有专门从乌鲁木齐运来的新鲜哈密瓜。民航专机上的欢迎辞说："在这秋高气爽的丰收季节，在中日通航十周年的欢乐日子里，你们，胡总书记请来的贵宾哟！从风景秀丽的岛国来到历史悠久的文明古国。友谊的鲜花向你频频招手，可爱的熊猫向你微笑点头……。"

当日北京时间11时15分，参加中日青年友好大联欢活动的首批代表到达上海虹桥机场，在千余名身穿盛装的上海青年的欢迎中踏上了中国的大地。"千里同风，把手共行"，从黄浦江畔、西子湖边、雨花台前到古城西安、天安门广场，到处都受到热情接待，盛开着友谊之花。在北京，日本青年破例参观了中南海，参加在天安门观礼台的观阅游行活动。在中日两国的历史上，这么多的中日青年交流是空前的。一位日本青年在访问结束时对中国记者说，"原来不明白并不富足的中国，为什么要招待这么多日本青年访华。现在明白了，中国是真心想友好，不希望那段不幸的历史重演。"

中国邀请三千日本青年访华体现了中国人民的意志，是为了构筑21世纪的友好睦邻。中曾根首相在行前举行的壮行会上，也号召日本青年做开拓21世纪友好的使者。当时参加交流活动的"老青年"、84岁的冈崎嘉平太老先生表示："周恩来总理说过，中日关系的改善要采取积累的方式，邀请三千日本青年访华是大面积积累的成果，是了不起的创举。"

从那时起20多年过去了，中日关系经历了种种变化，当时的青年已成为日本社会的中坚，成为推动日本朝野日中睦邻的重要力量。(2007年6月)

2

1 来自日本石川县的青年代表在上海虹桥机场(1984年9月)。

2 千余名上海青年在机场热烈欢迎日本青年来华参加联欢活动。

度尽劫波情谊在

翻开尘封的往事，在华北大地上发生过“战火救孤”的故事。

1940年，日军对抗日根据地频繁扫荡。是年8月20日，八路军集中105个团兵力发动了“百团大战”。聂荣臻领导的部队一举攻克娘子关占领了井陉矿区，日军用炮火猛击附近的东王舍村，八路军战士在炮火中救出两个日本小姑娘。在聂司令员的指示下当地村民由战士护送至日军驻地。

时代巨变，世事沧桑。人民日报1980年5月发表的《日本小姑娘，你在哪里？》一文报道了此事。文章一出，中日媒体反响热烈，弄清了聂荣臻关心的“小姑娘”就是住在宫崎县都城市的栫美穗子。接下来，中日友协邀请美穗子一家访华，年过八旬的聂帅在北京会见了美穗子，传为美谈。

又是25年过去了，当年的“小姑娘”、现在的美穗子生活得好吗？2005年6月我通过都城市政府，决定前往采访。

1

少年艰辛备尝 报道唤起记忆

都城市位于九州岛南端。长峰市长向我谈起聂将军战场救孤的佳话和都城与中国的交流，得知有200多名中国研修生在都城研修。我在市国际交流室河野室长和日中友协都城的来住支部长陪同下前往美穗子家访问。

美穗子家住梅北町，是一栋典型的日式家居，质朴清洁的院落显示着主人的勤劳。美穗子和她丈夫栫昭男把我们引进客厅。房内摆满了中国朋友送的诗画与纪念品。首先映入眼帘的是聂师接见美穗子全家的照片，聂帅送的两扇山水画屏风装饰在客厅间隔的拉门上。“逢凶化吉却硝烟，阔别中华四十年。太行山水常萦梦，雪梨入口今犹甜。忽闻老将呼弱女，从此凭栏夜不眠。悲欢离合辛酸事，化作日中友谊篇。”——《日本小姑娘，你在哪里？》的作者姚远方赠送的诗作挂轴也挂在客厅里。

美穗子原姓加藤，结婚后随夫姓改姓“栫”。美穗子个子不高，脸白白的，穿一件普通花衬衫，看上去比实际年龄要年轻许多。美穗子笑着说，“我是1936年7月10日出生在中国，都快69岁了。”昭男在一旁说，“不知为什么，她到中国时经常被人说她长得很年轻。”

入座后大家谈起了往事。美穗子说，她们姐妹获救后，被送到石家庄的石门医院，不满周岁的妹妹瑠美子因消化不良死去，她本人于1940年10月被叔叔带回日本，与祖母相依为命。美穗子是在穷困的家庭环境中长大，遍尝人间酸苦。她对我说，因为是战争孤儿，无父无母，小时候经常受欺侮。由于穷，上中学时抽空拾柴、担水、插秧、割草，边上学边干活。上高中时学校离家有五六里路，因无钱买票，每天走读。

她说与昭男是在农业协同组合打工时认识的，在1956年20岁时结的婚，共同经营小五金店。昭男插话说，美穗子为人朴实坚强，刚结婚时觉得她表情忧郁。他由于身体一直不太好1990年得了脑梗塞，幸亏美穗子照料。美穗子有三个女儿，都已婚嫁。美穗子每天料理家务，照料丈夫生活。

2

京、石家庄、杭州、上海等地，最令她终生难忘的是与聂帅的会见。7月14日，聂帅在人民大会堂新疆厅与当年的“小姑娘”在整整40年后重逢，美穗子如同见到阔别多年的亲人激动得哭了，感谢当年的救命之恩。聂帅说，“不能这么说，这不是我个人的问题。我们这样做，是因为中国人民解放军有讲人道主义的光荣传统。……中日两国是一衣带水的近邻，没有理由不友好。”美穗子在手记中说，那次中国之行，一路上不知哭过多少次，多次宣泄使她长存在心中的隔阂一扫而光。

重逢一往深情 人道长留人心

美穗子说，是姚先生的报道改变了她的生活。以解放军报副社长姚远方写的“日本小姑娘”的文章发表为契机，读卖新闻首先发现了与文章情节相似的线索，拿着中国通讯社发的聂将军与幼女在一起的照片，找到已改姓的美穗子。伯父国雄也说他去中国认领时听说过美穗子“吃过梨和高粱米，被放在篮子里”；美穗子也打开了尘封的记忆，想起祖母曾说起她“被放进篮子里，吃梨”的事，终于证实美穗子就是当年的“日本小姑娘”。

将军救孤的美谈传开后，美穗子一夜之间成了新闻人物。那几天接连接受记者的采访，激动加上兴奋嗓子都哑了。随后接到了中日友协邀请美穗子一家访华的请帖。怀着半是激动半是不安的心情，美穗子全家在7月10日(恰逢她44岁的生日)那天，坐上了飞往中国的航班。她万万没有想到在北京机场受到了“国家元首般的欢迎”。聂荣臻的女儿聂力在机场见面时轻轻抚摸美穗子的肩膀说，“见到你很高兴，我父亲一直等着你。送上我家里盛开的玫瑰和菖蒲”。美穗子万感交集，扑到聂力的怀里泣不成声。她没有料到，主人在北京饭店的房间里为她摆上了漂亮的生日蛋糕……

在中国的两周里，美穗子一家访问了北

有关将军救孤的故事，早在1940年9月14日的《抗战报》上就曾以《老乡，把这两个日本女娃娃送到敌人那里去》为题作过报道。聂帅在得知美穗子的下落后回忆说，“我看到送过来的孩子时，她们伤口上包着绷带，睡得很甜。马上叫来医生和看护人员，让她们好好照看孩子，命令部下从村子里找来正处于哺乳期的妇女给她们喂奶。给大一点的孩子一个梨让她吃，可她怎么也不吃，用清水洗了之后再递给她时，吃得津津有味。较大一点的孩子总是用小手拽着我的裤子，无

3

论走到哪里都紧跟着。我当时想要不要我自己来抚养她们。”

那次会见后，美穗子觉得聂将军本人要比照片上更和蔼，更慈祥，聂将军就是父亲，也很想叫声“父亲”。1982 年 5 月，美穗子得知聂帅生病特地到北京看望，一声“父亲”，道出了美穗子对聂将军的感情。1992 年 5 月，美穗子得知聂帅与世长辞的噩耗时，正值丈夫患脑溢血病危，不能前往北京凭吊，悲痛欲绝。她买了鲜花和祭品，在家里设立了灵堂，按照日本传统习俗举行悼念仪式，表达日本女儿对异国父亲的特殊情感。

都城市与江津市因聂将军与美穗子结缘。1999 年，都城市与聂荣臻的家乡江津市签订了友好交流协定。劫后余生的美穗子怀着报恩之心与中国交往。她积极参加日中友好活动。2002 年 8 月，美穗子在获救 62 年后回到再生之地，到井陉矿区、井陉县、平山县做“谢恩之旅”，受到温暖接待。她来到井陉矿区的纪念馆祭奠死难的中国矿工；去中古月村给照料过自己的八路军战士封奇书扫墓，到曾为妹妹喂过奶的平山县的陈文瑞老人、

4

最初带着聂将军的信把姐妹俩挑着送往日军驻地的李化堂的坟前烧香祭拜。

2005 年 8 月，美穗子第六次访华。在北京，时隔 3 年再次相见的聂力对美穗子说：“今天我带来了我的女儿。我要继承父亲遗愿，努力实现中日两国永远和睦相处、两国人民世代友好。”聂力拿出一款典雅的中式外套：“作为姐姐，送给妹妹一件衣服，也不知大小合不合适，是姐姐为你挑的”，说着就给美穗子穿在身上。美穗子拉着聂力的手说：“谢谢姐姐！我太激动了，希望两国永远和平友好！”

聂司令员战场救孤的故事是实践人道主义的楷模，美穗子的故事给人们的启示是，中日两国要想实现真正的友好，还是要以史为鉴，面向未来。

1 美穗子近照。

2 美穗子夫妇在家里接受采访。

3 美穗子家中悬挂着在北京与聂帅会见时的照片。

4 2002 年美穗子祭拜洪河漕村李化堂的墓。（都城市中日友协提供）

5 美穗子一家人在参观怀念聂帅图片展览时留影。（美穗子提供）

5

"枣寺"的故事

1

东京浅草是传统的市民文化的代表，每年有数百万游客来此。浅草地区有座寺院叫运行寺，俗称"枣寺"。

枣寺是净土真宗寺院。二战期间，上代住持菅原惠庆长老拜谒山西省玄中寺时，带回寺内枣树结的红枣核加以培植。然后又把成活的枣树苗移到寺内精心呵护，还请绘画大师横山大观将小树写入画卷，请佛学博士常盘大定题词："此是一株小树，象征日中佛教之友好关系，他年枝叶繁茂之时，日中佛教徒之传统友谊，必当增深垒厚，愿刮目以待之。"为表达对祖庭的怀念，菅原把自己住持的寺院命名为"枣寺"。

怀着对菅原长老的仰慕，我来到离浅草寺不远的枣寺。不巧的是住持正在中国访问，只有一位值班员在。枣寺靠路边，有座临街小楼。我问那株枣树在哪里，回答说原来的枣树已经枯死，只有一株不大的小树栽在盆内。我跑过去观看，见小树1米多高，树上结的红枣显得分外红。

山西的玄中寺始建于北魏延兴二年（公元472年），是净土宗的发祥地。日本高僧圆仁来唐学习天台宗和净土宗教义，中国的净土宗传到日本。高僧法然开创了日本净土宗，弟子视鸾又开创了净土真宗，两宗信徒把玄中寺视为祖庭，常去玄中寺进香。

菅原惠庆长老是战后首先打开中日佛教友好交流的人物。战争期间的日本完全受军国主义控制，一般百姓不明真相。战争结束后，菅原长老了解到有4万中国人被掠到日本、7000人牺牲的事实，得知被强掳到秋田花冈町的千名中国劳工在虐待摧残下数百人丧命、尸骨散落，心中受到极大冲击。尽管在战后的废墟中菅原一家生活无着落，但为了承担日本应负的道义，长老从1950年起积极参加了遗骨收集运动，作为中国殉难者慰灵实行委员会的事务局长，他把收集的遗骨安置在自己的枣寺。当时的枣寺只有刚刚重建的三间简陋房，一间作佛殿，一间是住宅，一间是客厅。菅原长老把400多骨灰盒放在客厅里供养，一直伴着遗骨生活，直到1953年参加"中国在日殉难烈士遗骨护送团"把遗骨送回中国。现任住持菅原均记得，1953年送还遗骨时廖承志到天津塘沽港领受遗骨，手上捧的悼念殉难中国劳工的牌位就出自枣寺。

2

2003年值中国殉难者遗骨送还50周年，日中好人士，旅日华侨代表10月17日在东京的浅草寺隆重举行法会，日中友好宗教者恳话会会长小野冢几澄致词，浅草寺清水谷孝尚亲贯首主持法会，悼

3

念牺牲的中国殉难者，缅怀把烈士遗骨送还中国的大谷莹润(前日本佛教交流恳谈会会长)、菅原惠庆等先贤大德。

菅原长老怀着广结善缘的心愿，在1956年率团参加了玄中寺开光法会，是战后日本佛教界首批友好使团。菅原长老一生八次到过玄中寺拜谒，并取“玄中寺”三字分别为其三个孙女命名。长老辞世后，他的部分遗骨在1983年安放到玄中寺。已故中国佛教协会赵朴初会长评价说，“中日佛教界友好往来的大门是由菅原惠庆长老打开的”。赵朴老为其在玄中寺的墓塔题铭曰：“秉如来教，宏阐真宗，敦两邦好，行愿无穷；传灯枣寺，归骨玄中，神鸾一脉，永耀西东。”

菅原全家终生致力于日中友好和平事业。惠庆长老辞世后，其子菅原均继任住持，还担任了日中友好宗教者恳话会副会长，继续与中国佛教界保持交流。他表示，日本佛教各宗派严格遵守佛教不杀生的戒律，普遍认为否定和离开中国文化，就不会有日本人民今天的日常生活，所以应自觉通过交流加深友情。

枣寺及菅原长老一家的经历，是爱好和平的日本人民反对战争、致力于日中和平友好事业的见证。

4

1 枣寺(运行寺)内枣树的幼树。

2 位于东京浅草的枣寺外景。

3 浅草寺清水贯首主持法会，悼念先贤及死去的中国劳工。

4 日本各界人士、华侨代表出席悼念中国劳工的纪念法会。

1

两人志同道合，本着“亚洲和平与繁荣离不开日中合作”的信念发展日中友好。

在中日关系“天寒地冻”的年代，冈崎与松村谦三、高碕达之助等一起，热心推动备忘录贸易。1962年为签订备忘录贸易协定访华，通过半官方、长期、综合性的贸易方式，发展经贸往来，推动中日关系向前发展。1964年中日互设备忘录贸易办事处，中日关系由民间来往进入半官半民的阶段。这一年他担任了日中综合贸易联络协议会会长、日中贸易办事处首任代表。冈崎热心发展日中关系引起当局不满，借1966年全日空公司的事故对身为社长的冈崎发难：“要想继续干社长，就必须从日中问题上抽身”，冈崎说，“社长的位子有的是人干，但搞中国问题的却没有几个”，毅然辞职，专事日中经济交流，被传为美谈。随着中日恢复邦交，中日备忘录贸易完成历史使命，冈崎先生改任日中经济协会常任顾问。进入80年代，冈崎先生十分赞赏邓小平的改革开放政策，他利用在经济界的联系，与中国开展广泛交流，并促成了全日空公司与中国民航建立新航线。

怀念“掘井人”

冈山人杰地灵。日本三大名园之一的后乐园在冈山，那是取范仲淹“后天下之乐而乐”之句命名的庭园。与中国的关系上，古有两度入唐的遣唐使吉备真备，今有友好“掘井人”冈崎嘉平太。2005年，我怀着敬意前往冈山参观了冈崎先生在家乡的纪念馆，再次感受到老先生高尚情怀。

冈崎纪念馆设在冈山县加贺郡，2001年落成。馆内陈设着约7000件遗物。先生90寿辰时（1987年）邓颖超特地写下“久经风雨三十载，高歌松鹤九十旬”的贺词和寿盘，先生访华时带回的周恩来选集和雕像、纪念章、中国报章杂志等，都是他多年与中国交往的见证。

冈崎一生与中国结缘，学生时代与中国留学生的交往是他日后致力日中友好的原点。他与著名政治家松村谦三相识，

冈崎先生终生信守诚信，他的座右铭是“信为经线，爱为纬线，编织美好人间”。如果说他的政治信念是发展日中友好，周恩来的人格魅力更坚定了他终生与中国交往的决心。冈崎记得1962年首次访华时周恩来说的话：甲午战争后的半个世纪，日本侵略中国，造成巨大生命财产损失。特别是“九一八”事变后损害更大，我们是有仇恨的。但是半个世纪的仇恨同两千年友好历史相比毕竟短暂，我们要努力忘掉这段仇恨，两国人民携起手来，把亚洲事情办好。他为周恩来的高尚人格所吸引，“敬慕他富有人情味的为人”，尊为“人生之师”。

老先生多次说过，周总理每一次会见都是先到会见地点，在入口处与每个人握手表示欢迎，从无例外。1970年他随松村先生访华会见周总理，当周总理得知松村先生是坐轮椅来的时候，“用小跑一样的快步赶到十多米外的电梯口，当电梯

2

3

4

门打开，总理马上过去抱住松村先生好长一会儿，这使我觉得宛如看到了迎接久别的亲人的情景，不由得热泪盈眶。”老先生总是充满感激地谈到周恩来对他的关怀，1972年田中内阁成立，日本国民要求日中邦交正常化的呼声急剧高涨。9月12日晚上他突然接到中国友人从北京打来的电话：“现在正会见周总理，总理问邀请冈崎先生在北京迎接中日恢复邦交一事通知了没有，当得知还没有正式通知时立刻说，‘那不行！马上给冈崎先生家打电话，电话费我付。’因此现在给您打电话，请您立即做出接受的回答。”冈崎为之语塞，只说了一句：“接受邀请，代我谢谢周总理！”在北京期间，周恩来听说冈崎没去过三峡和桂林，立刻指示安排，后来两次提醒中方人员不要忘记。“听到这些，我感动得流了泪。政务极端繁忙不得休息的大宰相，对外国一个普通人无微不至的关心，实在是难以笔墨形容。”

对冈崎来说，周恩来是他心中的圣人。他经常在演讲时说到周恩来的人格：一国总理日理万机，却能拒绝别人的好意，坚持理发排队；1946年周恩来和叶挺将军的遗孤同乘一架飞机，中途遇飞机故障，当发现降落伞不够时毅然将自己的降落伞解下给了孩子；生命垂危时却能在临终前对护士说“我这里没事了，请去照料需要的病人”……周恩来的去世令他无限思念，在贴胸的衣袋里总是装着周恩来的像。他到北京寄托哀思，但周恩来无墓无碑，最后捧一束鲜花献到人民英雄纪念碑前。

冈崎先生喜爱中国，为鼓励青年人交流，他投入私财设立了冈崎国际奖学财团，奖给中国等亚洲国家在日本的留学生。老先生喜爱中国山水，中国朋友在1989年祝贺他访华百次时，他说自己对中国还不能说已很了解，因为大地的胸怀太深。正当他计划在当年9月作101次访华、去天津出席周恩来雕像的揭幕式前夕，不幸在下楼时摔倒突然病故，中国人民失去一位真正朋友。

纪念馆的光冈馆长说：“冈崎先生的思想，现时代也完全没有褪色，应该让更多的人知道。”邓小平说过，不管日本国内发生什么变化，也不管中国国内发生什么变化，中日友好不应该变，也不会变。冈崎嘉平太这个名字，永远是推动友好的力量。

5

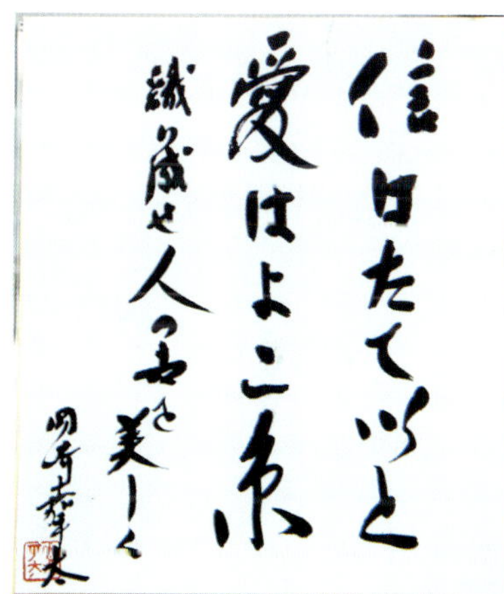

6

1 冈崎先生会见周恩来总理。(1971年3月1日，人民大会堂)

2 3 冈崎先生访问中国时带回的有关周恩来的书籍。

4 冈崎先生访华时带回的各种纪念章

5 邓颖超祝贺冈崎先生九十大寿赠送的寿盘。

6 冈崎先生喜爱的格言：信为经线，爱为纬线，编织美好人间。

友好使命 不改初衷

1

中日友好归根到底是人民间的友好。在新中国成立的第二年国庆节创立的日本中国友好协会，经半个多世纪的历练不改初衷，而今仍为促进日中友好风雨兼程。

日中友协在东京神田锦町。2005年的一天，我如约推开了友协的办公室，见几位职员正在忙着，常务理事兼事务局长酒井诚起身打招呼。室内报架上摆放着《人民中国》等中国书刊、文艺演出海报、中药宣传品等，还有幅写着"为了和平，相聚南京"的招贴画，一看就有种亲近感。

日中友协的成立与新中国同龄。1949年10月10日，新中国刚刚诞生十天，日本各界代表与旅日侨胞在东京的一桥礼堂集会，祝贺新中国的成立。那次会上宣布成立"日中友好运动准备会议"。第二年新中国建国一周年之际，宫崎世民等千名友好人士聚集东京教育会馆，宣布日中友好协会正式成立。那时日本还没有走出战争阴影，人们不求任何报酬走在一起。札幌、大阪、福冈等地方也纷纷成立了地方友协。

酒井诚是位中国通，生于战后，长在东京，就读于北京大学。他介绍说，日中友协中央一级叫"本部"，各都、道、府、县和再下面的市、町、村级的地方友协有450个。前首相村山富市是友协的名誉顾问，著名画家、联合国教科文亲善大使平山郁夫现任会长，村冈久平任理事长，顾问、会长们全是自掏腰包为友协干事，但不拿工资。日中友协实行会员制，约有2.5万会员，许多参加友协活动的朋友不讲报酬，支撑他们的是日中友好的信念，还有家人的理解与支持。

战后的中日关系，从初期断绝往来的"天寒地冻"，到实现邦交正常化"水到渠成"，再到各个领域里的深入发展，中日关系经历了一个民间推动、以民促官、官民并举，对华友好团体的活动与中日关系的演变轨迹同步。

2

日中友协成立初期，受到当时敌视中国的当局种种压制，有的友好活动家被捕，出口到日本的《人民日报》等报刊被没收。但日中友协在松本治一郎、黑田寿男、宇都宫德马等历代会长领导下，高举友好大旗不倒。在为战争期间牺牲在日本的中国人收集遗骨、协助在华日本人回国、举办中国展览会、接待访日的梅兰芳等中国代表团、组织 1965 年的中日青年大联欢活动、促进实现日中邦交正常化等方面做了大量工作。

邦交正常化之后各方面的交流更加发展。友协积极参与组织过 1984 年的三千日本青年访华等活动。宇都宫会长去世后，著名画家平山郁夫在 1992 年接任第四任会长。为了唤起人们正确对待历史，更自觉走进日中友好的行列，友协从 1995 年至 1998 年发起修复南京城墙的活动。为了让更多的日本青年参加进来，平山会长通过亲自考察作画并在各地举办巡展，宣传修复城墙的意义。在东京展出时，竹下前首相、见证过南京大屠杀的三笠宫亲王(裕仁天皇之弟)也前往观看。友协还组织过友好城市少年乒乓球大会、协助举办过日本国宝展、2004 年参与组织过日本大相扑访华等活动。在 2003 年抗非典期间，日中友协积极为向中国募捐奔走，在日航、全日空公司协助下，酒井两次把 2000 万日元的防护服、消毒药品等送到北京。各地的友好团体捐助中国抗非典的物资及资金也有 1000 万日元以上。

日中友好协会的活动是从大众底层做起，活动的开展得力于各地的支部。在地方的友好活动中，长野、佐贺、爱知、香川等地的友协起到示范作用。以西堀正司为理事长(兼中央本部常务理事)的长野县友协是地方友协的样本，200 万人口的长野县有 3000 个人会员，百家法人会员，接待过大量中国访日团体和其它交流活动，2005 年主办过日中友好交流会议。再如，佐贺县友协办实事，搞起了“国际住宿民宅活动”，利用现有闲置民宅为中国留学生提供廉价住房，房东、留学生皆大欢喜。四国地区是遣唐学问僧空海的故乡，香川县友协组织过不少大型访华团，协助在青龙寺建立过空海纪念堂；爱知县友协与县农协和中小企业合作，帮助当地企业解决中国研修生的困难。宫城县与吉林省结好，县友协利用日中绿化基金到洮南市植树造林。2004 年是鲁迅在仙台留学百年，宫城县友协与东北大学联合举办一系列纪念活动。

3

平山会长对我说，21 世纪的友好寄希望于青年，友好的活力在人民当中。近些年两国间的文化与人员交流不断发展，其规模与频度是历史上没有过的，隋唐 200 年间才有约 5000 人访问中国，而在庆祝日中邦交正常化 30 周年时，一天就有 1.5 万人聚集北京。他说，以促进人员交流为中心的日中友好协会，将展开更广泛多彩的交流。

1 长野县友协举行小报编前会议。
2 长野县友协办公室的一角。
3 日中友协本部事务局局长酒井诚。
4 在东京的日中友协本部事务局。

5

1

留学生之家

东京文京区内的“后乐”地区，因有历史名园“后乐园”而名，后乐园在江户初期由副将军德川光国所建，设计者朱舜水是明末流亡日本的学者，取范仲淹的“先天下之忧而忧，后天下之乐而乐”之句，起名“后乐园”，与后乐园毗邻的便是中国留学生的宿舍“后乐寮”。

后乐寮在战前是伪“满洲国”为中国留日学生建的宿舍。战后其财产及学生寮的管理运作由“善邻学生会馆”继承，1962 年开设后乐寮。现任日本华侨总会的殷秋雄会长曾是这里的“寮生”。

围绕产权问题中日间有过争执。鉴于建交后各方面的交流迅速扩大，中国在 1973 年开始向日本派遣留学生，需要充实接收设施。通过协商，两国政府在 1980 年达成协议，决定把善邻学生会馆的土地作为新会馆建设的主体，由日本和中国派出理事共同管理，改称“日中友好会馆”。这个两国政府达成共识的事业，得到各方支持。两国政府都从经费上支持了会馆的建设，同时也向日本财界及各界募集了资金。中国派出了副会长和部分工作人员参与管理。作为新会馆的设施之一，后乐寮于 1985 年 3 月建成。

后乐寮总负责人是会馆的理事长，中国教育部派出专职人员负责留学生的生活管理。后乐寮现有 200 个床位，主要为国费生及公费生中经济不富裕的中国留学生提供生活服务，从 1985 年以来已接受近 3000 多名硕士以上的留学生，曾被选为十大杰出青年的李建葆曾是这里的寮生。

2

日中友好会馆对入寮的留学生收取便宜的宿费和饭费。这里生活设施完善，有 24 小时保安巡逻。有留学生食堂、公共浴室、读书阅览室、会议室、开水房、衣物晾晒场和洗衣机，有免费洗换床单服务。设在地下一层的食堂很大，食堂内设有卫星电视，可以看到中央电视台的节目。为了照顾留学生的生活，外交部服务中心派来三名厨师，饭菜味美价廉。留学生在食堂吃饭每餐只收 350 日元，

4

3

汤和粥免费，这在东京是最便宜的。中方理事说，后乐寮的设施和管理方式都“堪称世界独此一份”。

在后乐寮遇到的几位留学生说，他们有寮生代表组成的“寮生委员会”，义务为大家服务。每月举行学术沙龙活动，每逢春节、新年、国庆都举办大型活动。单身宿舍较小，约 9 平方米，放张床、桌子就满满的。留学生觉得这里地段好，交通方便，房费便宜，再就是在这里与中国寮生在一起生活，感到自在，要是一开始就住在外面还是很寂寞。

中国改革开放以来，约有十几万学生来日本留学，已有 2 万多名留学生学成回国。有几位留学生说，外国人一般很难融入日本社会，他们学成后肯定要回国内工作，还是回国有发展。在顺天堂大学读博士课程的小俞说，在日本攻读博士很艰苦，她在课余也打打工，有时教教中文。

日中友好会馆首任会长是古井喜实先生，第二任是后藤田正晴先生，都已作古。现任会长是林义郎先生，他们都曾是著名的政治家。从会馆成立时起就担任理事长的村上立躬先生说，坚信日中友好最利于两国。他说，“我最大的期待是中国留学生学有所成。”

1 后乐寮入口处悬挂着中国国旗。(2004 年)

2 日中友好会馆首任会长古井喜实出席开业仪式。(1988 年 1 月)

3 后乐寮为中国留学生开办的内部食堂，饭菜味美价廉，对中国留学生用餐有优惠。

4 中国政府关心在国外攻读的学子。从中国外交部服务中心派来的几位特级厨师为中国留学生精心做可口的饭菜。

5 后乐寮是日中友好会馆的别馆，是专为中国的留日学生提供服务的生活设施。平日里有 200 名中国留学生在此居住。

5

想起“康康”和“兰兰”

在中日关系中，承担着促进两国友好使命的还有“动物大使”——大熊猫。1972年9月29日中日实现邦交正常化，作为友好的象征，中国人民送给日本人民的礼物两只大熊猫在10月28日到达东京，还起了个特酷的名字：“兰兰”和“康康”。

30年后的2002年10月28日，上野动物园举行大熊猫来园30周年纪念活动，展出了7只曾在上野动物园生活过的大熊猫的照片以及“兰兰”的标本实物。

人们记得，1972年10月28日下午6时55分，“康康”与“兰兰”乘日航公司的专机抵达羽田机场。在严密的警戒中，这对大熊猫由先导车开道直达上野动物园。经过一周的身体检查和适应了东京的秋风之后，才在11月5日(星期天)与大小朋友们见面，从此揭开了日本人空前的“大熊猫热”。

大熊猫是世界珍稀动物，当时日本人都没有见过。就是当时担任上野动物园饲育科长的中川志郎也只是在伦敦的动物园见过。据他回忆，当时的二阶堂内阁官房长官对他说：“大熊猫的事就拜托了，这可是重要动物，可要善待它。”中川听了后紧张地挺直了身子，赶紧大声说了声：“是！”。由于它是“日中友好的象征”，一周后要公开与观众见面，饲养员们紧张得不得了。

正式开园那天，观众排了1公里长的队。当日进上野动物园参观的有5.6万人，其中专为看大熊猫的游客就有1.8万人。日本报纸在报道这一盛况时，用了“等了一整夜，见面一分钟”的标题(当时平均每人只能看30秒)。当随机到达的中国的饲养员回国后，上野动物园的人员更是紧张。中川回忆说，也许是从没有遇到过这么多人，受到了惊吓，“康康”开始流鼻水，中川判断可能是感冒了，于是避开日夜守候的采访记者，偷偷跑到街上买中药，服用后“效果极佳”。

“兰兰”和“康康”到达日本后，一直受到超级爱护和保护。1974年住进了专建的“公馆”。1973年一年，上野动物园的入园人数达到创空前记录的737万人。

但是在1979年9月4日，“兰兰”不幸死亡(康康在1980年6月死亡)，在日本引起很大震动。当“兰兰”在8月31日中午突然发病时，动物园立即会同专家全力抢救。发病期间，日本各大报纸都在显著的位置报道了“兰兰”病倒的消息，及时公布了它的脉搏、体温、表情等病情。“兰兰”的死，使四个昼夜来几乎不休不眠地在身边护理的饲育班长本间等人失声痛哭。大熊猫死去的消息立刻送到了内阁官房长官的办公桌上。大平首相对“兰兰”的病故表示“令人惋惜”。更令人惋惜的是病理解剖发现，已怀孕在身的“兰兰”腹中的幼仔已长到10.5厘米，再有个把月就可以出生了。共同社在9月4日发的电讯中说，“上野动物园大熊猫‘兰兰’之死，使日本的知

1

2

3

大熊猫在日本上野动物园年表

- 1972年 10 月 28 日，兰兰和康康到达羽田机场，11 月 5 日正式对外公开。
- 1979 年 9 月 4 日，兰兰死亡。1980 年 6 月 30 日，康康死亡。
- 1980 年 1 月 29 日，欢欢来园，1997 年 9 月 21 日死亡。
- 1982 年 11 月 9 日，飞飞来园。1994 年 12 月 14 日死亡。
- 1985年 6 月 27 日，秋秋在上野动物园诞生，两天后死亡。
- 1986 年 6 月 1 日，童童在上野动物园诞生，2000 年 7 月 8 日死亡。
- 1988 年 6 月 23 日，友友诞生，1992 年 11 月 13 日，友友去北京。
- 1992 年 11 月 5 日，陵陵从北京到达上野动物园。

名人士和普通公民都感到悲伤”。有成千上万的日本儿童和成人排成长队到上野动物园吊唁，队伍里有人甚至臂戴黑纱，有人掉下眼泪。东京都知事铃木在一份书面讲话中把“兰兰”称为“中日人民间的友好使者”。据统计，从 1972 年 10 月到达上野动物园定居，“兰兰”约接待过 3280 多万观众。在古今中外的历史上，还从来没有过一头动物像“兰兰”那样，它的死牵动过这么多人的感情。

30 多年过去了，在上野动物园里，我发现大熊猫吉祥物最受小朋友欢迎，仍是最受人喜爱的动物。

“兰兰”、“康康”之后，又有“欢欢”和“飞飞”到了上野动物园。先后有成为“国民偶像”的“秋秋”、“童童”、“友友”降生。大熊猫在日本的生活严格按照中国风味进食。苹果、山芋、胡萝卜、牛奶，当然还有翠竹，应有尽有。为了避免近亲繁殖，“友友”后来去了北京(其余均死亡)。作为交换，北京动物园的“陵陵”1992 年 11 月到达东京。日前，上野动物园里与“陵陵”为伴的是来自墨西哥动物园的“昭昭”，但至今未有生子。

至 2006 年 8 月止，大熊猫在日本共有 9 只。除上野动物园的“陵陵”外，神户市的王子动物园 2 只、和歌山县白滨町“冒险世界”野生动物园 6 只，都是根据中日两国大熊猫国际合作繁殖研究计划从中国租借的。所幸的是 2006 年 12 月 23 日，白滨町野生动物园客居的“梅梅”与“永明”自然交配生下一对双胞胎，母子均告平安。

1 观看大熊猫的日本小朋友。(2002 年)

2 欢迎大熊猫！(展出资料)

3 老少惜别“兰兰”。(展出资料)

4 当年运送大熊猫使用过的木箱，上面写着：“大熊猫，中国人民赠送给日本人民”。

5 大熊猫玩具。大熊猫至今都是上野动物园的“明星”。

4

5

1

旅日侨胞的家园

华侨集中的地方都有中华街(唐人街)。中华街是海外华侨立业的地方,那里有他们开拓创业的足迹,也是侨胞们生存的家园。

在日本以长崎、神户、横滨三地的中华街最悠久,最知名。三地的中华街各有特色,因为离东京最近,去得最多的还是横滨中华街。每年的国庆节和春节,住在横滨的侨胞们以及中国驻日机构的代表们都要举行新春团拜活动,互道祝福,“恭喜发财”。中国历任驻日大使都强调,祖国是海外华人华侨的靠山,要为侨胞们多办实事、快办急事、妥办难事。

漫步中华街,迎面扑来的是故乡之风。出入于一家连着一家的店铺,美餐一顿较为正宗的中国菜,绝对会有他乡遇故知的感受。观看横滨华侨舞狮队的表演,更能释放胸中的乡愁。

横滨中华街始建于 1859 年,自从横滨开港之后,就有华人来到这里扎根落户。战后在战争的废墟上,华侨们又与日本国民一道建设家园,随着经济的发展与中日关系的改善不断成长。据统计,目前在日本的华人华侨已超过 60 万人,其中绝大部分是中日邦交正常化以后来到日本留学、就业的,除了从中国回国的日本孤儿的亲属等“新华侨”,还有 7 万多名在日本学习的中国留学生。中日复交前的老华侨和华人(二战前住在日本的华侨及其后代)约有 5 万人左右。

2

新老华侨华人在知识结构方面有明显不同。如果说老华侨是靠传统的菜刀(餐馆)、剪刀(裁缝)、剃刀(理发店)这“三把刀”在中华街立足，新华侨华人们更多地是靠知识立业。新老华侨与国内都保持着各种联系。相对于老华侨，新华人华侨活跃在日本的IT产业、金融、医学、文化、教育等领域，为传承中华街的文化添砖加瓦，也为日本的发展做出了自己的贡献。

3

华人华侨都有团结互助，自强不息，思乡爱国的传统。横滨山手中华学校是在孙中山倡导，在康有为、梁启超等人的协助下，由横滨华侨在1898年创办的全日制学校。已有百年多辉煌的历史，期间虽然经历过关东大地震、中日战争等艰难困苦，但在侨胞们的不懈努力下与时俱进。战后，为传播中华文化与增进中日两国的交流，培养了两千余名优秀人材。

4

曾德深先生是日本华侨华人联合总会会长，是旅居横滨中华街的老侨领，担任过横滨华侨总会会长。他表示，新老华人华侨都有责任维护中华街的声誉，都要做到立足日本，心怀故土，加强团结，共同维护在日华人的权益，为祖国和平统一作贡献。

5

1 横滨中华街入口的牌楼。按中国文化传统，能佑护国泰民安，商业繁荣，出入平安。

2 横滨中华街上的关帝庙。关公是忠义的化身，海外华人华侨相信关公能保幸福降吉祥。

3 舞狮是横滨华侨青年的绝活，图为舞狮队向店家讨“吉利”。(2003年10月)

4 横滨中华街的店家出售糖炒栗子。

5 长期为旅日侨胞的团结与发展作出贡献的东京华侨总会。

1

哲郎的浪漫

漫画家森哲郎先生不仅幽默，做起事来也很浪漫。

人生其实很有些难测。森哲郎做学生时突发奇想，想当漫画家，为此钻进山间小屋一年多，恨不得一天 12 小时都练漫画。有时画纸用完了，就撕窗户纸，弄得房东很不高兴；起初投出的画稿常被编辑团成一团扔进字纸篓里。不过天道酬勤，画稿终于被一家杂志看中，从此做起了漫画家。

哲郎先生自称日本漫坛的“一匹狼”，如天马行空，独来独往。想干啥就做啥，作画与做事不计得失。起初画幽默滑稽的，以《武士职员》和《工薪员太阖记》奠定了他在漫坛的地位，有时也画些黄的东西，挣过不少钱。时间长了，觉得没有意思，想画能放在书架上的有价值的东西，于是告别荒诞漫画，目光转向社会，为此也作了因此收入剧减的思想准备。

2

作为社会派漫画家，他的首部作品是描写明治初期秩父郡家民不堪忍受盘剥而奋起反抗惨遭镇压的《秩父事件》，第二部是《日本国宪法》五部作，前者被评为“镇魂的叙事诗”，后者被看作是优秀的宪法入门书，呼唤和平的警世作。但像画这种社会政治题材的漫画作品远不如画供人消遣的东西来钱。为了捐赠一尊护宪和平雕像，不得不去各地为人画漫像筹集资金，有些作品还得贴钱出版。困境中也想过重操旧业，画供人消遣式的东西，赚如同自己开“造币局”般源源进帐的稿费。尽管如此，哲郎还是顶住了诱惑，做些于社会有益的事。

不染铜臭，活得潇洒，这就是哲郎式的浪漫。

早在七十年代末，人民日报出版了全国首家漫画报《讽刺与幽默》，刺激了森哲郎的访华热。当时两国漫画界交流不多，他不同意有人用有色眼镜看中国，何况“漫画”两字是汉字之国从日本进口的词汇。这年他以眼见为实的态度访华，回国后出版了《中国漫记》。第二年他通过日本亚洲交流协会，自掏腰包邀请中国漫画界领军人物华君武、张乐平、英韬访日，同时在东京“破天荒”举办了首次中国现代漫画展，出版了《中国现代漫画集》。从此哲郎的中国热益发不可收拾，多次访华，开始了与中国漫画家的长久交流。哲郎喜欢中国年轻漫画家，他说：“中国青年人好学上进，困难中也怀着大目标”。作为访问成果，他又在日本举办了丝绸之路风景展、三毛流浪记杰作展、中国漫画历史展、日中友好漫画展等。同时又做了件别人没做的事，在北京举办了“日本风俗——森哲郎幽默漫画展”，并到上海、南京、西安等地进行巡展。中国漫画家评价说，哲郎的画作幽默中含深意，平易中见深刻，既有东方文化的共性，也有日本传统文化特色。他说：“日本的习俗、节日，有许多是从中国传来的，无论时代怎么变，这些传统文化都扎根在民众中。”哲郎最讨厌有人看不起漫画，他说漫画同样是挂起来供人欣赏的艺术，艺术之林中有自己的地位。哲郎的水彩画不错，为了正名分，偏把漫画与水彩放在一起出售，而且订价比水彩高出一倍。

90 年代初，年过花甲的他又来中国长达四年的“中国留学”，他除了举办漫展，与中国漫画家交流外，还用大量时间放在收集素材上，诸如中日漫画交流史、丰子恺传、中国民俗、日本文化探源等，都是画不完的题材。进入古稀之后，他又写了好几部漫作，漫画《论语入门》就是他的大作之一。我从《论语入门》中，惊异于他深厚的东方文化学养。

2007 年元旦，收到森哲郎寄来的猪年贺卡，同时收到他的新作《孙子兵法解读》，这是他第 45 册漫画著作。想起他说过的一句话：“事都是干出来的，不过再忙，哪怕是彻夜不眠，也要装成没事一样。”

3

4

5

1 日本漫画家森哲郎。(2004 年)

2 森哲郎的新著《孙子兵法解读》。

3 森哲郎的新作《七福神笑门来福》。

4 2006 年参观《讽刺与幽默》编辑部，当了五分钟的“总编辑”。

5 森哲郎与老友漫画家英韬会面。(2006 年 6 月)

1

往来有神足

“女人只有老伴一人;外国只有中国一国”——时年66岁的白西先生对自己人生这样总结。

白西绅一郎,日中协会理事长,在东京的日中友好会馆一间斗室里办公,常年往还于中日之间。他说他自己一生与中国有缘:生在广岛,属于日本的“中国地方”,自称是“中国地方人”;自1967年首次访华,到2004年达到450次,2005年访华15次,加起来达到465次,是有名的“神足”,算起来回老家“中国地方”的次数还没有去中国的次数多,也实现了对中国全部省市(除台湾省外)作过访问的心愿。

白西开始关注中国,始自上中学时与华侨学生相遇,自我介绍时说他来自受原子弹爆炸过的广岛,得到的反应却是“自作自受!”这句如五雷轰顶般的话,使他意识到广岛在战争期间曾是“军都”的地位,制造杀害过中国人的毒气弹也出自附近的大久野岛。警钟唤起他的“良心”,从此与日中关系沾上边,先是参加京都的日中友协,后来进了国贸促。1975年跟随向坊隆老先生,成立了由日本知识界人士发起创立的日中协会,作为日中协会的骨干,与中国各方面进行广泛交流。

日中协会的宗旨是加强中日两国的相互理解与友好关系,其事业包括组织代表团互访,通过恳谈会等形式举办中日安全、历史认识、经济交流等各种形式的研讨会、讲演会,编辑出版有关中日关系的资料文献,组织“中国留学生之友会”关心中国留学生的在日生活。日中协会主张以史为鉴,1985年建立了“追悼南京大屠杀受难者绿化植树委员会”,此后白西每年都派代表团到南京参加追悼献树活动,到2004年4月共进行了19次。

白西先生主张日本外交的基轴是美国与中国。解决目前僵冷的日中关系需要第二次“邦交正常化”。中日关系的问题,可以用“一、二、三、零”概括:一是相互扩大友好交流,二是解决历史与台湾问题,三是信守日中关系的三个文件,“零”是指要把损害国民感情的事降到零。

(2005年秋)

2

1 日中协会理事长白西绅一郎。

2 设在日本友好会馆里的日中协会事务局内资料堆积如山。用作会客处的墙上排满了与中国交流的照片。

交流有顾问

大凡接触过中田庆雄先生的人，都会对他一口流利的汉语感到吃惊。这也难怪，他的青少年时代是在中国度过的，中国解放战争时他在延边地区的化工厂工作，被选为劳模，后来保送到中国人民大学、复旦大学深造，1958 年回到日本后从事日中贸易，在与中国的交往中多次见到周总理、邓小平等中国首脑，为日本财界领袖访华当过“高(级)翻(译)”，是位“老友好”。他以发展中日经济的热情和诚实人格，在中国有极高的信誉，从 1992 年起被中国六省、26 个市聘为经贸顾问，他还有复旦等数所中国大学的客座教授等 40 来个头衔，人称他在中国是顾问头衔最多的日本人。

笔者与中田先生相识是在 70 年代初的广州交易会上 。那时作为接待人员，刚走出校门不久。有一次广交会办公室组织日本友好商社的朋友参观广州郊区的人民公社，日方带队的就是中田先生，不知深浅的我被临时指派做他的小翻译。事后才知道他是中文翻译的高手，为此汗颜不止。后来派驻东京做新闻记者，对有关中日经济方面的事、或在采访中遇到什么困难时，我也常常跑去讨教。

“万古亲情衣带水，四季往来贸易风”(赵朴初为国贸促赠诗)，日本民间人士与新中国的关系首先是从贸易开始的。现任日本国际贸易促进协会理事长的中田先生长期为中日贸易合作牵线搭桥，见证了半个世纪的中日经贸交流。

对中田先生的钦佩，还在于他对发展中日关系的独到眼光。上世纪 90 年代，中日贸易额还只有几百亿美元时，他就预言很快就会突破千亿美元大关。2005 年时他对我说，中国改革开放 25 年，中日经贸额已达到 1680 亿美元，日本在华办企业达到 1.8 万家，中日经济相互依存，相互受益。当有人借机反华时，中田先生领导的贸促会立足大局，坚决反对某些人破坏中日合作的活动，教育国贸促人员“眼光要放长远，坚持对华投资合作不动摇”。

中田先生在 2006 年 4 月再次组织以桥本前首相为团长的经济界人士大型访华团，那次是他第 338 次访华。访华目的是为了落实胡主席在会见日中友好七团体会长时提出的共同加大力度，推动两国经济合作和各领域交流，促进国民间的友好感情向前发展。他说过的 2006 年中日贸易将突破 2000 亿美元大关的预言，又被他“有幸言中”。

1 中田庆雄理事长在他东京的办公室。(2005 年)

2 中田先生陪同桥本前首相访华时接受采访。(北京 2006 年 4 月)

1

难得好专家

平日表情有些严肃，内心却是热的；行动有些迟缓，工作却很高效；虽说是外国人，对中国很了解——《人民中国》杂志的日文专家、国家友谊奖章获得者横堀克己先生给我留下这样的印象。

横堀先生是位新闻人，毕业于东京大学东洋史专业，长期就职于《朝日新闻》，曾任北京支局长和资深评论员。他年届花甲退下来后，被聘为《人民中国》的日文专家，编辑顾问、编委。

作为新闻同行，我与横堀相识二十来年，常就中日关系交换看法。对他的"中国情结"与文化素养很是敬佩。他作为《朝日新闻》的国际评论员，许多与中国相关的社评是出自他手。他曾不无得意地说，新华社的《参考消息》上曾登过他不少报道和评论。他曾对我流露过，想在退休后做点有益于中日相互理解的事儿，哪怕是义务性的。缘份常常是突然而至，大学时代就是忠实读者的他果真做起了《人民中国》专家，且以出色的业绩荣获国家友谊奖。

国家友谊奖，是奖给那些为中国的和平与发展，为增进国际间的相互理解做出贡献的外国朋友的。前社长于明新介绍说，横堀先生得奖来自他娴熟的业务，以社为岗的主人翁姿态，严谨的作风与敬业精神，以及把中国同事当成兄弟姐妹的人格魅力。横堀先生严以律己，喜欢青年。为了及时指导，他宁愿与编辑们同室办公。编辑张哲对我说，先生关心青年的业务进步，热心教授日本知识和翻译技巧，没有专家架子。

新闻敏感是新闻人的素质。采写对横堀来说驾轻就熟，如鱼得水。他多次到新疆、河南、辽宁、天津等地深入采访，以对中国的深刻理解和生活在中国的外国人的视角，客观公正地介绍中国社会、经济和文化。2002 年是中日邦交正常化 30 周年，他采写的《翻开历史新篇章——再现毛泽东、田中角荣会谈的情景》，披露了鲜为人知的历史事实，充满激情地呼吁日中两国人民以历史为鉴，面向未来。这篇极有份量的报道刊出后，在日本读者中引起热烈反响。2006 年，横堀以娴熟的新闻写作技巧与深情的笔触采写了日本音乐家谷村新司在上海、"中日乒乓球交流 50 年"的报道等佳作。

2

横堀先生与雅子夫人住在北京，贤慧的中国儿媳也使他们更多了份"中国情结"。出于担心生活习惯不同，曾希望儿子娶个日本姑娘，结果"很凑巧"，曾在北京大学留学的儿子偏偏看上了中国姑娘。儿媳的聪慧让老俩口赞不绝口。

由于翻译工作的关系，横堀最近仔细读了温总理在全国人大的工作报告，对中国领导人推行的亲民政策产生深刻共鸣。横堀坚信中日关系的光明前景，继续把在《人民中国》的工作当作贡献给增进中日相互理解、特别是日本人对中国理解的事业。

3

1 横堀先生与编辑部的年轻编辑进行业务探讨。(2007 年)

2 在河南安阳采访(于明新供稿)

3 横堀和他的贤内助雅子夫人。(2006 年，北京)

相交重真诚

“日本国米山先生为人谦和，以诚为本。幼年尝居北京，多年与中国人情趣相得。先生不求名利，只求友声，十数年如一日。今金秋之际，再携夫人，远涉造访旧友亲朋，相聚京华，畅叙友情，谨以挂扇相赠，永以为好……”

照片中的两位，就是米山登先生和惠子夫人；背后的挂扇上，是一群中国记者的签名，《人民日报》的，新华社的，《光明日报》的，《经济日报》的……

米山先生家住横滨，是位普通日本人。他原先在他家的附近营销马自达车，夫人是家庭主妇，后来年纪大了便交给儿子经营。米山一家与新闻行业无任何关系，但却成了中国驻日记者的朋友。

我与米山相识是在1980年。是在他参加一个由报社接待的旅行团访问北京时认识的。他小时候曾在北京生活过，所以对北京有怀恋之情。多年前我在东京做过采访。记得有一年2月我开车去横滨，不料傍晚时下起大雪，回东京的高速公路封闭。人生路不熟，再加上刚学会开车，进退两难。困难之中想起了朋友，于是向住在横滨的米山先生求助。米山听说后心急火燎，马上叫上两个儿子前来相助，惠子夫人则一直站在大雪中张望。大雪没过脚脖子，车子一串串如同冻僵的长龙艰难爬行。几个人折腾了有四五个小时才算把我的车开到了他家。父子几个又是扫雪又是清车库，把自家的车放到外面任风雪吹打，却把我的车停到车库里。进了屋，夫人则端上了热气腾腾的茶点饭菜，还准备让我住在他家。我想到麻烦这么长时间，吃完饭后便婉言谢绝，坐电车回东京，期间米山先生几次打电话联系，直到确认我平安抵达才放下心。

这以后，我与米山先生一家成了好朋友，他的家也成了我了解日本社会的一个参照。20世纪80年代，中国人还不大了解日本人的日常生活，所以有人到日本访问想看看日本人的家（如什么是“榻榻米”，床之间是怎么回事）时，常常带到米山家参观“见学”，每每得到一家人的热诚相待。时间长了，中国驻日本的记者和留学生也成了他家的座上客，中国的记者、留学生等也不把米山先生当外人，逢年过节什么的，常在一起聚会。为纪念中日邦交正常化30周年，我编辑了《人民日报》发表的有关日本人的报道文章，以《永远的邻居》为题出了中文与日文版，老两口听说后赶到我的住处送了极漂亮的兰花花篮祝贺，十分开心。

在日本工作期间，我对与米山一家人的交往留下难忘印象。米山一家与中国无任何利益往来，与中国人的接触绝无“商业目的”，完全是普通日本人的身份以诚相交，而他自己有什么事却不愿麻烦我们，而且数十年如一日，可贵之处在此。（2006年）

1 米山夫妇做人的格言是“待人以诚”。

2 米山和他的夫人惠子在中国友人赠送的挂扇前留影。（1989年）

好人冈雷翁

北海道是访问日本的中国旅行者人气很高的地方，景观与大陆相似，人也厚道。《北海道新闻》的朋友岛田听说我去北海道，特地叮嘱说：“你们不是常说不忘老朋友吗？到了札幌，可别忘了看看国冈。他不计利益亏损，长年为中国青年画家提供画廊，这样的友人可是不多呀！”

尽管拜访国冈先生已列入日程，这个提醒也让人心头一热。到了札幌，放下行李就与齐江总领事结伴前往拜访。

数年不见，老先生依然精神矍铄。他特意拿出他以前访华时一起照的相片叙旧，回忆与历任中国总领事的交往，并欢迎新上任的第十任总领事齐江的来访，让人感到老人不忘旧情。

国冈茂夫先生年秩八十，别号“冈雷翁”。他年轻时经营农场，后来从事不动产生意，是位成功的企业家。多年与中国的交流使他结识不少朋友。老先生家住在札幌市内，院内有栋三层楼房，住宅和公司二者兼顾。1979年，中日两国政府达成相互增设领事馆协议，中国决定在札幌设馆。参与建馆的刘智刚（前驻大阪总领事）回忆，为了寻找临时馆舍，国冈等朋友费了不少劲，但没有找到一处理想之地。情急之中，国冈有一天突然提出要与中国外交官们“喝茶”，没想到一入座他便取出两份文件说：“我们全家人昨晚连夜讨论过了，一致同意把我家借给总领馆作临时馆舍。你们中国的外交官一心为国家着想，现在有难处，我们应该尽可能支持。房子免费提供你们使用，直到新馆建成……”一周之后，国冈一家搬入“新居”——那是临时建成的拼装式简易住房。此后，国冈的家作了一年零八个月的总领馆临时馆舍。

中国在札幌建总领馆，国冈接触了中国人；中国人也因此感受到了国冈一家对中国的真诚。在他与中国的多年交往中，老人家不断向中国佛教协会、绿化组织以及为建立希望小学提供捐赠。国冈先生崇敬佛教，佛缘使他与赵朴老（朴初）一见如故。1987年8月朴老访问北海道到他家做客时赋诗一首：“多情远近劳迎送，称意凉温异北南。到处天时人地好，新知旧雨一堂欢。”老先生为了实践与中国佛教协会赵朴初会长约定的在日本创建“平等院大慈寺”，1988年9月在北京广济寺拜受一尊源自五台山的本尊（干漆佛像），恭请到北海道。他说，1300年前鉴真和尚东渡日本弘扬佛法，建立了唐招提寺，1300年后回到千年前的原点创建大慈寺传继法灯。国冈主张世界和平，相处共生，众生平等，他家作为日中佛教文化交流中心，遵从赵朴老为他写的“照见五蕴皆空，度一切苦厄”的题字，三年前重访峨眉山和五台山，回国后建起了“写经堂”。作为静坐、写经、以及研究生命诞生的处所，平等院大慈寺在2005年8月正式建成，从峨眉山请来的普贤菩萨楠木雕像已供在大慈寺内。老先生说，现在每天都有不少人为寻求精神安宁前来写经。

老先生家的三楼设有“中国画廊”，是专为中国青年优秀画家常设的展室。1993年以来有600名画家、上万幅作品曾在此展出，四川的聋哑女画家高晓笛等人的作品深受欢迎，不少来此参观者把这里当成了解中国文化的场所。尽管因文化背景、欣赏习惯不同（例如日本人的房间较矮，有些中国画作尺幅过大），售出的并不多，但国冈说，他开设中国画廊主要为介绍中国文化，“一开始就没想赚钱”。

国冈老人还把他珍藏多年的一幅《阿房宫宫女欢乐之图》（31×506厘米）画卷送还中国。他说，中国是日本的文化恩人，这是为了报答大恩。他指着家里悬挂的赵朴初为京都岚山周总理诗碑揭幕写的诗作说，这件墨宝“早晚也要送还中国”。

1 国冈把赵朴初为周总理京都岚山诗碑揭幕写的诗作视为家宝。（2005年）

2 国冈先生为中国青年画家专设的画廊。

神驰在敦煌

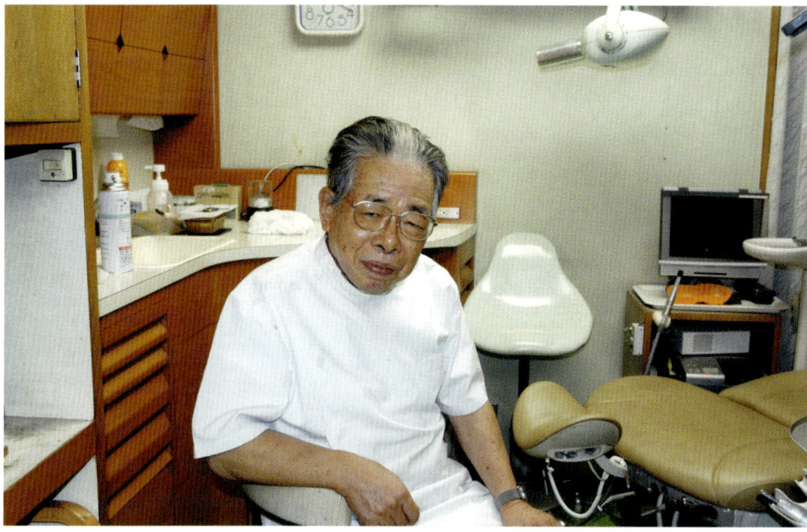

“牙疼不是病，疼起来就要命”，这句话提醒人们不要小看牙病。本人平日不注意养生，工作一急火就往牙里去，弄得齿牙动摇。日中友协的朋友知道后，介绍我找“丸山齿科”瞧瞧。丸山茂老先生水平高，对中国人特友善，好多在日中国人都找他看。

丸山齿科医院在东京的墨田区，医院不大，两名医师和几名助手，门口挂一匾额，上面写满了用各种异体汉字书写的“齿”字，是一幅“百齿图”（日本人把牙科叫齿科）。由于对患者谦和，诊疗周详，前来看门诊要提前预约。

牙疼又犯了，又想起了丸山齿科。上次打电话时老先生去了中国访问，这次是老先生亲自接电话，为我优先做了安排。老先生和蔼可亲，边看边聊天。他说因战争没能上高中，凭寒窗苦读考入医科大学，毕业后当起牙医。作为日中齿科医师友好交流会成员，数十次访问过中国，有不少中国朋友。老先生还有件得意的事，就是上世纪 80 年代初曾从敦煌壁画上发现过唐人画的“刷牙图”，他的《刷牙历史溯源》论文曾在中国的杂志上发表，被多次引用。

老先生最初研究刷牙历史是在 30 多年前。有一次他去京都参拜佛教寺院《三千院》时，无意中发现了“洗除无垢”的匾额，想到一般人都说“洗净”，“洗除无垢”不正是要注意口腔卫生思想吗？他联想到曹洞宗祖师道元写的《正法眼藏》中对刷牙有详细记载，但不知古代家庭中为何无刷牙习惯。后来访问中国时，北京口腔医院的周大夫告诉他敦煌壁画中有刷牙图。1982 年丸山终于到了敦煌，当跨过莫高窟“三桅揽胜”的门楼，终于在第 169 窟看到了晚唐时期画的“揩指图”，那是异教徒与释迦论战服输，在皈依佛门时剃头、洗脸、刷牙、洁身的画，证实早在千多年前就有刷牙习惯，令他好生激动。

1 丸山大夫在他的诊室。

2 敦煌发现的刷牙图。（临摹）

敦煌也是研究古人生活习俗和佛教仪轨的宝库。刷牙习俗始于印度，随佛教传入中国，汉译佛经中亦有记载，义净译经中有云：“取君持，执齿木，出门外澡漱”，“君持”即净瓶的音译，“齿木”即当时的牙刷。随遣唐使来华的日本学问僧空海，回国后在高野山灌顶受戒时也用过齿木洁齿。遗憾的是，随丝绸之路传到东亚的口腔卫生哲学，此后却没有在家庭普及。丸山说，世界最古的“刷牙图”在敦煌，有些人不了解历史，早在中国唐代就知道刷牙。现在的儿童吃糖过多，得虫牙的很多，不注意刷牙，长大后容易得牙周病。积 50 多年经验，小孩在 2 岁前不要吃糖，再就是定期除牙石，里面藏污纳垢是牙周病病因。

丸山先生今年七十有九，仍在一线工作，患者有他家的电话，不管多晚，有急事可直接打往家里。他坚持常去敦煌，因为温故知新，每次都觉得心灵得到净化。老先生通过牙医职业接触中国文化，通过医术与中国人交往。在日本，称为“先生”的，一是国会议员，二是教师，三是医生。老人是名医，也是口腔卫生学的教师。

先后致词，海峡两岸的代表共同呼吁海外华人华侨同心同德早日实现和平统一。台湾东吴大学的曾祥铎教授在献给百多年来为中国复兴的先烈们的诗中说，"……你们匆匆离去，将鲜血洒遍祖国大地，历史之神没有辜负你们的期望，过去是血染的中华，如今繁花满地……你们将长留青史，永远活在中国人民心里！"他说，正是中国有坚强的后继人，前仆后继，终于完成了中国伟大的革命。

在这个历史性集会上，现场镜头聚焦两位与会的女士，一位是孙中山的孙女孙穗芳，另一位是中山先生的日本挚友宫崎滔天的孙女宫崎蕗苳。为出席这次活动，年届古稀的孙穗芳风尘仆仆从夏威夷到南京，又从南京赶到东京，她热切呼吁要继承中山先生"和平、奋斗、救中国"，振兴中华的伟大理想；年届八秩的蕗苳女士特意带上她家珍藏的当年孙中山委任祖父滔天先生在日本"全权办理筹资购械接济革命军"的委任状。两位朋友一见面，孙穗芳便提出希望蕗苳女士访问夏威夷，蕗苳女士则要穗芳女士到家中做客。盛情难却，孙穗芳当晚来到滔天先生的旧居小坐。在当年孙中山和滔天先生"笔谈"过革命方略的客厅里，挂着孙中山赠送给滔天的"推心置腹"和"明道"的匾额。滔天一生仰慕中山，曾多次请中山先生在家中小住。百年后，两位革命家的后人又在此会面，为纪念大会添上一段佳话。

同盟百年盼崛起

在中国近代史上，日本是以民主革命的先行者孙中山为代表的仁人志士从事革命活动的重要据点。1905 年 8 月 20 日，来自海内外兴中会、华兴会、光复会等团体的代表聚集东京，他们在孙中山的倡导下，胸怀推翻封建帝制、争取民主共和与民族独立的革命理想，在东京成立了统一性的革命政党——中国同盟会，并提出了"驱除鞑虏，恢复中华，建立民国，平均地权"的政治纲领，中国的资产阶级民主革命以此为标志，进入新的阶段。

整整百年后的 2005 年 8 月 20 日，由在日华侨华人团体发起，百余名在日华人华侨以及日本研究辛亥革命的学者等在东京的八芳园举行集会，隆重纪念中国同盟会成立百周年。

八芳园是东京的名园，是社会名流聚会以及举办婚宴的胜地。在日华侨华人团体选择此地，是因为八芳园也是当年孙中山先生进行革命活动过的场所。八芳园的老板介绍，有一次孙中山因从事政治活动被警宪追捕，曾从八芳园的地道安全脱险。

纪念中国同盟会的会场布置得朴素庄重。主席台幕布上"承前启后，继往开来——纪念中国同盟会成立一百周年大会"，另一侧墙上的"国家兴亡，匹夫有责"的大幅标语点明了会议的主旨。在日本的中国和平统一促进会会长陈福坡代表组委会作主旨报告，来自北京的中国和平统一促进会名誉会长王文元、全国政协副秘书长李敏宽，来自台北的台湾民主工党主席

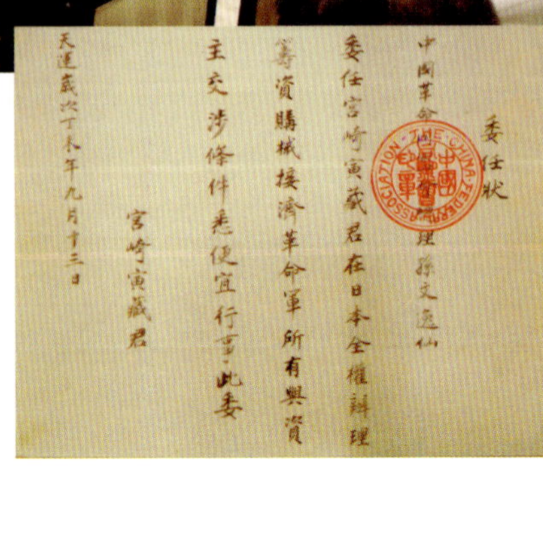
委任狀
中國革命[illegible]理孫文逸仙
委任宮崎寅藏君在日本全權辦理
籌資購械接濟革命軍所有與資
主交涉條件悉便宜行事此委
宮崎寅藏君
天運歲次丁未年九月十三日

1 孙中山的孙女孙穗芳、宫崎滔天的孙女宫崎蕗苳在会上展示当年孙中山委任宫崎滔天在日本筹资购械接济革命军的委任状。

2 纪念中国同盟会成立百年会场。

3 孙中山委任宫崎滔天筹资购械的委任状。

银球交往无寒流

1

银球编织着不间断的友情，乒乓流淌着半世纪的暖流。

2005年4月，深受球迷喜爱的乒乓小将福原爱在前往中国参加世乒赛前夕来到中国驻日本大使馆，向王毅大使感谢中国教练多年来对她的培养指导。为表达她的感情，福原爱赠送了她书写的“中日友好”斗方、她签名的乒乓球拍以及特意定做的印有中日两国国旗的运动服。她用略带东北味的汉语说：我在中国有许多好朋友，希望喜欢我的中国朋友不仅对中国队加油，也要给我拍拍手。”

福原爱三岁学乒乓球，四岁时父亲带她到中国，与俱乐部里的同龄孩子一起打球。长大后在辽宁参加集训，还与大满贯得主王楠等高手练球。在雅典奥运会上，首次参加大赛的福原爱虽然在进入八强时惜败出局，但显示了不凡的实力，已挑起日本队的大梁，她的经历是两国民间友好的一个象征。

中日间的体育交流源于乒乓球。1956年4月在东京举行第23届世乒赛，朝日新闻的报道说，“首次参赛的中共(当时日本报道多称中国为“中共”)运动员身穿鲜红上装，迈着坚实步伐进入会场……共同开出绚美的国际亲善之花”。上世纪60年代日本技术上领先，中国运动员从中学到弧圈球等技术。1961年第26届世乒赛在北京举行时，周总理特意出席了中国乒协欢送日本队的招待会，赞扬名将松崎君代胜不骄，败不馁，即使失败也面带微笑，坚持到最后的精神。1964年10月北京国际乒乓球邀请赛结束后，周恩来、邓颖超夫妇还在中南海的家里设宴欢迎日本运动员，像父亲般地关怀松崎婚后的生活。

1971年，日本乒协邀请中国参加3月在名古屋举行的第31届世乒赛，中国队除获得男团、女单、女双、混双4冠军外，还上演了震惊世界的小球转动大球的“乒乓外交”。

2004年10月，在日本的乒乓球爱好者组织了“草根版”乒乓球联欢，特地邀请3次蝉联冠军的庄则栋作演讲。纪念演讲结束后，65岁的庄则栋与当年上演大战的高桥浩、木村兴治等挥拍上阵，气势不减当年。

从智朗到福原爱，中日乒乓球运动员间的涓涓友情流淌至今。2006年4月，由日本前乒乓球国手组成的访问团来到北京，共祝中日乒乓球友好交流50周年。日本代表团长木村说：“中日关系也许曾经遭遇寒流，但中日乒乓友谊交流一直都是暖流！”

1 65岁的前世界冠军庄则栋与日本乒坛老将木村兴治对阵。(2004年，东京)

2 日本两代乒乓国手松崎君代和福原爱出席在东京举行的中国国庆招待会。(2005年)

远亲不如近邻

东京中国驻日本大使馆附近的邻居收到一封请帖，请邻居们到使馆举行“恳亲会”。2004 年 11 月傍晚，居民们三五成群、扶老携幼，兴高采烈的去使馆串门。

6 时许，300 多位邻居们准时赶到会场，客人们中有家庭主妇、中小学生、加油站的师傅、店员、消防和税务人员。厨师们精心制作的水饺、包子、春卷、麻团，以及酸辣汤等各式中国家庭式的菜肴摆到了会场的中央。

新任大使王毅致欢迎词说，我说三句话，一是感谢邻居多年来的支持；二是使馆是中国在日本的代表，你们想了解中国就到使馆来。各位高邻对中国有什么建议或有什么需要帮助的请与我们联系，将尽最大努力提供协助；三是中日近邻，邻居之间要相互学习、帮助。让我们为促进友好关系向前发展，从一言一行、一点一滴做起。大厅里挤得水泄不通的邻居们，对这位说话很实在的“新邻居”立即报以热烈掌声。

中国菜名满日本，但对普通居民来说，品尝到真正地道的中国菜的机会不多。今天的水饺成了“抢手货”，不仅孩子们是第一次吃到中国厨师包的水饺，就是主妇们也对吃水饺感到稀罕。招待会过半，使馆邀请的在日本的中国艺术家为邻居们表演了转碟、高台踢碗、川剧变脸等曲艺绝活，三位漂亮的女演员还搭凑了一个“女子三乐坊”，用中国传统乐器演奏了中国和日本的流行歌曲。台下席地而坐的孩子们不时发出惊叹。

有位身着和服的老人说：自己在使馆附近住了十多年，今天终于了解到了这个“对门儿”里原来住着这么多好邻居，还是那句老话说得好——“远亲不如近邻”。

1 2 中国驻日本大使馆邀请附近居民前来做客。

1

2

“上海人情”有人情

离东京的闹市涩谷车站不远，有家新开张的中餐馆“上海人情”，从名字就能猜出这里经营的是上海特色菜。店虽然不大，但很有文化品味，墙上挂着上海的老照片，有一种宁静的气氛。饭菜的味道也很正宗。

餐馆的老板叫王连清，有着江南人的精细与温柔。王社长虽然年轻，却是在日华侨华人中有成就的企业家。她经营着两家公司，一家是“王国际公司”，经营进出口业务（年销数十亿日元）；另一家是“王厨房”公司，搞“上海人情”餐馆算是“业余”。

以“业余”的心情经营餐馆，体现了女主人的气度。大体上，人在心情上有了富裕，就想实现自己的梦，做喜欢做的事。“上海人情”请的七八名厨师都是来自国内的名厨。王社长介绍说，从国内请来的员工宿舍就在离餐馆不远的地方，除工薪外，每天吃饭只收 100 日元。“我要求在这里工作的员工首先是遵纪守法，遵守日本的法律。”

王连清不仅经营有道，而且很有思想。她说搞事业不在于赚多少钱，也不论公司是大是小，而在于追求什么，在于为社会做些什么。她说她的目标是在日本传播中国的餐饮文化。王连清说她自己也喜欢做菜，她研制的一道“日中友好炒饭”，就是用小葱、鸡蛋，还有日本人喜欢吃的纳豆做成的。她说她很喜欢与搞新闻的人交往，原来他的老公吴四海就是搞新闻的。小吴是上海东方卫视外语中心《日本之桥》制片人，主要制作日本的文化等节目，东京的朋友说，她老公是个才子，而她是“财女”（才女）。

“上海人情”开张的那天，我受邀前往。到场的客人中有不少是知名的华侨华人团体负责人和与中国关系密切的日本人士。在熟悉的面孔中，发现了日本外务省的官员濑野正在和几位旅日中国人谈兴正浓。濑野品尝了一口独特的“日中友好炒饭”后连连评价道：“这味道，日本人肯定能接受。”

几年前，濑野先生曾常驻过中国，是位精通中国事务的外交官，说得一口流利的汉语。他有一个绝活儿是表演“日中关系魔术”。一会儿，他放下筷子，从衣袋里取出了一根红线绳，麻利地圈成了两个圈儿，说这象征着中日两国“一衣带水”，然后他用打火机把绳子烧断，说这就象征着有千年友好往来历史的两国后来发生了战争悲剧，一度友谊中断；之后又把烧断的绳子接好，说这象征两国关系正常化了。最后他把绳子绕到另一位中国青年手上，口中念念有词地说“经过两国人民的共同努力……”，绕在手上的绳子竟然完好如初！让在场的人感到由衷的惊喜。

在“上海人情”就餐，明白了一个事理：只要有诚意，再加上努力，中日关系中无论多么复杂的事都能得到化解。

3

1 “上海人情”女主人王连清与夫君吴四海。（2005 年）

2 在日华侨华人在店内小聚。

3 日本外交官濑野在餐馆表演“日中关系魔术”。（2005 年）

“中国特需”

最近两年，有关“中国特需”的词汇在日本频频使用。意思是中国经济的高速发展，中国市场的迅速扩大，拉动了日本企业的生产需求。成为牵动日本经济复苏的重大因素。嚣张一时的“中国威胁论”正在被“中国特需”所替代。

种种统计表明，中国在全球经济增长中成为牵动世界经济增长的重要动力。互补性极强的中日经济，随着中国成为日本的第一大进口国，市场上来自中国的大众消费品也占据相当份额。从消费者角度看，日本的消费者越来越离不开中国商品。有人统计，东京地区日本居民的厨房用品，约有80%是中国制造。服装、电器及数码产品部件有许多也是“MADE IN CHINA”。在消费者眼中，中国产品已取代过去“价廉质次”形象，越来越变成受欢迎的物美价廉产品。

战后给日本经济带来重大机遇的“特需”有三次。第一次是上世纪50年代初的“朝战特需”，第二次是70年代的“越战特需”，第三次则是目前的“中国特需”。与前两次靠发战争财不同，是“和平特需”。

日本学者说，“中国特需”主要在两大领域：一是在中国的基础设施建设领域。中国到2010年，总额达2万亿美元的特大型项目，如长江三峡工程、全国高速铁路网建设等，给日本的钢铁、工程机械、石油化学、电子部件、航运等带来机会；第二是在个人消费领域，中国经济的高速增长加上人民币升值，到2010年中国的人均国内生产总值(GDP)将达到2000美元。个人收入的增加刺激个人消费，日本企业也将在中国的“3M”，即私人汽车、私人购房、移动通讯等个人消费的快速发展中受益。

日本企业除了大量对中国出口资材、零部件之外，进入中国的日本企业利用比在国内便宜得多的良质劳动力在中国生产，生产的产品向欧美出口或逆向进口到日本。在制造与销售行业方面，日本企业利用自己的技术在中国生产的产品在中国市场销售。日本财务省统计，2003年日本的总出口增加4.7%，在增加的2.45万亿日元中，对华出口部分占67.6%，如把香港计算在内则达到80%。

中日贸易额的快速增加也与大批日本企业到中国投资建厂有关。随着中国国内基础设施的完备，从80年代初期起，日本企业到中国建立生产据点的日本企业有二三万家，绝大部分企业都获得了丰厚利润。同时也提升了中国的产业技术，为中国创造了约1000万个工作机会，促进了中国的经济发展。

1972年中日邦交正常化时只有11亿美元的贸易额，到2002年中日双边贸易额首次突破1000亿美元大关。数年后的2006年又突破了2000亿美元大关。

事实证明，互为最大贸易伙伴的中日两国，在经济上已是“你中有我，我中有你”，谁也离不开谁。中日两国建立互信基础上的战略互惠，互利双赢才是唯一选择。

在东京港的外货装卸量中，来自中国的货物超过美国，排名首位。图为东京品川港外货码头一角。

人正品真 互利双赢

中井义隆是北京·松下显像管有限公司(BMCC)的制造部长,来到北京工作了八年,领导着制造部3500名员工的技术工作。我发现他与员工们混得很熟,手里拿着小手电筒之类的东西,看看显像管有无质量问题,还不时与中国员工们开开玩笑,看到地上有块纸片就赶紧捡起来,完全是日本工厂的习惯,看来是喜欢上厂里的工作。

1

在车间里参观时员工们说:“在我们这里不分是中国人还是日本人,都是BMCC人。”他们说,中井部长说他也是农村出身,所以是“国际农民工”。他这个人不怎么表扬人,但心是热的,背地里做好事。他把女工看成自己的女儿,有时偷偷支援生活有困难的员工,他是“与中国工人的心离得最近的日本人”。中井对我说,中国工人做事认真,理解力强。中井还半开玩笑说,日本的女儿就知道向我要钱,而“中国的女儿”却能从每月千把元的工资中省出800元寄给家乡父母,让弟妹们上学,那么孝顺。

制造部的郭科长进厂以来大部分时间跟着中井干。我问他有何感受,他说日本技术人员做事特认真,管理很严。起初中井看我批评员工,他反而说我:“部下做不好是领导的责任”。再一点,他觉得日方特别重视安全。中井说,我们这里首先是安全第一,然后才是品质和效率。中国的父母把孩子交给我们,就得对得起他们,不能出事。听着员工们的介绍,我的心里也热了起来。

2

3

北京·松下显像管有限公司是随着中国的改革开放不断壮大的。1978年,邓小平为出席中日和平友好条约换文仪式访问日本。访问期间,参观了松下电器公司,与松下电器创始人松下幸之助亲切会谈,达成了"21世纪是亚洲的时代,特别是以中国和日本为中心的亚洲繁荣的时代"的共识。邓公请松下先生为中国经济发展出主意。应中国政府邀请,松下先生在1979年、1980年两次访华,两人作了深入交谈。访问促进了解,松下公司经过80年代前期与北京的技术合作,本着"发展技术合作,增进中日友好"的愿望,1987年与北京市合资成立了北京·松下显像管有限公司。

公司成立初期,总公司接受250名员工去日本现场学习,实地培训,要求学员掌握解体与安装技术。国家领导人多次来厂视察,提出要把BMCC建成中外合资企业的典范,双方也下了"只能成功不许失败"的决心。从1989年6月造出第一支显像管后,当年就实现了单月盈利。2003年"非典"期间,总部为保证日本员工安全要他们回国,总经理横枕光则等日方人员觉得中方人员都不怕,我们要是当逃兵不是让人耻笑吗?于是坚持留了下来。日方人员的行动体现了公司的凝聚力,也出于对中方伙伴的信赖。秘书室长卢丽曼说,BMCC的成功说明,在中国搞事业,只有喜欢中国才会受到信赖;只有真诚合作,事业才能成功。

1 BMCC制造部长中井在现场抽查显像管的质量。

2 日本技术专家在现场指导工人的工作。

3 松下电器会长中村邦夫以"打造21世纪的新型制造业"为题,向清华大学的师生进行演讲。

4 北京松下显像管有限公司。

4

1

BMCC重视企业的文化创造，说他们的企业文化既有日本特点又有中国特征的“合金文化”。如果说前期更多地继承了松下的管理理念，2001年后实行变革创新，实行友好合作、品质第一，推行“人正品真”的企业文化，即塑造正直、相互关爱、有修养的人品，追求完美的高品质。

经过20年的真诚合作，如今的BMCC无论是企业经营还是生产技术都有长足发展。BMCC现有6条生产线，年产13~34型的彩管近千万只。BMCC以其高质量的产品曾获首届中国电子企业质量百强奖、松下全球质量管理世界大赛最高大奖，2006年获百家企业优秀奖。

松下电器——自1918年松下幸之助创业以来，作为制造企业，通过提供商品和服务，以“为使人们的生活变得更加丰富、更加舒适，并为世界文化的发展做出贡献”为经营理念，从事着企业经营活动。经历了80多年的奋斗，现在已发展成世界著名的综合型电子企业，在世界各国开展着事业活动。进入21世纪，松下电器通过发挥高科技的优势，以“为实现星罗棋布的网络社会做贡献”和“为人类与地球环境的共存共生做贡献”为蓝图，力争成为“为顾客创造价值的企业”、“卓越的全球企业”。

迄今为止，松下电器在中国各地设立了58家企业，在华员工人数达到7万余人。松下电器与中国的合作从技术引进，投资创办合资、独资企业，到创办研发基地，将松下电器(中国)有限公司作为投资性公司事业规模日益扩大。以互利双赢为目标，扎根于中国的松下公司与中国的合作又掀开新的一页。

2

1 北京·松下显像管有限公司展厅。

2 BMCC获得的奖杯。(2007年)

爱知世博会中国馆

未观其景，先闻其声。弦筝齐鸣的悠扬曲调，让人联想起中国的山河大地。循着乐声望去，眼前是围成好几层的人群，数百之众静静地欣赏年轻中国艺术家的演奏，人群中不时发出阵阵掌声。

1

这里是爱知世博会的中国馆中心大厅。沿通向二楼的回旋梯向上看去，双旋曲线楼面把室内空间上下一分为二，中央舞台上立着几个粗壮的白色柱子，上面包饰以巨型树叶。从二楼俯视，盛装的演奏家在舞台上恍如林中纷飞的彩蝶。中国馆联络官张女士对我说，中心区主舞台形象为“生命之树”，模仿水珠悠然溅起的柱型姿态与植物叶脉舒展生长形态搭配，下面有“阳光女孩”乐队表演。阳光、水、植物，还有人的交流，表现出人和自然的和谐氛围。“阳光女孩”来自中央民族大学音乐学院，她们以古筝、二胡、琵琶、笛子、扬琴等乐器演奏，融进“春江花月夜”、“小河淌水”、“茉莉花”的旋律，中国馆主题曲《大自然之声》就从艺术家的手中飞出。

中国馆入口前有演出时间表，每到阳光乐队演出前十分钟，必有参观者在演出台前席地就坐，静候开演。随着乐声响起，更多的参观者涌入，高峰时挤得水泄不通。

爱知世博会自2005年4月25日开幕以来，中国馆是观众多的展馆。入场观众中平均三人中有一人看中国馆。由于采取双层展示空间形式，以双螺旋步道连接，无形中多出近千平米面积，从展示空间来说在外国馆中是最大的。馆内还有介绍中国的多屏幕影视，以及礼品售卖厅，每当大厅里30分钟一场的演奏结束，虽曲终而人不散，观众可以继续在馆内流连。

中国馆以“自然、城市、和谐——生活的艺术”为主题。独特的设计与展示，体现了中国人与自然共生的哲学。中国馆外观的红与绿的色调，十二生肖图案板与米黄色的仿活字印刷“百家姓”块状装饰内外重叠，传统的视觉符号增加了文明千载的沧桑感觉，浮雕墙上祥云中腾跃的飞龙，使中国馆在厚重中平添了几分灵气。

世博会是文化的展示，是文化观、生活观、科学观的交流，人与人间的互动。中国馆的重点是文化交流，包括展示的衣食住行相关物件、被视为国宝级的西汉出土的木乐俑、反映丝绸之路交流的骑驼俑等，把整个艺术空间酿成一种整体氛围，体现中国馆

2

的主题“生活的艺术”,中国人需要不断提升生活品位和水平。

中国馆的亮点之一是为地方服务。组织省市周系列活动，为各省市提供展示经济与文化的平台。世博会期间,除了举办“中国日”活动之外,有 13 个省市的文化周展示其各自的历史、文化、民俗风情、传统工艺、旅游资源,以及经济、社会的进步,不断为爱知世博会增色,可谓精彩纷呈,好戏连台。

3

中国馆入口处有一个特别咨询台，是为 2010 年上海世博会所设。“‘世’是由你、我、他密切结合而成的”——上海世博会的徽章在这里颇为抢手。来自上海的代表说,上海世博会无论从展出面积还是参加国都将超过爱知世博,他们的任务一是推介上海世博,二是把爱知世博当成学习课堂，上海将以海纳百川的精神,协调城市的多彩生活,构筑美的平衡。

4

世博会开园以来，中国馆是中日两国人民的交流平台,厚厚的留言簿见证了友好真情。爱知世博会协会事务局负责人井奥说:“中国和日本是友好邻邦，发展日中友好关系非常重要,通过数百万观众的传递,可以让更多的日本人了解中国。”

5

“从爱知通往上海,从亚洲迈向世界”。世博是展示人类梦想的舞台。人们期待 2010 年的上海世博再次相聚。21 世纪初的两次世博会都在亚洲举办,是亚洲的荣誉,表明亚洲正成为世界经济最有活力的地区。

6

1 参观中国馆的观众。

2 中国馆中心区主舞台以“生命之树”命名,象征着尊重自然,天人合一的中国哲学观。每当“阳光女孩”演奏乐曲,日本观众便自动坐在前面静静地欣赏。

3 沿螺旋步道参观,如穿行于中国文明发展的时光隧道。74 米的浮雕墙上,依次可见河书洛图、楚国箭楼、马王堆龙、汉代画像石造型、杭州六合塔、弥勒佛、三星堆面谱、寒山寺、秦兵马俑等凝聚着中国五千年文明发展历程的浮雕。

4 为北京奥运签名。一位小朋友参观爱知世博会中国馆,祝愿北京奥动会成功。

5 中国馆闭馆前,观众依依不舍。不少人在“从爱知走向上海”闭馆主题前留影,相约 2010 年在上海重逢。

6 薄暮时分,展出半年的爱知世博会中国馆的大门徐徐关闭,与最后一批观众告别。

交流增进友谊

增进中日友好的动力在官方，更在民间，中日友好归根结底是人民的友好。友好的前提是相互理解。交流增进理解，这组图片是在日本平时接触到的小小花絮。

从佐世保市豪斯登堡出发，来自深圳的中学生前往长崎进行修学旅行。带着新鲜与好奇，在长崎豪斯登堡参观了这里的环保设施后，与佐世保市日野中学的学生进行友好交流。欢迎仪式后，两国中学生在教室里用写汉字说英语的方式进行交谈。(2004 年)

千叶县的日中友好留学生会多年来帮助在日本学习的中国留学生排忧解难，时常举行联欢活动。图为中日朋友在一起包饺子。(2004 年)

近年来，日本出现了一股小小的“二胡热”。图为茨城县友协组织的二胡学习班，请中国二胡演奏家教授技艺。(2005 年)

由在日华人学者组成的在日华人教授会议，经常就国内外情况举办讲座。图为在东京郊区举行的交流会上，特请京剧票友讲解京剧知识。(2005 年)

日本旅行社为在日本的华侨华人举办旅行业务旅程管理研修会，教授旅行业务。这是热海市金城旅馆的老板娘向学员们教授日本温泉旅馆的接待礼仪动作。(2003 年)

松山芭蕾舞团长期与中国友好，早在 1955 年就曾根据影片《白毛女》成功创作并上演了《白毛女》芭蕾舞剧，多次受到毛泽东、周恩来等中国领导人的接见。

芭蕾舞团领导人清水正夫表示，松山芭蕾舞团将一如既往地为日中友好和文化交流奋斗不息。图为首席芭蕾舞演员森下洋子和清水哲太郎在演出后与中国朋友交流。(2003 年，东京)

掠影

早大的名誉博士

现任中日友好协会会长宋健是控制论、系统工学、宇航技术专家。鉴于他显赫的业绩，早稻田大学决定授予他名誉博士学位。授予仪式于2004年9月在早大的大隈会馆举行。

早大总长白井克彦在致辞中说，宋健作为一名深受尊敬的科学家，为中国的科技立国战略以及在环境保护、人口控制政策等领域做出创造性的业绩，也为早大与中国的学术交流付出了努力。宋健是继前全国人大副委员长廖承志、前中日友协会长孙平化之后第三位获得该大学名誉博士学位的中国人士。

掠影

海尔亮相银座

东京银座是日本最繁华的商业街，如同北京的王府井。能在银座打出广告，是企业有实力的标志。而今来自中国的企业也在银座亮起第一块广告牌。2003年8月20日晚，在银座四丁目十字路口一角，当海尔集团总裁杨绵绵与到场祝贺的驻日使馆吕公使等联手启动灯箱广告按钮，立在七宝大厦八层楼顶的海尔广告牌豁然亮灯，与京瓷、三得利等日本知名企业的广告比肩而立，为银座美丽的夜空又增加一道光彩。

海尔广告亮相银座，日本的传媒对此评论说，"曾几何时，索尼等日本企业在美国纽约时代广场推出自己的广告牌时，让美国人惊呼日本人来了。今天中国的企业海尔开始以国际品牌的形象出现在日本，其象征意义不言而喻。"朝日新闻认为，它意味着日本企业与中国企业之间已进入对等的伙伴关系阶段。

成龙“出使”东京

为纪念二战结束60周年，回顾日中友好的发展历程，中国国务院新闻办公室于2005年7月28日在东京六本木大厦举行中日关系60周年大型图片展。国际影星成龙和著名乒乓球运动员福原爱作为形象代言人出席。

展览以《和平友好·共创繁荣·中日两国人民友好画卷》为主题，介绍了两国政治家友好合作的史实，聚焦两国民间交流，反映各界人士对中日两关系的期盼。

多彩中华秀

由56个民族组成的中华民族大家庭，民族服装绚丽多彩。2005年6月6日晚，在东京丸之内大厦内举行以“多彩中华”为主题的民族服装秀，让观众如醉如痴。

“多彩中华”是中国民族博物馆精心打造的展示中华民族服饰文化的夺目明珠，曾多次走出国门演示服装秀。在优美的民族乐曲中，模特们以“银装世界”、“梦幻草原”、“天山南北”、“山寒春色、“孔雀之乡”、“金达莱盛开”、“雪域圣地”为主题，展示了中国24个民族的服饰。

1

同饮大碗茶

中国的一个资深新闻记者团在2000年11月在奈良访问时，《奈良日日新闻》的老朋友服部明行提议，用在西大寺喝日本式“大碗茶”的独特方式，“以茶代酒”，款待中国同行。

西大寺是奈良七大寺院之一，首建于称德天皇在位时的公元765年，在13世纪，睿尊上人重建。睿尊上人博学宏才，他制定律法，救贫施医，是位大德。

西大寺住持和服部先生带领我们进入大厅后，在榻榻米上一字坐下。按规矩客人是要“正座”的，因腿没受过训练跪不住，只好盘腿而坐。仪式开始，主人在客人面前摆上叫做金钱饼的小点心，茶师在1米多高处的茶台、风炉、茶釜前表演点茶。制茶器具很有讲究，比起里千家的茶道显得粗旷大气。不一会儿，茶师端出西大寺的秘藏大碗放在客人面前，茶碗口径尺余，如盆似缸，端起来很有重量。茶师将煮好的茶倒入碗内，送到客人面前，示意团员们依次品尝。只见碗内茶沫少许，入口始觉苦涩，旋即有舌根生津之感，茶后再品尝西大寺饼，更觉妙味无比。

西大寺的大碗茶仪式始于延应元年（1239年），是年岁首，睿尊上人为祈祷万民丰乐，身体健康，用巨大容器向朝廷献茶，并请众生饮尝，开创大碗点茶之始。其后700余年，大碗茶会延绵不绝。在当时茶为名贵品的时代，打破上下界限，与民众共饮一碗茶的睿尊之举，堪称功德无量。西大寺的大碗茶也是一种茶道，为品尝大碗茶，每年都有为数两万余人专程造访西大寺。与奈良结为友好城市关系的西安市，还特别制作了中国式的大碗赠给西大寺，品茶之余更添了中日睦邻的亲情。

日本原无饮茶之习，是荣西禅师(1141~1215)留学大宋，把饮茶法传入了日本，他写的《吃茶养生记》宣传茶能“除邪壮五脏”，有提神解渴之功效。二百多年后，有日本茶祖之称的村田珠光(1422~1502)建造茶室，制定礼仪作法，后经武野绍鸥、千利休继承发展，创建了草庵茶道。

2

3

1 初识大碗茶的老李端起大碗一气喝干，直呼：“好茶”！（奈良西大寺）

2 西大寺的茶师在煮茶。

3 来的都是客，品尝日本大碗茶别有一番味道。

永远的邻居

她是日本战后首批当选的女国会议员，曾当选4届众议院议员。她的丈夫是已故前外相、1978年参与签订中日和平友好条约的政治家園田直先生。

为纪念中日邦交正常化30周年，《永远的邻居》日文版出版纪念会于2003年2月在东京的日中友好会馆举行。此书是从30年间刊登在《人民日报》上的文章中选编而成，著名政治家野田毅、全日本华侨总会名誉会长陈焜旺，著名作家石川好先生等朋友约200人出席，中国驻日本大使武大伟也到会祝贺，与会人士共同祝愿中日两国永远做好的邻居。

在出席纪念会的贵宾中，一位身穿和服的典雅女性特别引人注目。她就是前众议员園田天光光先生。

老夫人在讲坛上，披露了鲜为人知的友好花絮：

“……条约签订那年的国庆节，我受到了邓小平阁下的邀请。邓小平阁下对我说：‘您的丈夫是拼了命签约的。我的办公桌上堆满了文件，我想您的丈夫当时也是的吧。不过那时候我和您丈夫连一张纸都没有带就签了字。我们也没有举行外交谈判。作为政治家，要谈就要谈如何使两国人民生活得幸福。’

“園田从北京回来时连脱鞋的气力都没有了，只说了一句：‘总算活着回来了！’就瘫倒在房门前。这个条约是当时从日本带到中国去的三个方案中的第一方案。園田说决定采用第一方案的不是他能定的，而是邓小平阁下表示‘日本不是有三个方案吗？就按第一个吧。’这体现了中国的宽阔大度。中国想到的是未来，也出于日中两国的和平友好是亚洲和世界和平的基础的信念。園田曾留下遗言说：‘今后无论发生什么事，千万要以真心对待。只要以真心对话，所有问题都能冰释。希望以这个条约为基础，构筑两国的幸福关系。’”

她还透露，昭和天皇对和平友好条约的缔结非常高兴。“在签约的那天早上，收到了昭和天皇赏赐的美酒。天皇说，‘直到在与邻居中国签订和平条约之前，都不能算结束了二战，所以希望早日缔结。’我想这是天皇陛下等不及先听报告喜讯就先赏赐给了我们。在中日两国关系的这个重要年分，我要熟读《永远的邻居》，牢记先辈们的心愿，共同筑起两国的亲善和亚洲与世界和平之基……”

老先生把感动带给了到会的每一个人。构筑亲善与和平之基——既是编辑《永远的邻居》一书的初衷，也是两国朋友们的共同心声。近日查阅互联网得知，常常身穿和服出现在众人面前的天光光先生，尽管已是88岁高龄，照样还活跃在十余个NPO团体中，辛勤奉献着余热。

1 出席出版纪念会的天光光先生。

2 《永远的邻居》日文版出席纪念会场。（日中友好会馆）

1

为睦邻谋划未来

在中日间的组织团体中，有一个“非官非民”的机构——中日友好21世纪委员会。起初是在胡耀邦总书记和中曾根首相共同商定下在1984年3月正式成立的，作为两国政府的咨询机构，主要任务是就中日关系的中长期课题进行研究探讨，并向两国政府提出政策建议。

日中友好21世纪委员会的建立，是日中关系进入新时期的象征。双方委员坐在一起纵论日中大事，没有巧言令色，而是坦诚交换意见。中方提出的“中日在21世纪友好的标志”即：“政治上应成为不同社会制度国家长期和平共处的典范；经济上应成为平等互利、共同繁荣的伙伴；文化交往上应成为相互学习、共同进步的好朋友；国际事务中应成为反对战争、维护和平、促进人类进步发展的积极力量”这一认识成了委员会的共识。

自80年代到90年代，中日友好21世纪委员会随中日关系的发展与时俱进，为发展健康的中日关系献计献策。进入21世纪，中国和日本都发生了新变化，中日关系进入新的调整时期。鉴此，两国领导人在2003年利用出席国际会议的机会就成立新一届委员会达成共识。胡锦涛主席希望委员会不负期待，为发展友好关系做出新贡献。同年秋天，成立了中方以郑必坚、日方以小林阳太郎为首席委员、成员包括战略家、学者、企业家、新闻和文化界人士的新一届委员会。

新一届委员会结合近年来中日关系出现的新形势、新特点，集中就两国在政治、经济和安全领域面临的突出问题进行探讨，同年12月在大连举行了首次会议。双方都认为，中日关系面临战略新机遇。中日经济上的双边合作在深化，区域合作迈出实质性步伐，在政治安全领域都面临地区与全球性的课题。中日应该成为互利双赢的伙伴，要以长远和战略眼光看待中日关系，需要从大局出发，发挥政治智慧，化解历史和感情纠葛，力争中日关系顺利转型。新一届委员会肩负重要历史使命，应该通过自己的工作，从各自不同角度和领域为友好合作做实事、做好事，把这些共识转化为政府和人民的共识。

首次会议之后，委员会的会议在两国轮流举行。2006年10月，在青岛举行了第五次会议。这次会议是在安倍首相成功访华，中日关系出现转圜的形势下举行的。日方小林首席委员把会议形容为“虽然是在秋天，却有沐浴春风的畅快”。各位委员高度评价两国领导人就构筑战略性互惠关系、实现中日和平共处、世代友好、互利合作、共同发展的崇高目标达成的共识。为此，建议两国采取各种措施增强战略互信，研究建立有效机制并充分利用各种渠道，妥善处理现有的或可能发生的问题。鉴于民间交流是巩固中日民间友好的基础，包括青少年交流在内，应该以各种形式促进民间交流。同时认为媒体为营造增进相互理解的舆论环境责任重大，有义务加强对彼此国情和社会的理解。

青岛会议结束后，温家宝总理在中南海紫光阁会见了双方成员，赞扬委员会着眼于长远的中日友好，宗旨明确。成立22年来做了大量工作，见证了中日关系发展的过程，为中日友好发挥了重要作用。希望委员会在中日关系的转折阶段研究中日关系中的重大问题，再接再励，做得更好。

中日友好21世纪委员会不负两国人民的重托，继2007年秋田会议之后，仍将继续努力，做好谋划构筑21世纪中日友好的“智囊团”。

2

3

1 新中日友好21世纪委员会举行首次会议。(2003年，中国大连)

2 双方首席委员共同展望未来。(2006年10月，青岛)

3 双方委员出席与日本和中国留学生的对话交流会议。(2006年3月，京都立命馆大学)

4 第六次会议期间，委员们与东京大学、庆应义塾大学的学生就发展中日关系进行政策对话。(2007年6月，东京)

4

名人专访 篇

智者立业　仁者善邻

本篇介绍的人物，来自记者在日本期间的采访记录。他们之中有大政治家、经营大师、艺术大师、养生家、探险家、团体领袖、演员与教授学者，都堪称日本的精英人物。他们以不寻常的业绩贡献于社会，受到传颂与尊敬。在个人的采写经历中，有对中国领导人访问日本的报道，也有日本明仁天皇及竹下登等日本首相访华等报道；见证过日本社会近20多年间的发展变化，也采访过中日间发生的种种事件。政治家之外，接触更多的还是相识的与不相识的民间人士，有公司社长、学者教师、政府职员、乡间农户。在自己的采访记忆中，不管是应邀到日本朋友家共度新年，还是去企业或地方上访问，日本朋友常常在接待室里特意摆上中日两国的国旗欢迎，体现了对中日友好的愿望，让人感到普通日本人的善良。他们的音容笑貌时时在脑海里浮现，留下的是美好的记忆，纸短情长，无法一一列举。

行文至此，心中亦有些许遗憾。千字文，急就章，翻阅过去的报道大有汗颜之处。记者纵使有三头六臂，也不可能让所有采访过的事物见诸报端，新闻报道虽是不完美的工作，但是记录今天、留住历史、传播文明，记者又是幸运的职业。从政治、经济到文化、社会，什么领域都能够涉猎；从政治家、企业家到艺术家，各种人物都能接触，近距离感受到他们的睿智和情怀，那是人生的一大快事；记者在承担现场记录者的同时，自己也成了历史的见证人。

仁者善邻，智者立业。这些日本名人既是仁者也是智者。从这些人物身上可以读出一种对事业的执著与认真、在困难面前不甘示弱与奋发图强的民族精神，可以感受到日本国民中的绝大多数是诚实守信、知礼重情的，也可以感到越是有教养有良知的日本人往往越是表现出对中国的传统文化、对中国人民怀有一份真挚情感。

(2007年8月)

村山富市"豪眉决断"

从熊本市出发，在崎岖的山道上穿行，到达大分市的村山前首相家宅时正是约定的下午2点半。这是一个在十字路口的临街小院。院外是个有四个车位的小停车场，见有一个标着村山名牌的车位空着，就把车停了进去。

门口没有门铃，按日本的习惯，高声说了一声向主人打招呼的话，就见一位穿戴整齐、身板硬朗的慈祥老者迎了出来。勿须再问，那就是多次在公众场合和电视上见过的熟悉身影，日本前首相村山富市先生。从熊本到大分有百十公里路程，后来听说村山先生担心他家不好找，几次打电话问我们在熊本的朋友。看到我们安全抵达很是高兴。

沿着房下走廊，先生把我们引进屋内客厅。客厅不大，一张长条桌子，周围四个沙发，靠墙的一面放着老式的钢琴，上面摆了座钟等几件物品。我们向先生献上一束鲜花，老人极有特点的寿眉下的眼睛眯成一条缝。

村山先生是日本著名政治家，1924年出生于大分县的渔民家庭。村山自幼家境贫寒，靠半工半读完成学业。1972年从政后连续当选众议员，1993年出任社会党委员长。1994年6月，村山当选为社会党、自民党、先驱新党三党联合政府首相。

作为护宪派政治家，村山主张日本走和平国家道路。他在1995年8月战后50周年之际发表了以痛切反省日本当年执行的错误国策，殖民统治和侵略给许多国家，特别是给亚洲各国人民带来巨大损害和痛苦，表示深刻反省和由衷歉意的"村山谈

1

话”。作为首位访问卢沟桥抗日战争纪念馆的日本首相，在纪念馆留言簿上写下了“正视历史，祈日中友好，永久和平”题词。

村山先生的寿眉是有名的，成了漫画家笔下画他的漫像的绝佳特征。他对我说，曾有两根眉毛一直长到眼睛下面，后来剪掉了。他的政治家好友鲸冈兵辅曾送他一幅字，上写“豪眉决断”。想必鲸冈先生的用意不在“豪眉”，而是在赞扬他勇于维护日本和平宪法的“决断”。村山先生虽然年事已高，但作为日中友好协会的最高顾问，一直为日中友好奔波劳碌。但凡有关中日关系的活动和重要庆典，无论是在中国还是在日本总有他的身影。这个月(2005 年 10 月)刚去西安出席了国际“一村一品”研讨会，发表了重要讲话并会见了中国领导人，回来后又去高松市作了中日关系的讲演。

我们送上中国刚出版的《共筑和平与繁荣》的画册请他观赏，他马上找到访华时与中国领导

2

3

4

人在一起合影的照片。他说，战后60年了，建立日本与中国、与亚洲的关系非常重要，日本应该正确地认识历史问题。他认为中日关系肯定会好转，这是大势所趋。正如画册所说，要“构筑和平与繁荣”。

这时夫人端上了茶点，一边点着头说：“中日友好对两国都有益，我们都盼着变好。”夫人中等身材，花白头发，贤淑中透着坚强。夫人喜欢劳动不喜出风头，曾在大分县厅的食堂里干过27年的活儿，村山当国会议员期间也一直在大分留守。村山当首相时也是由在东京的二女儿照顾。夫人说，“村山当首相的消息是我去东京做手术复查时在虎之门病院听说的。”

我们打量着屋内，看上去是新装修过的。村山先生说，“这房子是祖辈留下来的。战时遭受空袭时，周围的房屋大都倒塌，这所房子侥幸留了下来，只是房梁歪了，围墙倒了。家里本来没有钱，加上后来议员竞选活动开销也大，拿不出翻修和盖房的资金，下雨天有时屋里还漏雨，只好凑和着。”夫人说，前些年不断有观光车载着游客到门前参观，导游还专门介绍说：“看，这就是前总理大臣的居所！”曾当过一国首相的政治家的生活简朴如此，令人感动。

村山从首相位退下后老两口与大女儿一起生活。开始时曾有两个警卫人员在家宅执行公务，后来村山不当国会议员了就撤了警卫。村山说，他下来后没有任何特殊待遇，既无警卫也无秘书，接电话等事务都是自己做。老两口的生活全靠自议员年金(数额按当议员的年数发放)。因这几年相对有时间也存了点钱，去年请人作了装修，也修了围墙。说这话时，老政治家的脸上露出欣慰的笑容。

村山家的宅院不大，夫人说院子是由一片小菜园改建的。院内长着几丛茂密的绿草，艳红的南天竹正在开花，靠门处有一个盛清水的石臼，是从邻家引来的井水。

与先生告别时，想在小门前请村山夫妇站好拍照，随着一片“哇”的一声，猛然间跑过来一群附近的学生，不由分说跑到老夫妇身边，笑着跳着争相与老先生留影。村山先生乐呵呵地和大家一起拍照，可见先生与附近的邻居和孩子们相处非常融洽。

(2005年11月)

1 村山前首相和夫人在大分市的家中接受访问。

2 村山先生深情回忆起他在中国访问时的情景。

3 刚出家门，一群中学生跑过来抢先与村山先生合影。

4 村山富士先生的家宅。

细川护熙“晴耕雨陶”

1

细川先生站到工房的辘轳前，温和的目光变得锐利起来，如同一位老练的陶艺师。随着电动辘轳飞速旋转，陶泥在他手中变形。当辘轳停止转动，一只茶碗出现在辘轳台上。雨越下越大，只听到窗外沙沙的雨声。他用一根丝线切割底座，完成定形后，又回到座位上与我交谈。

细川护熙先生，一位改革派的前首相，上世纪 90 年代叱咤风云的人物。1998 年，他在 60 岁时退出政坛，过起晴耕雨读的生活，归隐后又迷上陶艺，雨读外又加上了“雨陶”。

我对细川先生心仪已久。2005 年 9 月的 天，如约前往他在汤河原的家中拜访。汤河原是神奈川县依山傍海的小镇，细川先生的住处原是细川家的别墅，依山而建，有三百来平米的平地和几间平房。院内遍植红白梅、山茶，有株百多年树龄的枝垂樱，还有用迎春花枝蔓编成的篱笆。整天都能听到鸟鸣，以及门前的藤木川的流水声，颇有陶渊明诗中“结庐在人境，而无车马喧”的意境——既离“人境”不远，周围又很僻静。

进入院内，兼做秘书的细川先生的爱女已在等候。在会客室兼作坊里，细川先生起身相迎。还有两位工作的助手在场。

说起来，我与细川先生也有些缘分：在他任熊本县知事时我曾采访过他；他当首相时也写过几篇报道；他以首相身分访华时，我有幸在记者招待会上被他点名提问。十年后，细川先生的面容基本上没有变化，只是没有了当年从政时的“霸气”，感觉像是一位“老大哥”。

我访问“细川大哥”，其实是想见识这位曾执掌过“大印”的人物退隐后的生活。所以一入座便问：您从政多年，当过总理，在60岁时就退隐，是对政治没有留恋吗？还有，位居高位的人习惯于对部下作指示，一旦退下来会不适应，您不感到寂寞吗？

“我对政治丝毫没有留恋。在日本，有些人退下来确实会感到寂寞，但我完全没有。因为我从小时就向往晴耕雨读的生活，到60就退休是早就打算好的。我喜欢陶渊明，喜欢李白、王维、韦应物和寒山的诗。”细川先生说着，一边取出他写的《不东庵的日常》签名送我。书的底页上印有他的书法，是寒山的诗：“茅栋野人居，门前车马疏。林幽偏聚鸟，溪阔本藏鱼。山果携儿摘，皋田共妇锄。家中何所有，唯有一床书。”细川说：“我睡觉的榻榻米上也是堆满了书。”

读了他的书，方知我的发问实属多余。十五六岁就曾参禅、探索人生应如何过的细川，丰富的人生经历使他遍阅人间炎凉，他有对人生无常的慨叹，也有隐者的禅悟与旷达。他喜欢的格言是“人生五十年”、“一日一生涯”。他

2

3

回顾过去的政治人生，感觉如同“邯郸一梦”。人生短暂，永不再来，何不以“一期一会”的心情做喜欢的事，就像一声升空的礼花尽情燃烧？细川谢绝社交而选择了“闲居”。“闲居”，包含着“恬静”，不是闭门不出，而是从会议、案牍、礼仪的繁杂中解脱出来。附近有块农田供他耕作，作陶之余也搞插花，安静读书、以茶会友人，不时外出旅行。还以观赏庭园、寺院为题，撰写纪行文章，享受着属于自己的时光。不过，虽说是晴耕雨读，却因为制陶常常顾不上“晴耕”。

细川护熙出身于豪门世家，他的先祖是15世纪日本战国时代的武士首领，江户时期代代承袭熊本城的藩主。细川在大学毕业后做过六年记者，后来进入政界当过12年参议员，在熊本老

家当过八年的县知事。1992 年，重返政界的细川组建“日本新党”。1993 年 8 月天降大任，时年 55 岁、当选众议员不到一个月的细川以改革者的形象登上首相宝座，细川内阁的建立结束了自民党连续单独执政 38 年的历史。在对外关系中，他坦诚面对历史，主张培育面向未来的日中关系。虽然细川内阁只干了八个月，舆论评论其功过时，说他在任内通过了政治改革法案，“实际做了好几届内阁的工作量”。

1998 年，当了五年众议员的细川退出政坛，在决定今后的爱好时选择了陶艺。他以“非干出名堂不可”的决心，遍访名窑，虚心拜师，即使被骂成“笨蛋”也埋头修行，完全丢掉了“前首相”的虚名。他借当年唐僧西天取经、决不回头的故事，把在汤河原镇的祖宅稍加改造，起名“不东庵”，自己艺号就叫“不东”。

“不东庵”的作坊里摆放着细川先生制作的茶碗、茶杯、酒壶等陶艺作品。他说他特别崇尚安土桃山时代的古色，如弘法大师所说，“以似古迹为巧，以拟古意为善”，力求做出与之相近的作品。使用的陶土来自九州，一部分来自名古屋美浓地区。他制作的“乐茶碗”，要在陶土中掺加用京都加茂川河床里的石头磨成的粉末，上釉后放在窑里用 1200 度高温烧制。安土桃山时代的 50 年间，是日本充满创造精神的时代，日本的茶汤(道)、生花(道)、绘画艺术，都形成于那个时期。

日本的陶艺与中国不同。中国陶瓷力求完美，日本陶艺追求古拙。中国讲究正圆，日本崇尚不均衡。正圆形有力度，不均衡有柔性。人称鉴赏家上班之前看中国陶瓷，会产生力量；下班后把玩高丽瓷或日本陶器，能消除疲劳。细川认为，日本的茶陶以微妙的歪斜随意为美，万物朦胧中有日本精神的投影。不均衡、不完整也是美，因为人也不是完美的。这种美学意识从安土桃山时代一直延续至今。

细川也以茶汤待客。他的先祖细川幽斋是茶汤大家，幽斋之子三斋是日本茶道集大成者千利休的弟子。他在不东庵的山坡上修建了只有 6 平米的茶室“一夜亭”，偶有挚友来访，他便在“一夜亭”里用自己烧制的茶碗为嘉宾上茶。他的草庵茶提倡主客随意，可穿便装盘腿而坐。他认为现在的茶会过于追求形式，规定了许多套数，注意力放在席间的动作上，要把碗转三下什么的，几乎到了忽略品味茶香本身的地步。

我拿出中国出版的照片集，里面有细川总理访华时的照片。上面写着：日本国总理细川护熙访华时参观北京北太平庄自由市场。细川总理高兴地举着一个经营水果的个体户送给他的大西瓜。我问：那西瓜后来您吃了吗？他开心地笑了。他告诉我，虽然在不当首相后曾四五次访华，但还有一个未了的心愿，就是很想看看陶渊明、李白等大诗人生活过的地方，还想访问各地的名窑，并与中国的行家切磋陶艺。

1 细川先生在他的工房兼接待室里专注于陶艺。

2 曾掌管过一国首相大印的双手，如今转动着辘轳，做起了茶碗。

3 不东(细川)先生的作品曾多次在东京展出，得到很高评价。这是他向笔者介绍自己制作的“乐茶碗”作品。

4 细川先生自建的“一夜亭”茶亭，内部不足 6 平方米，高兴时约三二好友，不拘礼仪，盘腿而坐，品茗赏陶，怡然自得。

5 雨中的“不东庵”。访问那天正下起大雨，细川真正享受着“晴耕雨陶”的惬意。

4

5

野田先生在选区

众议员野田毅先生是位资深政治家，在他30多年的政治生涯中，做过保守党的党首，出任过建设大臣、自治大臣、经济企划厅长官。从1972年进入政界至今，在12届大选中连选连任，无一落选，在日本政治家中属为数不多的一位。

1

野田夫妇是中国的老朋友了。野田先生现在担任日中友好团体之一日中协会的会长，为中日关系发展奔走呼号，热心组织政治、经济界人士到中国访问交流。野田绿夫人还担任中国留学生朋友之会的干事长，经常为中国留学生们举办与日本社会的交流学习活动，帮助他们解决学习中的困难。2005年秋天的一个星期天，我在野田先生的选区目睹了他与选民的交往活动。

野田毅先生的家在九州的熊本县，选区跨熊本与荒尾两市，从东京坐飞机要两个小时。野田先生夫妇每星期回选区一次，所谓“金归月来”，即周五回选区，周一返回东京。在选区，除国会为每位议员配的两位秘书外，野田先生在熊本还有四位秘书负责在选区的活动。二子石秘书长是野田在熊本的事务大总管，跟随野田先生30多年，忠心耿耿。他说近来野田每到休息日都回选区，日程安排得很满，一是向支持他当选的后援会等支持者道谢，二是一如既往体察民情。大凡有利于选民的事，比如选民的婚丧嫁娶、升学就业、跑项目和城建规划工程等，野田先生都极为热心。野田绿夫人也是一样，又是出席妇女集会，又是向支持者道谢，忙个不停。“妇女能顶半边天”的话在夫人身上完全适用，野田先生所以连选连任，除了他本人的声望外，待人诚恳、在选区人缘甚高的野田绿夫人要数头功；听人说，有的选民投野田的票“也有看在夫人份上的成分”。竞选期间夫人迈开双脚走门串户，其“劳动强度”难有人比。夫人笑着说：“有人给我做了统计，说我选举期间每向一批选民宣讲平均‘鞠七次躬’，而我一天下来要拜访700批。”

2

我们在中午时分赶到熊本市，得知野田先生上午已参加了两个市民集会，中午又赶去出席老朋友村上家长子的婚宴，作为贵宾，他祝福有情人终成眷属，祈愿新郎新娘和合美满。他还强调，由于日本处于低生育期，为日本民族长远繁衍，希望早生多生儿女。对当事人来说，著名政治家出席婚宴、出席者聆听国会议员讲话也是一种荣誉，我看到新婚夫妇脸上洋溢着特别的喜悦。等到婚宴过半，野田先生又驱车前往天明地方视察临海堤防边上的一片民宅地。此地是他

3

的传统选区，这次是接到当地的陈情，那里出现地盘下沉，有几处民居地面出现裂痕。到底是有国会议员视察分量不同，国土交通省（部）驻熊本县代表、熊本市政府和当地居民的代表早在等候。野田同他们握手寒暄后，认真听取了介绍，实地勘察，并与町会代表进行恳谈，席间对选举中对他的支持表示感谢，同时表示尽可能早日解除居民的后顾之忧，在场的人士对野田先生的话认真作了记录。看得出，当地居民也对他表现出极大的敬重。据了解，像熊本港的重建、为表山隧道工程施工，协助到中央跑项目等，他为家乡父老做了许多好事，以自己的业绩在选民中建立起崇高声望。

日本的国会议员又称"代议士"，是指作为国民选出的代表，受国民的全面委托从事政治活动。议员的地位来自选民手中的选票，选民的信赖是政治家的生命，离开选民的支持如同鱼离水、瓜离秧。已故政治家大野睦伴说，"政治是义理与人情的世界"，"猴子从树上掉下来还是猴子，而代议士如落选则什么都不是"。如果说议员在东京须要把握政局动向，研究政策，重点思考内政外交、"天下国家"等大问题，在选区则要为选民做实事，通过建立业绩"耕耘"选区，在中央和地方之间寻找接点。野田先生夫妇一年有一半的休息日是在选区度过的，主要是倾听民声，打理民事。由于长年来往于东京和选区，已习惯于脑筋的转换，他说他脑袋上好像有个"开关"，如果去选区，上了飞机就想选民的事，回东京时则转而思考国家战略等政治大事。野田说，他最喜欢的座右铭是圣德太子提出过的"背私向公"。

野田先生不是那种只想选区不看世界的政治家，他一直为发展中日睦邻友好奔走呼号，以战略目光看待中日关系。他主张中日两国相互协作，在东亚形成"双核心的椭圆形"，谋求地区和平与繁荣。中日两国需要的是良性互动而不是结怨，他认为日本应学会"换位思考"，设身处地体谅对方。突然想到，在日本，称为"先生"的有三种人：政治家、老师、医生。野田毅以其政治品格，"先生"之称当之无愧。

1 野田先生和贤内助野田绿夫人。

2 野田先生在选区视察民情，听取当地选民的意见和生活苦衷。有实力的政治家的视察活动，常有相关官员陪同。

3 野田先生了解老百姓反映的临海地区地盘下沉情况。

4 出席当地后援会朋友亲属的宴会，祝福新郎新妇百年好合。

4

1

成功的企业家都有自己的人生理念与经营哲学，他们从成功和挫折中体会到，在利与义之间，“先义而后利者荣”。稻盛和夫先生信奉“敬天爱人”的人生哲学，凭着他的“人生方程式”，创立了日本京瓷公司与KDDI电信公司，被人尊为“经营大师”。

稻盛的成功方程式

稻盛赚钱不忘奉献社会。他投入巨额私财成立稻盛财团，设立了“京都奖”。他曾多次在中国作企业经营讲演，为中国西部地区的贫困学生设立了“西部开发奖学基金”，被中日友协授予“友好使者”称号。2004年6月，我在京都对这位久负盛名的经营大师进行了访谈。

接受表彰羞愧难当，回报社会设立大奖

问：中国人对“京都奖”还比较陌生，设奖的目的是什么？

稻盛：原因有两个。一是我本人创立的京瓷公司如今已成为一个大的优秀公司，我本人是京瓷的大股东，有了资产。京瓷公司是在我的人生旅途中，在众人的厚待下发展起来的，我一直认为我的财产是社会委托我保管的，所以一直想回报给社会，为社会、为民众使用。再一个原因是在京瓷发展过程中我得过不少技术发明奖和优秀经营者奖，令我最感动的是东京理科大学的判教授创立的奖项，他把出售专利得到的钱奖给为技术开发作出贡献的人，我是首批获奖者。但后来得知判教授其实并没有什么资产，奖金全靠有限的专利使用费。我从这位清贫的教授手中领奖时大感羞愧，从那时起我开始思考如何有效运用上帝赐予我的巨额金钱。我想到有很多学者、技术人员纵有优秀成果却与获奖无缘的现状，产生了设立一个能与诺贝尔奖匹敌的世界性国际奖项的念头。

2

3

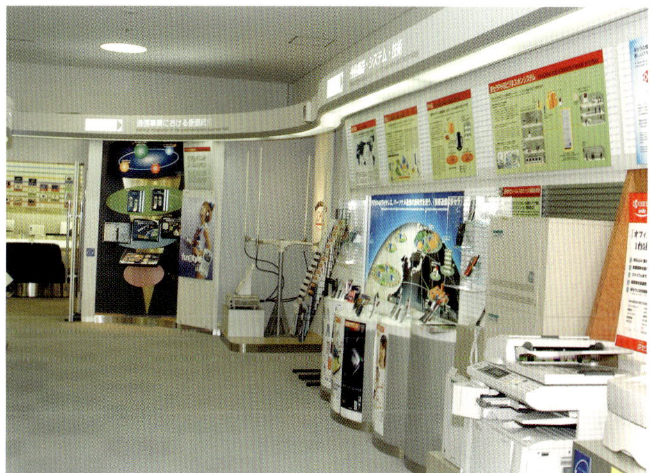

4

算起来，设立“京都奖”距今刚好是 20 周年。

削发入寺磨练灵魂，一枚硬币震撼心灵

问：您在几年前曾进入佛门，能谈谈是基于什么考虑吗？

稻盛：在我的人生观念里，出生后最初 20 年是学习社会诸般事情的阶段，是为进入社会作准备。日本人一般到 60 岁退休，有 40 年拼命工作。以人生寿命 80 岁计算，还剩 20 年。60 岁对我来说是新旅途的开始。所谓人生就是在迎接死亡的时候，经历过人生波涛的冲击和历练的灵魂应该仁慈。我老早就打算一到 60 岁就退下来，但因公司有好多事情没有做完，到了 65 岁不能再拖了。临济宗妙心寺派本山管长西片詹雪老师是我的至交，老师对我说：“非常愿意为您剃度。”于是我就削发入寺修行，为此把公司的工作全推掉了。想不到做体检时发现胃癌，必须马上手术，两件事碰到了一起。说来巧合，原择定入寺的日子正是入院做手术的日子。6 月底做手术，9 月出院时走路还摇摇晃晃，就接受了剃度。几年过去，现在非常健康。

问：您有仁慈的相貌，用中国话说有“佛性”。听说您作过托钵修行，在需要帮助时有位老妇施舍您一枚硬币，很受感动？

稻盛：那时是在寺里修行的时候外出化缘，托钵修行。寺里的游方僧起得很早，出发时脚穿草鞋，头戴一种能遮脸的斗笠，胸前挂上头陀袋，用来盛化缘来的米、菜。有一天从早晨 7 点出门后不停地走——我本是大公司的社长，外出是坐专车、穿皮鞋的——因为是赤脚穿草鞋，走着走着脚趾碰到水泥地或路上的石子渗出了血，非常痛。化缘资格比我老、年纪比我年轻很多的云水僧（游方僧）领着我走了一家又一家。中午时分，我被一位老信徒请到他家用餐，进门后我和师兄在佛坛前坐下，手持佛珠念经，向这家的先祖行供养之礼，然后被引进内屋。这家的主妇见了我有些意外，对师兄说：“哟，今天领来的这位新云水年龄可不小哇！”面条端了上来，妇人盯着我的脸问：“您为什么上了岁数才入佛门修行呢？”这下我犯难了，最后还是师兄说了：“也就是在这儿说，这位是稻盛先生。”妇人恍然大悟：“您就是那位稻盛先生啊，在报上和电视上经常见到您。没想到今天来了一位大人物，真是失礼了。”大家都笑了。饭后与妇人告别，又去了几家，收到不少布施。到黄昏时分，也许过于疲劳，走路有些蹒跚。这时一位手拿扫帚的老妇人朝我走来，边走边说：“您辛苦了。”又说：“您一定饿了，买个面包什么的吃吧。”说着就递给我一枚五百日元的硬币。我按照接受布施的礼节张开袋子收下硬币，在我说着“多多感谢”的瞬间，突然感到平生从没有体验过的感动从肺腑升起，欢喜的暖流全身奔流，泪水无意识中顺着脸颊流淌。不知过了多少时候，等我重又恢复知觉时，

发现自己正朝着寺院的方向在一条山间小道上攀登。那位老妇人的慈悲撞击了我的心灵，这是修行时体验到的最高激情。

企业经营有秘诀，理念能力加热情

问：作为两个世界500强企业的缔造者，企业经营的最大“秘诀”是什么？

稻盛：人生与经营活动都是相通的。有什么样的观念、信奉什么哲学最为关键。我发现，取得事业和人生的成功的方程式是三个因数相乘：这就是理念×能力×热情。

应该拥有闪光的人生理念、思考方式，通过辛勤劳动得来的成果，尽量为社会、为他人奉献。只想“轻而易举赚大钱”，会把事情弄糟。举例说，职工为了你的事业拼命工作，你就应该想着为职工谋幸福，而不是单纯放手赚钱。

当然还需要有能力，作为经营者必须制定战略战术，还要具备热情与执著的精神，成功经营是“理念、能力、热情”三大要素相乘的结果。虽然能力平平但勤奋努力的人要比虽有能力却以能力自居的人成果大得多；如果一个人思维不清，或者说其理念是邪的，那就是负数，用负数相乘所得的积也就是负数了。我认为，在三个要素中最重要的是理念和热情。

以德为邻共行王道，寄情西部助困扶贫

问：您访问中国进行讲演时用过“王道”这个词。您对发展中日关系以及亚洲的和平与发展有何见解？

稻盛：我认为21世纪不仅对亚洲，对全世界来说都应当是辉煌的世纪。为了亚洲各国的繁荣发展，应本着“先人后己”即首先为他人的幸福着想、尽力成全他人的想法处事，为他人着想必然对己有利。特别是日本最先在亚洲成了经济强国，应率先垂范，为亚洲民众作奉献。

我所理解的“王道”是说对任何事物都不要靠蛮力，比如经济实力、技术实力等等，而应“以德为邻”。孔子和孟子无数次提到过“德”，圣贤教诲我们做人就应有德，因此我今生也必须以德行事。“王道”这个词是引用孙中山先生来日本时在神户讲演时的文章。“王道”是东方了不起的普遍文明，日本也好，中国也好，都要以德为邻，以关爱之心共同走“王道”之路。

问：您出资援助中国西部地区穷困学生，是出于什么想法才有如此善举？

稻盛：京瓷在广东东莞和上海建了很大的工厂，目睹了中国巨变。我听说中国沿海和内陆地区经济发展差距成了突出问题，政府为此制定了“西部大开发”政策，我对中国领导人倡导的“西部大开发”有共鸣。就自己来说，二战中我的家被战火烧尽，生活贫困，能上大学靠的完全是国家的奖学金。我想用给学习好而家庭贫困的孩子发奖学金的办法为西部地区培养人才。但有个条件，一是家庭贫困学生，二是在西部上学，三是毕业后在当地工作。我想为西部开发与富裕助一臂之力，把自己童年时代得到的恩惠，呈送给远在中国西部的孩子。

1 著名经营大师稻盛和夫先生接受采访。

2 稻盛先生投入巨资成立的稻盛财团，每年都颁发“京都奖”，奖给那些为人类的文明与进步作出贡献的杰出人士。图为第20届“京都奖”颁奖仪式。（京都国际文化会馆）

3 稻盛先生倾心佛教，被授以“大和禅士”号，临济宗禅宗寺院圆福寺专为稻盛先生准备了坐禅的位置。

4 京瓷公司的部分产品展示。（京都京瓷公司总部）

5 稻盛先生资助中国内陆地区的贫困学生完成学业。这是他出席中国西部开发奖学金的发放仪式。（兰州大学）

1

张会长谈“日本制造”

丰田汽车公司是日本排名第一的生产企业。至 2006 财年，它的营业收入达到 1800 多亿美元，纯利润接近 120 亿美元。其理念是以“通过汽车创造富裕社会，做国际社会信赖的优秀企业公民”。日本汽车业界的领军人物、丰田公司社长张富士夫(现任公司会长)接受了我的访谈。

制造业是日本经济的基点

——日本越来越强调制造业的重要。您曾多次呼吁，应把制造产品视为日本经济的基点和未来的产业先导。日本为何重视“物”的生产?

张：日本没有资源，所需要的原料都要靠进口。为了换回日本缺少的石油、粮食等资源，日本走上了一条贸易立国的道路：进口原材料，自己加工，制造诸如家电、汽车等产品，然后出口赚钱。在这个过程中，基础性的东西就是制造，日本从明治时代以来发展的基础就是制造业。至今，制造业仍然是日本经济的基点。

——全球制造企业奉丰田生产方式为楷模，提出向丰田学习的口号。丰田生产方式的精髓在什么地方?

张：丰田生产方式是提高企业生命力的一整套概念和方法的体系。管理者和雇员对生产中的每一个工序的动作，每一件物品的堆放，人员、材料或设备的等待时间进行了精确的计算，从而有效地消除了企业在人力、设备和材料使用中的浪费。比如，我们假设一个工厂有两班，每班工作 460 分钟，如果我们需要完成每天 400 辆的订货，那么生产节拍将是约 2.3 分钟生产一辆车。如果我们的订货量增加到每天 500 辆，我们的生产节拍则缩短到 1.84 分钟。我们据此计算全部所用工件的生产节拍。如果一个车型的节拍是 2 分钟，则发动机的节拍也应是 2 分钟，而用于安装 4 个车轮 20 个紧固螺母的时间节拍就是 6 秒

2

3

钟一个。在人们学会辨别并消除浪费时，质量也会随生产效率而提高。通过杜绝次品来消除浪费是丰田生产方式的重要特征。效率提高了，生产成本自然也就得到了控制。

知恩图报推广丰田方式

——丰田生产方式是如何诞生的？

张：丰田生产方式的创立有赖于三位杰出人物：丰田创始人丰田佐吉；其子丰田喜一郎；我的老师、曾担任生产工程师的大野耐一先生。

丰田公司是靠织布机发展起来的。1902年，丰田佐吉发明了自动纺织机，无论是经线还是纬线，只要有一根断线，纺织机就会自动停下来，这个发明降低了不良品比例，提高了产量。设计这样的生产设备，可以在故障发生时使机器自动停止运转并引起现场人员的注意，这个原则奠定了丰田生产方式的基础。

后来，丰田佐吉和他的儿子喜一郎把织布机的专利权卖给了一家英国公司，用这笔钱开办了汽车制造厂。喜一郎远赴美国学习了福特汽车的生产系统，他回来后提出，在装配生产线的各个工序消除库存积压，每一道工序只有在下一道工序需要的时候，才生产所需种类和数量的零部件。这就如同家庭主妇根据自己家的冰箱库存到街上买菜，只买需要的，不会造成积压浪费。这成为丰田"准时生产方式"的基础。

在将丰田生产方式化为完整框架的过程中，大野耐一是最大功臣，他开发了一系列工具，在系统化的框架中实践这种生产方式。我自己是生产的改善者、价格降低者，我决策的出发点在于发现浪费，分清什么是无用、什么是有用。

——丰田为什么乐于把丰田生产方式传授给其他企业？

张：二三十年前，很多日本企业对丰田生产方式很关注，我们的前辈们为日本的发展，毫无保留地把自己的技术介绍给了他们，使日本成为了制造业的中心。现在我们正在海外拓展事业，所以让人们了解和熟悉丰田生产方式十分重要。历史上，丰田从亨利·福特这样的美国人那里获得了巨大的收益，我们希望能够知恩图报。

"在车间里走直道的家伙干不成事"

——丰田对员工的培训是"一半教室一半现场"，这是丰田的企业文化吗？

张：是的，丰田企业文化是"重视现场现物"。丰田公司的第二代继承人喜一郎先生特别重视在现场发现问题、解决问题，这一传统一直延续下来。在刚参加工作时，上司经常问我："到没到过现场？"问过三次后，我只好去见上司之前先去看现场，因为如果不去就会挨训，大家就养成了习惯。

"重视现场现物"的企业文化的重要特点是不怕失败，从失败中学习，找出改进办法。例如，产品出现次品时，不能说不行，而要说出具体原因。上司要求你当场回答五个为什么，就如同你们写新闻的五个要素。找到出错的真正原因，错误就不会重犯。

重视现场也培养了团队精神。一旦有事，大家一起想办法，解决问题，为了能相互帮助，也就出现了"多能工"。搞生产，只是每天打着领带坐在有空调的办公室里是不行的。

——听说丰田有种说法："在车间走直道的家伙干不成事。"此话怎么讲？

张：当时我的上司是负责质量管理的大野副社长，他说："在车间里走直道的家伙干不成事，应该做到下车间时人们碰到你会说'请你过来一下'，这里那里都找你，拐弯不走直道，这样的人才可靠。"

前辈们常说"百闻不如一见"，进而强调"百见不如一行"，这是彻底的现场主义、实践第一的思想。现场主义、重视研究是丰田方式的精髓。

——听说丰田"现场现物"的前提是"育人"，为什么"育人"这么重要？

张：物的生产先从育人做起，要尊重人，给人以思考余地，自动化应该是带"人"字旁的自动化（日语中的"动"字加"人"字旁），这是丰田方式的精髓。前辈曾说过，一名职员一生在企业工作，大体上干 40 年退休，新进来的人对企业不了解，不懂技术，更不知道企业文化。从公司的角度看，经过十年，约有 25%的人对公司不熟悉，过 20 年后会有半数的人不了解，如果不重视培养，过不多久，了解公司价值观的人就没有了，所以育人对企业来说绝对需要。尤其是制造行业，生产是从失败中学习、不断进行改良的过程，这不是在教室里就能掌握的。传统与技术的继承，需要代代相传下去，所以定期对职工进行培训是极为重要的。

中国汽车企业要重视销售

——中国人听到"张"这个姓，往往会联想到是否与中国有关。

张：在日本姓张的人确实不多。张家的祖上在九州岛的佐贺县，此地有重学问的传统，古时有不少从中国来的人到此地居住。我的先祖很可能是古代从中国过来教学问的。我的中国朋友见到我也开玩笑说："您是位中国人。"

我本人与中国也很有渊源。我生在中国大连，曾在北京度过一段童年时光。我还依稀记得孩提时代在北京东单附近生活过的地方。我也多次访问中国，中国有丰田的事业，有我的梦。

——您怎么看待中国汽车市场？

张：中国市场以每年 100 万辆车的速度增加，随着北京奥运会、上海世博会的举办，中国成为世界第一大汽车保有国只是时间问题。丰田公司在中国有 12 家生产企业，要在竞争激烈的中国市场取胜，各大汽车公司都在探索新的战略。丰田在中国的目标，首先是尽快建立销售网络，争取在 2010 年达到中国市场占有率的 10%；另外要融入中国社会，做好的"企业公民"。

——对于中国的汽车企业，您有什么建议？

张：销售、生产、研发是企业的三个支点，要形成良性互动。销售是生产的先导，销售极重要的作用是接受反馈，认真听取客户要求。顾客先是买车，通过开车逐渐了解车子性能，好与不好，客户会提出各种意见，所以销售是设计和改进的第一步。我们希望在中国建立强有力的销售体系。

4

1 丰田汽车公司会长张富士夫接受采访。

2 丰田公司奉行"现场现物主义"，图为丰田技工学校的学员在车间现场学习。

3 图为丰田公司在中国的员工在河北省丰宁县的"21 世纪中国首都圈环保示范基地"参加植树造林活动。

4 丰田汽车公司的组装生产线。（元町工厂）

今日李香兰

人生旅途，最难把握的也许是“命运”。战前在中日之间活动的有两个日本名都发音“Yoshiko”的传奇女子，两人在历史浪涛中相识相交，却经历了不同的命运。两人中一个叫川岛芳子，清王朝肃亲王善耆之女，中国名叫金碧辉，作为日本人川岛浪速的养女在日本受的教育，回国后女扮男装，被委任以“安国军司令”，参加日军进攻中国抗日力量的活动，战后被国民政府以汉奸罪枪决；另一位“Yoshiko”是山口淑子，中国名叫李香兰，本文的主人公。

1

人生波澜心怀故国

山口淑子一生波澜起伏。战前曾以李香兰之名、演员和歌手之身走红中国南北。日本的战败是她人生转折，一纸日本国籍证明使她摆脱了“汉奸罪”被释放回国，告别了“李香兰”。战后初期又进入日本影坛；1958 年与外交官大鹰弘堕入爱河，有情人终成眷属，改姓大鹰，当起了外交官夫人；1969 年她又圆了记者梦，当起了富士电视台的新闻主持人，还前往越南、柬埔寨、中东等战争前线，去过巴基斯坦难民营，采访过阿拉法特、曼德拉、日本赤军干部重信房子等风云人物。1974 年，频频在电视上出镜的大鹰淑子在田中角荣的劝说下竞选参议员，从此做了 18 年的参议院议员……

2004 年 8 月，日本经济新闻连载了她的人生经历，感动了不少读者。在“我的履历书”里，她真情回顾了作为电视主持人转播 1972 年中日邦交正常化时周恩来和田中角荣紧紧握手的历史瞬间，也表达了对她的挚友、苏联籍公民柳芭的哥哥被侵华日军 731 部队当成生化武器试验品的悲愤之情。她说，“我从记事时起就处在战争的漩涡里，被国与国、人与人间的杀戮所围困。”山口淑子一生中有多个名字：李香兰、潘淑华、山口夏里、野口淑子、大鹰淑子、贾米拉(美丽妈妈)，名字的转换“既起因于人生的转换，更是受无法抗争的时代所驱使”。

山口淑子的人生传奇使我心动。在日本外国新闻中心协助下，2004 年一个冬日的下午，在日本记者俱乐部的贵宾会客室里，淑子先生接受了我的专访。她现在住在东京都的一栋闹中取静的公寓里，门牌上的名字是“山口(大鹰)淑子”。当身穿淡蓝色的衣裙、戴一条彩巾的山口淑子——昔日的“李香兰”迈着轻盈脚步出现在面前时，谁都不会相信这位 84 岁高龄的老人竟有如此年轻的外貌。由于她有过电视记者的经历，一见面就有种同行意识。她说她最喜欢的职业就是新闻记者，也很喜欢记者俱乐部里的气氛。令人感到亲切的还有她一口标准的北京话，过了半个多世纪仍然“乡音未改”。多年做政治家的经历，使她在谦和中更多了一份庄重。

山口先生对我说，她在做议员时见过邓小平等中国领导人，也见过胡锦涛先生，多次访问过中国。淑子打开她保存的画册，让我们看邓小平 1978 年访问日本时在田中角荣家中的合影。她说上世纪 70 年代到朝鲜和中国去时，金日成和中日友协的孙平化都说过曾看过她主演的电影《万世流芳》。画册里还有她年轻时与周璇、陈云裳、白杨等中国演员的合影。她还愉快地回忆起1978年作为日本环境访华团团长访华，时隔30多年重访长春电影制片厂，她这位“金鱼美人”受“古典美人”郑晓君、“妖艳美人”白玫、“活泼美人”夏佩杰、“永远青年”浦克等同行欢迎的情景。她说：“我有两个祖国，中国和日本，中国是养育我的母亲之国，日本是我的父亲之国。中国是我的故乡，所以去中国应该说‘回’中国。”

2

青春时代苦恼多多

回忆过去有时需要勇气，尤其对某些特定的事件。淑子有时也是这样，她在执笔写《李香兰——我的半生》时，重看战前由她主演的影片，有时会陷入“自我厌恶”的悔恨情感。她想与过去的李香兰告别，却又无法割舍。

3

山口淑子1920年生于一个汉学世家，父亲早年到中国学习，后来任职于“满铁”公司。生在沈阳、迁居抚顺的淑子，12岁时留在脑海里的强烈印象不是绿色而是血红——1932年夏秋，她亲眼看到几名被绑着的中国人被日本宪兵当场枪杀、血肉模糊的情景。后来知道那是与平顶山惨案——3000中国平民遭日军屠杀的事件。半个世纪以后，她访华时参观了平顶山殉难同胞遗骨馆，唤起了孩提时代的恶梦，深感是战争使人变得疯狂，使国家和时代都变得疯狂。

平顶山事件也曾使淑子一家受到牵连，父亲以“通敌”嫌疑受到拘留，事后一家迁居沈阳。淑子13岁时做了父亲的中国同学的养女，有了个好听的名字——李香兰。当时她邂逅白俄女孩柳芭，有机会跟一位俄罗斯声乐家学起了声乐，开发了她的音乐天分。这一时期，日本为推行“日满亲善”、“五族协和”的怀柔政策，决定在电台上播放“满州新歌曲”，既懂日语又会北京话的李香兰于是作为“少女歌手”被推上舞台。14岁时，淑子前往北京读书，做了天津市长潘毓桂的干女儿，取名潘淑华。1937年，由满铁公司出资的电影公司“满映”成立，在北京翊教女中毕业的李香兰，在日本陆军少佐山家亨的撮合下，成了满映的专属演员。她主演的第一部电影《蜜月快车》奠定了她“懂日语的中国少女影星”的地位，此后她先后演出了《支那之夜》、《热砂誓言》、《白兰之歌》等被称为“大陆三部作”的影片。她说，“在那个战争年代，为了生存，我的确是拼足了力气学唱歌。”淑子对这些曾为日本军国主义的国策服务、歧视中国人的电影感到内疚。因受不住作为“李香兰”的重压，淑子在1944年从满映辞职，客居上海。1945年日本战败，李香兰初以“汉奸罪”嫌疑受审，后被军事法庭宣布无罪。当中国法官宣布“虽然因有日本人的身份构不成‘汉奸罪’，但有伦理上、道义上的问题，对以中国人的艺名演出的《支那之夜》等一系列电影，本法庭感到遗憾”时，她陈述说，“虽说因年轻但考虑愚昧，表示道歉。”1946年2月，山口淑子被释放回国。

寄语世人勿忘历史

淑子女士对我说，她有两件终生难忘的事。一是在1938年10月她18岁时作为“日满亲善”代表头一次回日本，兴奋之中的她，万万没有想到当交验了护照刚要下船时，听到官员凶狠斥责：“你这东西还是日本人哪，一等国民却穿三等国的支那服，说支那话，不觉羞耻吗！”她说当时她都蒙了，不明白那个日本人为什么说那种话，当时强烈的念头就是厌恶，为此十分苦恼。后来在东京，当她身穿中国服演唱中国歌曲时，掌声中也时不时夹着“清国佬”的漫骂。这使淑子对祖国日本开始幻灭，她感到可悲的，“是祖国的日本人对我出生的中国——我的母亲之国的侮辱”。

另一件事是她向中国人道歉。1943 年，她参与了中华电影公司拍的《万世流芳》，这是部描写林则徐禁鸦片的历史剧，编导是“满映”负责人岩崎昶（曾因在日本参与无产阶级电影运动的被捕入狱），她扮演了一位诉说鸦片之害的卖糖的少女，唱过《卖糖歌》。多年来大家都认为李香兰是中国人，心情苦闷的淑子很想说明自己是日本人，却找不到机会。在北平的一次记者招待会后，有位年轻记者追上来问她：“李香兰你站住，你不是中国人吗？为什么演出《支那之夜》、《白兰之歌》那样的侮辱中国的电影？你中国人的自豪感到哪里去了？”面对诘问，她如实回答：“那时我年轻不懂事，现在很后悔。向大家赔罪，以后再不干那种事了。”没想到这番话引起一阵掌声。她回忆说，“实际上那时他们已经知道我是日本人，希望我能谢罪。一想起这些，至今还觉得心酸。”

李香兰生活的时代，正是中日两国严重对抗的年代，她的经历也折射出近代中日关系的一个侧面。《李香兰》一书的作者之一藤原作弥说，李香兰在“在祖国日本和故国中国之间的夹缝中受到命运捉弄，度过了苦恼的青春岁月”。她的经历可以形容为“昭和史”——因为“昭和史就是日本侵略中国的历史，在其延长线上发生了太平洋战争的悲剧。”出于对战争与和平的关注，李香兰的经历在日本多次被搬上舞台。上世纪 90 年代初，日本的电视台曾播出以《再见吧，李香兰》为题的电视剧，创下 25%的收视率记录。日本四季剧团创作的歌剧《李香兰》也曾在中日邦交正常化 20 周年时先后在东京和北京演出。

大鹰淑子在中国度过了青少年时代。1975 年，已是国会议员的大鹰淑子访问平壤，时隔 30 年路经北京，受到廖承志会长的盛情宴请。1978 年，她再次访问了留下过青春足迹的北京、上海、哈尔滨和长春。同年 8 月，她含着泪水看了中日缔结和平友好条约的实况转播。

大鹰淑子在东京安度晚年，在退出政界后仍担任着“亚洲女性基金”的副理事长（理事长是前首相村山富市）。她希望以此促成日本政府向战争受害者、当年从军慰安妇道歉赔偿的开始。2005 年是战后 60 周年，她向我透露，日本一家电视台计划再拍摄一部以李香兰的经历为题材的电视片。目前脚本正在构思，她希望能有一位大眼睛的、既懂中文又通日语的演员担纲。

大鹰（山口）淑子说，中日之间有些磨擦，应该正视它，但不能使它积重难返。“中国和日本是我的父亲之国和母亲之国，最不希望见到两国的友好发生问题。如周恩来所说，要以史为鉴。日本人应该用自己的良知清算过去，两国的年轻人要用全新的眼光，认真讨论将来如何友好相处。

（2005 年 1 月）

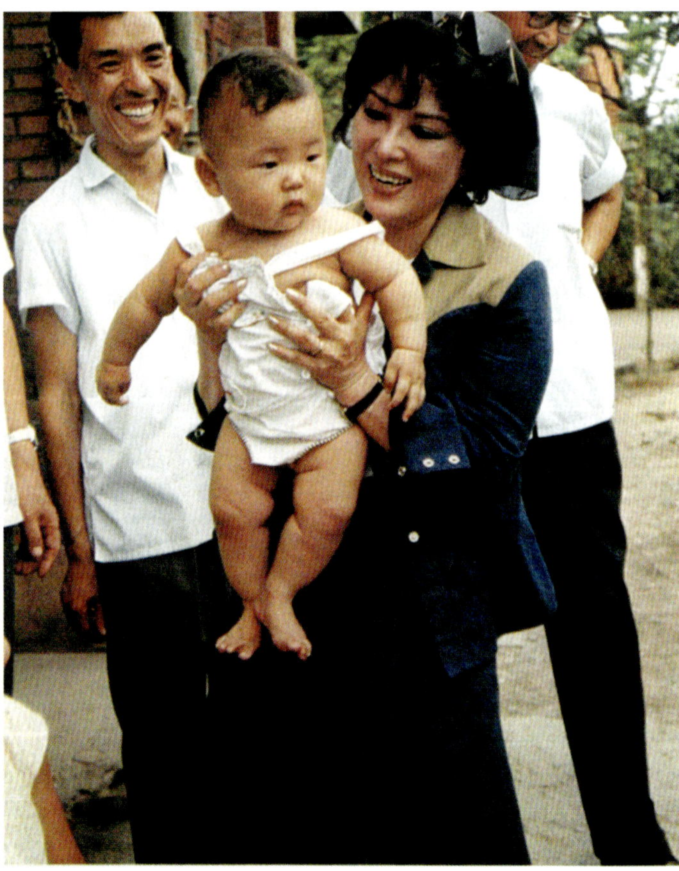

4

1 年逾 80 的李香兰（山口淑子）在东京的日本记者俱乐部接受访问。

2 昔日歌手时代的李香兰。

3 李香兰剧照。

4 大鹰淑子（即李香兰）在 1978 年担任日本政府环境厅次官时再次访问中国。这是她在中国农村访问时的照片。

宗由贵情系少林

多度津是香川县的小镇，因少林寺拳法声名远播。耸立于高坡之上的蓝色琉璃瓦大屋顶，是日本少林寺拳法联盟的“总本山”，这是此地一处特殊景观。

2003年春，我应宗由贵总裁之邀出席了拳法联盟新春“镜开式”。那是源自日本武家社会，为求武艺精进，于正月11日供奉武士盔甲，食圆镜般“具足”饼的习俗。如今一些企业、团体也搞类似仪式，代表们在一声号令之下举槌敲开盛满酒的圆坛子木盖，众人饮酒祝贺，祈求平安祥和。拳法联盟的“镜开式”活动之一是拳士“演武”。

在演武大厅，身着“少林服”的青春少年个个精神抖擞捉对演练，你我攻防，动静有节，本领很是了得。拳士们演练事毕，必定向对方双手合礼，以示敬重。“拳禅一如”、“力爱不二”是少林寺拳法的理念，“一半为自己，一半为他人”是拳士们的幸福观。因2003年也是联盟与中国交流30周年，活动之二是举办“日中交流30周年新春恳亲会”。出席恳亲会的除了当地的社会贤达，还有中国驻大阪总领馆的代表，河南嵩山少林寺方丈释纪信也率团前来祝贺，四名嵩山少林寺的武僧还表演了中国的少林功夫。宗由贵总裁动情地说：“少林寺拳法联盟与中国间的交流转眼间已有30年。1975年我15岁，第一次踏上中国土地，头一次接触中国人，在与中国人的接触中喜欢上了中国。我们为与中国的交流感到自豪。中日两国和而不同，民间的交流也应该与时俱进……”

日本少林寺拳法联盟由祖师宗道臣创建。宗道臣自幼喜武，来中国习练拳法，拜北少林义和门拳宗师文太宗为师，深悟少林精髓。回到日本后，为光大“拳禅一如”法门金刚禅，把在中国所习系统归纳，创立少林拳法，拳士达百万之众。1979年宗道臣先生时隔44年重访嵩山少林寺，主张“亚洲的和平来自日中友好，没有亚洲和平便没有世界的和平”，这成了少林寺拳法联盟积极参加日中友好运动的出发点。中日邦交正常化前后，日本社会上仍有股势力敌视中国，为排除干扰、保证中国访日的朋友安全，拳法联盟的朋友们常不畏风雨，废寝忘食，义务担任警卫。中日友协廖承志会长曾写下“少林豪杰横眉前领，中日友好前程似锦”的诗句赞其真情。百万日本少林拳士对日中友好

3

热情空前高涨。

1980 年宗道臣先生辞世后，他年仅 23 岁的爱女宗由贵毅然挑起总裁重担，历史成就了一位率百万拳士的女领袖。为弘扬禅宗正法，作为百万拳士的新掌门，她与嵩山少林寺进一步加深了法缘，把嵩山少林寺视为“心灵故乡”。1995 年嵩山少林建寺 1500 年，宗由贵率团庆贺这一佛门盛事，多次捐助巨款用于修缮寺院、修复白衣殿壁画等文物。为寻求“磨练之拳打向何处”的理想境界，宗总裁率领拳士专程参观了抚顺“万人坑”，悲叹“父母虽拼命护着最爱的孩子，却挡不住日军的刺刀”，为自己敲起心灵警钟。多年来，拳法联盟广结善缘，照顾中国学生到日本留学，支援河南省的植树计划，发起向中国灾区募捐、援助兴建少林寺希望小学等活动。宗由贵以日中友好的实践赢得人们信赖，先后获得中国颁发的“黄河友谊奖”和“国家友谊奖”，日中友好的队伍里有了一位可靠的女旗手。

4

高耸在少林寺拳法联盟总部的雁塔，那是少林拳士们与祖庭嵩山少林寺交流的象征。赵朴初题诗道：“蓬莱山上现嵩山，万古千秋兄弟亲，雁塔名标豪杰士，少林拳法达摩禅。”

(2003 年 3 月)

1 日本少林寺拳法联盟总裁宗由贵(宗道臣二世)。

2 来自中国少林寺的拳士应邀在日本少林寺拳法联盟总部演示中国武功。

3 日本少林寺拳法联盟的少年拳士新年初次参加训练。

4 中国少林寺住持释永信大师出席日本少林寺拳法联盟举行的与中国友好交往 30 周年的纪念活动，并向宗由贵总裁赠送纪念品。

5 香川县多度郡的日本少林寺拳法联盟总部。照片中的唐塔是仿照西安的大雁塔建造的。

5

心怀慈爱希望梦想好生好老好病好死

活出老年人的精彩

年过九旬仍在医疗第一线，功成名就而奉献不减——养生大师日野原先生是位奇人，活出了老年人的精彩。

日野原重明博士是日本圣路加国际病院理事长，任多个生命研究机构和音乐疗法学会的理事长。作为医生，他每周要作三次巡诊；作为养生专家，他除在大学讲课，每年还向公众作上百次讲演，出版过100本著作和3200篇医学论文。他写的《活出精彩》、《新老人》等著作为老年人所爱；他主张预防重于治疗，首倡把“成人病”改称“生活习惯病”。他成立的由75岁以上的健康老人组成的“新老人会”，受到广泛关注。

1

我对日野原博士心仪已久；他是位大忙人，虽然日程“已排到明年”，但还是同意接受访问。如约赶到圣路加国际病院，博士一见面便快言快语：“下午1点我还要去日野市演讲，途中有一个钟头时间，能不能坐我的车谈谈？”对老人的快节奏只能从命。向他请教养生理念，老人提笔写下“好生好老好病好死”，“心怀梦想希望慈爱，终生保持健康之心”的词句。大师忠告说“好生，好老，好病，好死”是指即使身体有病，也要有健康心态。

我坐进他的车子，里面堆满了资料。车内办公是他多年的习惯，车是他的移动办公室。近距离观察，发现他的青丝多于华发，根本不像一位快到93岁高龄的老人。博士生性简朴，出行不带秘书，总是自己提行李。因为太忙，平常尽量爬楼梯运动。日野原先生说他每天7时起床，凌晨2点上床休息，每天工作18个小时，躺下三分钟就睡着。作为医生，60多年虽守着药房却不吃药，没得过病，从不吃维生素、强壮剂之类，只服用健脑的卵磷脂(lezithin)。

车子在高速路上奔跑。时间过了12点，博士拿出一小袋牛奶、半块点心作午餐，这是他多年的午餐食用量。他说因为是老人，每天只吸收1300大卡热量。早餐喝咖啡，把20克橄榄油掺在奶里喝。外出宴会应酬一般只吃蔬菜沙拉、豆类制品。我问他工作这么忙，身体吃得消吗？他说：“忙是忙，但我有‘满足度’、成就感。早晨即使不睡觉也心情愉快，如同买了件好东西，看了场好电影。”我向他介绍中国的养生专家洪昭光先生的健康讲座，解释洪先生的“天天微笑容颜俏，七分八分人不老，相逢莫问留春术，淡泊宁静比药好”的诗，博士听后拍手称赞：“吃七八分饭太对了，天天微笑实在是好。一个人在45岁以前的长相是遗传，之后却是自己造的，成天拉长了脸不高兴和每天微笑很不一样，时间长了脸就会变。”

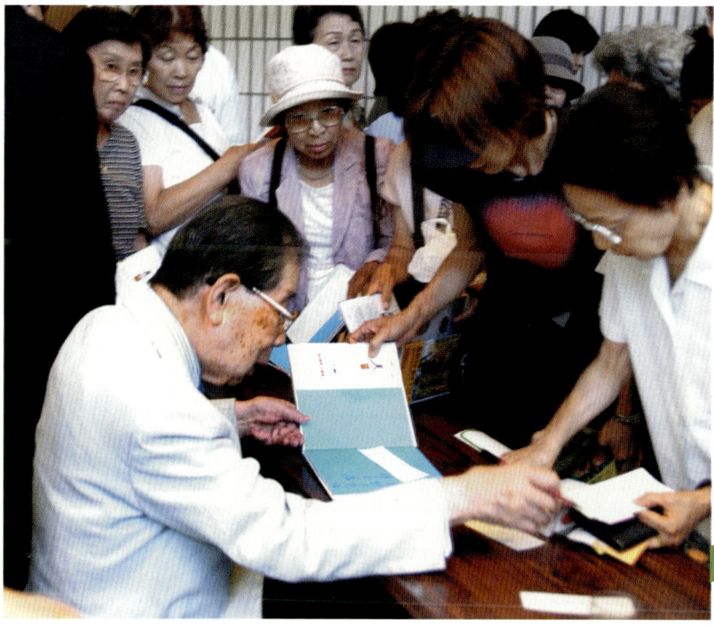

2

养生讲心理平衡。博士说，“人生会碰到许多障碍，我渐渐悟到不要有过高的期待值，所有的不幸都与期待过度有关。爱是一种提供，不需要回报，父母给孩子钱是因为喜欢孩子，期待得到孩子的回报便不是爱。对于自己也不要把目标值定得过高。幸福是感觉，不是目标而是结果，幸福不是外在而是心的安宁。对不幸过敏，对幸福迟钝，无止境的欲望会使你远离幸福。健康不是单指身体无毛病而是健康的感觉。积极的心态是生命的动力，努力生活下去是每

3

个人的特权。凡人都有痛苦和悲伤的事，关键是如何对应，‘好老、好病’，学会对应调整是健康的秘诀……”

不觉之中，车子开进了日野市的市民会馆。盛夏之中，1000 余名市民正在等待博士的讲演。讲演是两年前定下的，是该市纪念市政 40 周年活动的一部分。先生的演讲不拘一格，演题就叫“越上年纪越精神，市民个个活精彩”。他说，人们不知不觉上了年纪，老了。中国话的“老”是尊称，但活不好，有老人味，就成了“老丑”。老人活着应有“团结意识、充实感、成就感、贡献感以及人生信念，老人要活出老人的精彩”。

博士说，老不是衰弱而是成熟。人的一生是设定目标和实现目标的反复过程，任何人都有可能性。人在退休后从社会角色和职称中解放出来，是实现自己所爱的好时期。人身上有极多的好遗传基因到最后都没有机会发挥作用，到 75 岁还是做事的年龄，应该有冒险精神，把睡眠中的基因“唤醒”，向未知的世界挑战。他在日本是首倡 65 岁一线退休的人，近来又提出人到 75 岁是“新老人”，到 85 岁才是“真老人”。他组织的“新老人会”的成员都是 75 岁以上的健康老人，其宗旨第一是爱人和被人爱；第二是创造，把新想法付诸实践；第三是有耐力，应该经受得住痛苦。该会有一个研究遗传基因对身体机能作用的十年计划，分析健康与环境的关系，要老人义务提供数据，从中研究老人痴呆、心肌梗塞等病因，成员发展到 3000 多人。

日野原先生经历过无数人的临终时刻，无数次思考过生与死。博士喜欢老子说的“不灭为上”，认为提高生命质量死得才更有价值。中国人说“仁者寿”，寿是指即使死了也活在人们心中的人，不是指活了多少岁。“有终之美”是说“只要结束时好就什么都好”，因为一生没有白过。他非常喜欢法国作曲家佛勒（Gabriel Urbain Faure）的《安魂曲》，说他愿意在临终时一边听着乐曲一边对周围的人感谢说：“我生下来是值得的。”人的地位会随着死亡消失，留下的财产有时会埋下争执的种子，而一声“谢谢”却可以挽救活着的人的心。

在长达一个半小时的讲演中，博士以其特有的幽默和机智，不时在会场掀起阵阵笑声。令人惊叹的是先生过人的精力，自始至终竟从不入坐而是在台上边走边讲。讲演结束，他又精神抖擞地为排队购买他著作的市民签名，《活出精彩》、《活百岁的诀窍》、《勇敢面对人生》等著作一售而光。博士向我透露一个信息：他将出一本更叫座的书《关于爱》。博爱谓之仁，这位给人以积极生活勇气的养生家，又度过他精彩的一天。

（2004 年 7 月，东京）

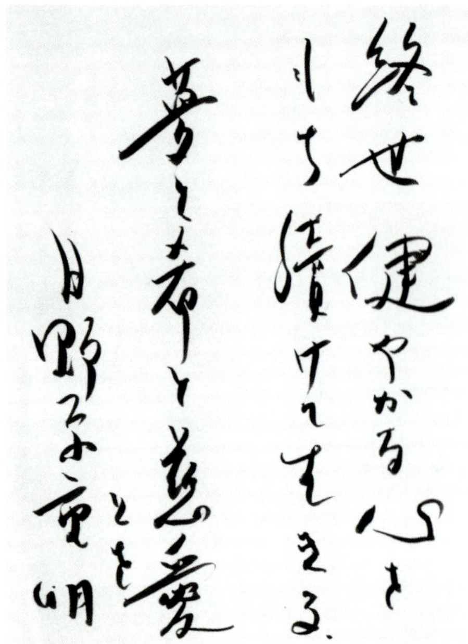

4

1 日本养生大师日野原重明。

2 新书出版，为读者签名。

3 日野原先生在日野市作健康报告时，始终边走边说，站着演讲。

4 日野原先生的赠言：“心怀梦想、希望、慈爱之心，终生保持健康心态。”

1

关野和他的大旅行

2

3

古人类学家考证，人类始祖约在400万年前出现在东非地区，在漫长的岁月里逐渐分布到世界各地，一支进入欧洲，一支进入中亚和东亚，还有一支走向南亚，一部分登陆太平洋群岛与澳洲。至于美洲，最初的原住民印第安人属蒙古利亚黄色人种，约在距今1万年前的沃姆冰河末期，他们的祖先经白令海峡到了北美，然后一路南下到达南美洲。

人类文化学者关野吉晴，完成了一项宏大的旅行探险：1993年12月5日起，他使用人力交通工具，对人类祖先的大移动作"反向之旅"，从南美最南端的纳瓦里诺岛出发踏上征程，然后纵贯巴塔哥尼亚一路北上，到达北美的阿拉斯加，划小皮艇渡过白令海峡，经东西伯利亚穿越万里冰封的苔原地进入蒙古，继续西行进入中国，循丝绸之路西行，沿青藏公路到达拉萨，再进入尼泊尔，再从新疆西行哈萨克斯坦、中东。最后他从肯尼亚的内罗毕出发，骑车通过大草原，在历经2990天、5万公里的跋涉后，在2002年2月10日到达人类始祖居住地东非坦桑尼亚的拉埃特里。

"我浑身虚脱，倒在路旁的砂石上，泪水模糊了视线。回想旅程中碰到多次险情，也曾遭遇强盗袭击。幸运的是途中遇到无数贵人相助，化险为夷，越过难关……推着伴我行走的自行车，在马赛酋长的迎接中进入拉埃特里村，参观发现人类足迹化石的现场。大草原很静，有堆人头大小的石块，猿人的足迹在下面长眠。"(关野吉晴日记)

探寻人类的足迹——这一壮举使世界认识了关野吉晴。2004年

4

10月，我通过他的事务所在一次演讲会上见到了他并作了采访。原以为他是五大三粗的壮汉，没想到竟是位长相秀气、谈吐文雅的学者。作为武藏野美术大学教授，他一年有大半年在外作旅行调查。那天听了他以新著《幸福论》为题的演讲，之后去墨田区参观了介绍他的大旅行的关野吉晴资料馆。

5

关野生于 1949 年，精通西班牙语。在一桥大学读书时组织了探险队前往亚马孙源头、圭亚那高原探险。从 1971 年至 1990 年约 20 年间多次赴南美旅行，与当地原居民同寝共食，了解他们的习俗。为了考察人类祖先散布到世界各地的过程，他开始了迄今无人挑战的旅行探险。

6

利用现代交通工具走完 5 万公里的旅程，也许并不难，但却无法体验人类初民移动的艰辛。关野旅行使用的交通工具只是自行车、独木舟、兽皮艇、雪橇、鹿橇、狗橇，有时骑马、骑骆驼，靠的是“脚力和腕力”，采用断续前进的方法向东非进发。关野向我谈起他的探险时毫无炫耀，如同谈论一件极平常事情。我发现他眼里是大自然的瑰丽美景，在善良心中隐藏着坚强。他的旅行方式是纵横相交，“纵轴是 40 多次小远征，横轴是与当地人一起生活。”他为了与当地人交流，途中有时停留几周甚至数月，观察各地的人文环境，拾捡人类留存的生存睿智。为了融入当地社会，他又进大学修习了医学，一路上作为医生给人看病，得到美洲的印第安人、阿拉斯加的爱斯基摩人、大草原上的蒙古牧民、新疆的维吾尔人的善意帮助。2000 年春，他从蒙古经戈壁大漠向中国进发。尽管有沙尘暴，又是家畜出产的季节，但有六个地区的牧民轮流接力为他带路。进入中国，他住进了维吾尔人的家里，也曾与藏民一起风餐露宿，这使他得以了解人类文明在各地的不同形态。他注意到，随着地域的不同，人的肤色和容貌在混交中渐显不同，人种与民族是在连续中发生变化的。“正是人类反复移动

与交流，构成了多样化的世界，于是，民族与国家的区分变得暧昧不清。”

关野的大旅行经过 35 个国家，他对什么是幸福有自己的感悟。人类在漫长的时期里为了生存都在创造最适合自己的生活，建立起相应的社会体系与价值观。各地有各地的文明，不分优劣，全球没有统一标准。他从与亚马孙村人 30 年的交往中发现，当地的土著人在严酷的自然环境中，只采集生活必需的食物，从不虚张声势，也不贮存物品；他们与大自然为邻，村人公平分配，“时速四公里”的生活悠然自得。他在旅途中看到的一句话使他震憾：“人最终总是要回到生养自己的地方”，最好的“理想乡”是养育自己的民族的居住地，是与亲人在一起。他的旅行观察是：人类的一大特征是“什么都能吃，哪里都能睡，什么环境都能适应，跟谁都能交朋友”。

在完成那次大旅行之后，关野痛感对祖先的无知，从 2004 年 7 月起又开始了为期六年的“寻根之旅”，依据考古学、自然人类学、遗传学等的新成果，以北方、海流、大陆三条路线，同样靠脚力和腕力探寻先祖到达日本的路径。一是从西伯利亚经库页岛进入北海道，纵贯日本列岛；二是考察人类祖先经喜马拉雅南麓进入印度支那、印尼，其中一部分人乘海流到达日本的“海上旅行之路”。三是从中国大陆直接或经朝鲜半岛登陆列岛的路线。他说，日本人和列岛文化决不是单一的而是多种多样的，是在多民族的融合下创造了日本的文化。

7

8

探险家、人类文化学者、医生、旅行家兼作家——关野吉晴有多个称呼，但最在乎的是做人。他体会到无论文化与习惯多么不同，只要肯与人苦乐与共，总能打开对方的心扉。看着对方的眼睛微笑吧，因为你在他的瞳孔里，变得更像一个“地球人”。

1 关野在穿越中东沙漠地带。（资料照片）

2 用皮艇划过白令海峡。（关野资料馆）

3 关野在新书出版时为读者签名。

4 到达据称是人类的发祥地——东非拉埃特里。

5 探险途中使用过的帐篷。（关野资料馆）

6 关野在旅途考察各地的传统文化，图为关野拍摄的委内瑞拉的原住民。（关野著《幸福论》）

7 图为关野途径西藏时拍的藏朝圣者。

8 探险家关野骑车途经中国新疆。（关野事务所提供）

远山的呼唤

老头儿确实有些倔，一见面便冲着我嚷："你们搞报道的，知道不？只靠报道，世界是不会绿起来的，那样的话地球早就沙漠化了！"说着说着，老人又孩子般地笑了起来。

2002年5月，我又见到了远山正瑛博士。记得在1987年去鸟取大学采访时，他已满80岁，胳膊上戴着绿色臂章，上面写着"中国沙漠开发绿色协力队"。他抱着"要为黄龙披上绿衣"的宏愿，开始了他在甘肃、宁夏等地黄河流域搞沙漠绿化的事业。这次在北京与老人再次见面，他已是95岁的高龄，与当年相比虽然清瘦了许多，但精神依然矍铄，仍然戴着那个绿色臂章，一如既往地醉心于他的沙漠开发事业。

1

能在北京见到远山老人是我的幸运。为了采访远山先生，两个月前专程去了库布其，得知老先生正忙于在日本福岛建中国白杨林阴道的植树活动，还要出席沙漠绿化讲演会等，原定来华的计划推迟。

鄂尔多斯3月的天气乍暖还冷。从包头驱车南行，路边的景物渐显荒凉，黄沙贴着地面上下飞舞。但进入恩格贝生态开发示范区，却出现不同的景象：一排排齐整的白杨树，顽强与风沙抗争的灌木丛，远处的防护林带、果园和扬水站，织成一幅北国的田园风景。

恩格贝，一如在蒙语中"吉祥"的含义，历史上曾是一方水草丰美的乐土，但后来却退化成黄沙漫野的不毛之地。而今库布其沙漠之中又奇迹般地化出一片绿洲，这是恩格贝治沙人用汗水和坚忍不拔的毅力绘就的画卷，而在与沙魔拼搏的行列中，走着来自日本的志愿者，站在队前的是远山老人。

远山先生是鸟取大学名誉教授，农学博士，日本沙漠实践协会会长，一位在中国内蒙库布其沙漠植树不止的"地球村民"。他是内蒙古自治区的荣誉市民，1998年荣获中国的国家"友谊奖"，2001年联合国曾授予他"人类和平贡献奖"。前不久中日友好协会又授予他"中日友好使者"的称号。2003年被授予有"亚洲诺贝尔奖"之称的"麦格赛赛奖"。恩格贝沙漠开发示范区的人，都一致认为他是位"伟大的老人"。

老人一生与沙土打交道，是日本的"沙丘之父"。然而他初次与沙漠相遇是在中国，上世纪30年代初读大学时，他在宁夏的丝绸之路的入口处有生第一次看到沙漠。战后他潜心于沙丘地应用研究，推广蔬菜、水果等园艺栽培技术。当日本全国24万公顷的沙丘地治理完毕，他开始把目光转向世界。

促使远山博士下决心参加中国沙漠开发事业的，是他与王震

2

3

将军的相遇。1980 年远山一身工作服打扮去见王震，被王老称为“第一个穿工作服进人民大会堂的外国人”。“都说中国的粮食生产不足，如果把长城以外的沙漠、荒地改造好了，如果塔克拉玛干沙漠得到绿化，至少能养活 3 亿人口……”王震将军鼓励并支持远山的沙漠改造计划。在那次访问中，远山与中国科学院搞起了合作计划，回国后成立沙漠绿化实践协会，开始向中国派遣沙漠开发协力队。

远山讨厌只待在研究室里，主张治沙重在实践和开发。他说友好不能只说不练，应该与中国人民一起流汗。老人实践了他的诺言，以退休之身来往于日本和兰州之间，一干就是五年。1990 年，远山被为改造库布其沙漠毅然辞去鄂尔多斯副总裁职务的王明海的事迹所吸引，前往恩格贝沙漠开发示范区，被聘任为总指导，那年他已是 84岁。远山每年在那里八九个月，每天工作近十个小时。他那个身穿工装、脚蹬高筒雨靴、背着工具袋的形象，让当地人开始时甚至怀疑，这个日本人不是专家，更像庄稼汉。

4

在恩格贝开发示范区，我看到远山和他的沙漠开发协力队参与的十年治沙的成果。示范区内 30 万亩沙地已有 1/3 披上了绿装，那里栽植的树木成方连片，沙柳、柠条等灌木在寒冷中与风沙顽强拼搏。治沙是远山先生的的生命，每次从恩格贝回到日本，他都为宣讲开发治理沙漠和募集资金四处奔走。在远山的感召下，一批批日本协力队员来到恩格贝。我们到达恩格贝的那天，正遇到今年的第一批日本协力队员 20 多人抵达，志愿者中有老人、有孩子，更多的则是在校学生，每个人都佩带着写有“中国沙漠开发日本协力队”的绿色袖标，一下车就接受了蒙族姑娘向每一位献上的美酒和哈达。志愿者们前来治沙植树全部是自费，包括购买树苗。据日本沙漠绿化实践协会的记录，在远山的带领下，从 1991 年至 2001 年底，共有 335 批、6600 多名日本志愿者自费前往恩格贝，完成了三个“百万株植树工程”。恩格贝人永远忘不了这样一件事：有位名叫泉智彦的日本大学生报名参加了中国沙漠开发协力队，然而在临行前却不幸病逝。为了完成儿子绿色的梦，他的父母每年都来恩格贝植树，并把儿子的骨灰永远安葬在了恩格贝。这一次老人又带着来自他家乡的 30 名义务植树队员来到北京，还要赴恩格贝参加义务植树活动。

老人也有心烦的事。他对愈演愈烈的沙尘暴忧心忡忡。来自中蒙边境的沙尘暴越过北京，越过日本海，飞抵日本上空。从人造卫星发回的地球高空图上看，在日本海的上空呈现一片白色，日本的大雪山也被黄沙覆盖。老人拿出一份从卫星上拍下的地球图，那是从他在日本鸟取大学的研究室里复制的。他说，现在世界的四分之一正在沙化，1000 年后，搞不好沙漠将会占到地球陆地的三分之一。而美国和中国现在有二分之一陆地正在沙漠化，如果中国不加大治沙力度，100 年后沙丘将逼近北京，到达长城！说到这里，老人激动了。

还有件让老人心烦的事，那就是用于植树的苗木不足。“没有苗木！关键是苗木不够！”博士反复用中文这样说。“要知道，种一棵树苗要等上两三年才能管用。就是在恩格贝也只有 5000 棵树苗，没有树苗怎么植树？大概孙先生不会以为苗木是从工厂里制造出来的吧！”老人又开起玩笑。

谈到中国的沙化，老人拿起那份高空地球图，在上面写下“如果在中国不能每天种树 100 万棵，将会输给沙漠！请多种树苗！”的话。他说，中国应该深刻意识到沙漠化的危机。在中国，据说山羊一天就要吃掉 1000 棵树，“如果中国不能每天种植 100 万棵，中国沙漠化的进程将会加快。”老人想到了在全民皆兵的年代中国民兵的作用，“中国应该动员民兵的力量全民植树。要想办成事只有干！”

示范区里有远山先生长年使用的研究室、试验田。远山坚信任何沙漠都能治理，治沙重在开发，为此建起了沙漠产业开发研究所。在远山的倡导下，示范区沙漠治理和开发初显成效：恩格贝人修建水库，培育优质种羊，兴办鸵鸟养殖，还生产出了优质的“沙漠矿泉水”，承包的 30 万亩沙地已有 1/3 披上了绿装。远山心中的最大的愿望是创办一所世界沙漠大学，让恩格贝成为世界沙漠的研究基地。

在恩格贝示范区，所有人都对老人表达着崇敬之情。宾馆的前面有一尊远山的铜像，基座上有这样一段文字：“远山先生视治沙为通向世界和平之路，虽九十高龄，仍孜孜以求，矢志不渝，其情可佩，其志可鉴，其功可彰。”在新中国为活着的人立雕像，远山是第一位外国人。他表示恩格贝是他选择的第二故乡，也将是他生命的归宿。看着一位 96 岁的老人对绿化如此执著，我想知道在清瘦的身躯里藏着多少神奇力量。我问老先生健康秘诀，他又笑了：“我就是一天到晚干活，人生不需要休息。想休息，等死了以后也不晚。”

远山是一个伟大的老人，是“一种精神的象征”。远山正瑛让全世界的人知道浩瀚的沙漠可以变成绿色的海洋、人间的天堂。2004 年 2 月，远山博士在日本逝世，走完了 97 年的人生。遵照他本人的遗愿，老人的部分骨灰在内蒙古库布其沙漠恩格贝安葬。

“远山老人去了，他还活着。”人们将会永远记住这位绿色使者——伟大的地球村民。

5

1 伟大的地球人远山正瑛。

2 库布其沙漠中的恩格贝生态开发示范区的人工林。

3 为黄龙披上绿衣——早在上世纪 80 年代，远山教授就热心为中国收集适合在沙漠生长植物种子。图为远山在鸟取大学接受笔者采访。

4 远山先生（时年 95 岁）在 2002年 5 月在北京接受笔者的采访，这是他最后一次的中国之行。

5 恩格贝生态开发示范区建的远山雕像，这是中国为第一位活着的外国人建的雕像。

1

东山先生与中国

这是处临街的简朴住宅，典型的二层小楼。冬青树围成的木篱，象征性的简易木门，如果不是木牌上写着“东山”二字，很难想象这里就是日本风景画泰斗东山魁夷的家。

院落虽然不大，却流溢着林木的芬芳。透过日式的纸窗向外看去，可见院内有数十株白桦。客厅方桌上摆放着多年前从中国带回的桂林小蟋蟀工艺品，显示了画伯的喜好与人品。须美夫人对我说，白桦都是自然生长的，上面常有露宿的飞鸟，东山从中得到过灵感，当成了作画的题材。

为纪念中日邦交正常化 30 年，答谢东山画伯生前与中国的厚谊，须美夫人决定将画伯的代表作 50 幅石版画赠送给全国对外友协。当时我应夫人之邀出席了市川市举办的“东山先生与中国”的演讲会，会后前往东山先生家中小坐，以景仰之情向先生遗像焚香祈祷。回想起来，因参加接待与采访的关系，我们与东山先生和须美夫人交往多年。上世纪 80 年代在日本工作期间，有幸接到邀请参观先生的画展，大感意外的是老先生竟亲自陪着观看，热心讲解；前几年神户举办东山魁夷

2

3

4

展时，须美夫人特地带我们参观了画伯早年写过生的信州木曾路，东山及须美夫人谦和的人品终生难忘。

东山画伯生于 1908 年，少年起立志从艺，大器晚成。1947 年他的作品《残照》在日展获奖，1950 年发表了《路》之后，树立了在画坛的地位。天命年之后，东山先后受宫内厅委托为皇宫绘制《日月四季图》、《拂晓之潮》等大型壁画，1970 年被授予文化勋章和“文化功劳者”称号。

东山生命之旅中留芳百世的巨作，是为唐招提寺安放鉴真大师像的御影堂绘制障壁画。1970 年末，当他得知森本长老有意请他为唐招提寺做画时，“如同受到神灵启示，心中突然浮现出曾在唐招提寺看过的满月”。1971 年六月新绿的季节，东山独自瞻仰了大师座像。从大师双目静闭、端然趺坐的身姿，历千年如往昔的坚定安详的风貌，想到大德为传播大唐文化，在茫茫烟水、浪涌罡风中浮桴东海，12 年矢志不移，6 次东渡，5 次失败，超越无数苦难，终于以盲目之身抵达日本的业绩，涌起无限景仰之心。

5

东山是位严谨的画家，动笔前必先旅行，作画前必绘草图。他深知为唐招提寺作画非同小可。为了寻求灵感，他用一年半时间研究构思。他想到大师抵达日本时双目失明，没有看到日本的风景美，他决定以山与海景慰藉鉴真，让大师体验日本的山风与波音。东山从 1973 年起放下一切工作，从南到北，开始了长途旅行写生。“耳得之而为声，目遇之而成色”，大海的涛声，高山的奇云都收进画家眼底。历经 4 年岁月，以《山云》、《涛声》命名的第一期 28 幅壁画，在 1975 年的大师忌日奉纳御影堂。

走向唐招提寺之路是一条漫长的路。它是鉴真走过的路，也是东山为大师作画的历程。壁画制作从 1976 年起进入第二期，东山又开始来中国写生。想到鉴真

6

他的眼底一定印着故国的风景，他决定为大师奉献中国山水。表现中国传统山水的最佳方式是水墨。自从那年在新绿季节访华时从北京饭店的窗子里眺望故宫，以水墨写生作画，此后东山在中国几乎都用水墨写生。他写道，“从桂林至阳朔六小时的漓江船旅，看到接连出现又去往身后的奇峰，无法不让人发出惊叹，而群山照样默然耸立，流水悠悠。去黄山的旅人眺望消失云中又显露的奇峰，方知中国水墨画风景古已有之，每人都会被山岩、青松、白云组合的崇高美打动。”(《中国风景之美》)东山连续三年登顶黄山，游历桂林，访问扬州，西行新疆，体验了“黄山的幽玄，桂林的清澄，扬州的熏风，天山的悠远”。

1980年6月，以《黄山晓云》、《扬州熏风》、《桂林月宵》命名的42面“水墨式的大和绘”壁画分别装饰在御影堂的樱、松、梅三个房间。东山曾说，日本民族文化的形成，大陆民族的移动，渡海而来的民族古老记忆，至今在日本人的意识深层积淀，意识到海的那边还有另一个“故乡”。东山风景画的基调是蓝青色，从蓝青到水墨，体现了东山的心理深层同样有着对中国传统文化的“乡愁”。

1981 年 11 月，最后一幅名为《瑞光》的“大和扉绘”装饰在安放大师坐像橱子的门扉上，描绘的是鉴真一行登陆时的光景，月色中一只小船停泊在秋目浦湾。至此，东山先生用了与鉴真东渡差不多的岁月，实现了御影堂的“全庄严”。回顾从 1971 年接受这一大项目以来，巡礼于日本各地的山与海，三次到中国旅行写生，当漫长的“唐招提寺之路”就要结束，他感到“时间如停止般地静寂”。每天与大师坐像为伴的壁画是献给鉴真大师的，东山的名字也因此成为永恒。

东山是风景画坛大师也是散文大家，他把“物之哀”的美魂留传给了后人。东山的画是诗，文是画。春之萌，夏之茂，秋之彩，冬之清，让人在依恋与伤感中感受到生命的律动。

东山终生与大自然为伴，旅行是与大自然对话，是“邂逅与别离”的连续。他说，自然是有生命的，总是在变化中，观赏风景的我们自身每天也时刻变化。生成与衰灭之轮流转，大自然与我们同根。“自然是心灵的明镜，山川草木映照着居住者的心灵。如果花儿永远开放，人们也永远在大地上生存，两者相遇时一定不会有任何感动。花儿通过凋谢焕发生命的光辉，看到花的美丽，一定是你在无意识之中，在心底感受到对生命的慈怜，以及在大地上短暂生存中相逢的喜悦。”

1999 年，东山的画作《夕星》发表，青一色的画面上并立着数株树，倒映在湖水之中，月色中的山冈上方有颗明星，画家自称那是“梦中的风景”。这成了他的绝笔之作。是年农历五月初六，东山先生以 90 岁高龄走完人生旅程。也许是偶然的巧合，东山的辞世之日与鉴真大师的忌日相同。

7

1 东山魁夷大师。

2 东山先生的素描《桂林之月》。

3 东山先生在唐招提寺御影堂(开山堂)为慰藉鉴真大师而绘制的障壁画《山云》、《涛声》。

4 鉴真像安放在御影堂的橱子内，这是东山先生在橱子的门扉上画的《瑞光》，描绘了大师一行到达日本的情景。

5 这是东山先生根据在月夜访问唐招提寺的印象绘制的《唐招提寺的明月》，那次经历是他与唐招提寺结缘的开端。

6 须美夫人重访东山在青年时代前往长野写生的木曾路，参观了这里的东山纪念馆。

7 木曾路上的东山魁夷句碑：“给来者以温馨，予离者以幸福。”

注：征得东山须美夫人同意，部分图片翻拍自东山先生的画集。

记录瞬间（后记）

怀着友好睦邻的愿望，向读者呈上这本图文集。如书名所写，作者的初衷是想透过镜头，向读者展现一个真实的日本。

新闻报道职业虽然辛苦但却是令人向往。在我的新闻从业生涯中，“日本报道”占了重要部分。阅读“日本”这本书，报道“日本”这个题目，成了工作的日常。

随着数码技术的发展，世界进入了“读图”的时代，文字报道与图片报道兼能成了对记者的自然要求。2002 年值中日邦交正常化 30 周年，报社领导支持我放下事务性工作再去日本常驻的请求。我珍惜这个机会，一开始就“有备”而去，这个“备”，就是打算是在文字报道之外，用镜头捕捉“等身大”的日本。

文字报道与图片报道各有所长，不能替代。但相对于文字，图片更为直观。日本人称照相为“写真”，意思是记录真实，拍摄的是真实的瞬间。用文字记录背景，用镜头记录瞬间，在完成文字报道的同时，也通过“写真”介绍日本——这一动力促使我成了抓拍的“发烧友”，阅读摄影杂志成为一种业余爱好。每当外出我都带上沉重的摄影包，有时徒步外出时干脆手持相机随时捕捉目标，采写中的劳累飞到九霄云外。我发现，不少平日里熟视无睹的事物其实都有意义，每一个景物、每一种表情都有语言，透过镜头看到的是一个五彩的世界。

这本图文集里的 500 余幅图片，是从 1 万

上排:

1–铃木首相会见；

2–中曾根首相会见。

3–竹下首相会见。

4–访村山前首相。

5–访细川前首相。

6–会见桥本前首相。

7–会见安倍官房长官。

8–采访池田大作先生。

9–《永远的邻居》出版纪念会。

10–出席中日友好会议。

多张照片中选择的，绝大部分都是最近几年在日本各地的采访中所拍，有少数属于十来年前拍的老照片，时间跨度历1/4世纪。在照片的选择过程中按不同内容作了梳理，我发现每张图片的后面都有故事，日本社会的、中日相交的，有的沉重，有的轻松，有的欢乐，有的悲情。在写作过程中，为了在内容上增加纵深感，我对选取的图片配写了背景解说，这又逼使我不得不去重新翻阅采写笔记和有关书籍，重温当时的场景。我得承认，局外人对日本的观察能接近真实，但不敢说绝对真实；景物是客观存在，但景物的选择与图片的取舍却包含着作者的意图。镜头能捕捉真实，但镜头也有变形；镜头能映出原色，反映到图片上也可能是更光艳的"记忆色"和"期待色"。这本图文集中选取的图片与撰写的文字既有客观描述，也有作者个人的观察与理解。

日本是价值多元的社会，观点、立场形形色色。对日本社会的解读当然要尽量避免以偏代全。记者扮演的角色是"桥梁"，作者虽然有近距离接触日本社会的体验，但仍然是"局外人"，活动的范围、接触的事物也是有限的。此书所介绍的只是日本社会的一个侧面，一种物象，一段场景，唯愿此书成为一块通向了解日本社会之路的小小路石。

作者

2007年秋于金台园

下排：

11-陪恩师蒋元椿访京都。

12北海道采访。

13-东京街头采访。

14-《中国人看日本》电视采访。

15-长野农家聊家常。

16- 红樱花下开心一刻。

17-与相扑横纲朝青龙合影。

18-记者团的大家庭。

19-记者忧乐关天下。

20-访静冈茶田。

参考书目

《日本的历史》(系列),日本中公文库

《日本的历史》井上清著,日本岩波新书出版社

《日本文化史概论》,石田一良著,1988年日本展望连载

《日本文化史》,家永三郎著,日本岩波新书出版社

《日本与日本人》,落合典三郎著,日本九州出版社

《日本与日本人》,松本一男著,日本赛马尔出版社

《何为日本人——寻求民族起源》,日本小学馆

《日本人的源流》,竹内均著,日本牛顿株式会社

《当今日本人》,D·赖肖尔著,上海译文出版社

《日本》数据,日本讲谈社出版

《中国正史的古代日本记录》,一岐一郎编译,苇书房

《日本文化》王勇著,高等教育出版社

《日本文化史》,日本外务省编印,1987年

《日本多神教的风土》,久保田展弘著,日本PHP新书

《寻求日本的美》,东山魁夷著,日本讲谈社学艺文库

《美的遍历》东山魁夷著,日本艺术新闻社

《飞鸟王朝史》,日本学习研究社

《日本天皇列传》,蒋立峰著,东方出版社

《琉球·冲绳史》,新城俊昭著,日本东洋企业画

《菊与刀》,本尼迪克特(美国)著,九州出版社

《日本论》,戴季陶著,九州出版社

《周作人论日本》,周作人著,山西师大出版社

《武士道》,新渡户稻造著,日本筑地书馆1998年发行

《日本武士道》,张万新著,南方出版社

《日本人要了解武士道》,武光诚著,日本河出书房新社

《战争时期日本的精神史》,鹤见俊辅著,日本岩波书店

《暧昧的日本人》,李兆忠著,金城出版社

《秘密与耻辱》,正村俊之著,商务印书馆

《茶道史》,千宗室监修,日本淡交社

《日本茶道文化概论》,东君著,东方出版社

《茶经与日本茶道的历史意义》,千宗室著,中国南开大学出版社

《一休》,伊藤桂一著,日本讲淡社

《日本古代史与遗迹之谜》日本自由国民社发行

《幸福论》,关野吉晴、长仓洋海海著,东海教育研究所

《学会生活》,日野原重明著,日本由利株式会社

《丰田的育人造物》,若松义人、近藤哲夫著,日本宝石出版社

《激荡的百年史》,吉田茂著,日本白川书院

《福泽谕吉的亚洲观》,安川寿之辅著,香港社会科学出版社出版

《日本人的自画像》,三浦朱门著,日本PHP文库

《亲魏倭王》,大庭修著,日本学生社版

《徐福渡来传说》,冈本好古著,日本德间文库

《唐招提寺之路》,东山魁夷著,日本新潮选书

《平安京1200年》,日本平安建都1200年纪念协会发行

《大长安展》,日本京都文化博物馆编辑发行

《遣唐使看到的中国与日本》,日本朝日选书

《浪人与革命家》,田所竹彦著,日本里文出版社

《梅屋庄吉与孙文》,读卖新闻社编,海鸟社出版

《周恩来与日本》,日本白帝社

《日本的中国的》,陈舜臣著,日本祥传社

《周恩来19岁东京日记》,矢吹晋编,日本小学馆文库

《尊严》,旻子著,中国工人出版社

《中日友好随想录》,孙平化著,世界知识出版

《出使东瀛》,杨振亚著,上海辞书出版社

鸣谢

真诚感谢中日友好协会会长宋健先生所赐寄语、郑必坚先生和小林阳太郎先生的推荐、中华全国新闻工作者协会名誉主席、书法家邵华泽先生挥毫题写书名。

本书(Photo Essay)付梓之际,特别感谢丰田汽车株式会社、大发汽车株式会社、松下电器株式会社给予的出版赞助。

在编写及出版过程中,得到刘延州、张颖、张继国、倪华、殷强、钟少欢,以及五洲传播出版社的宋坚之、邓锦辉等朋友的热情支持与大力帮助,在此致以深切的谢意。

作 者

2007年秋,北京金台园